Mängelexemplar

Das beigefügte Buch ist ein Fehldruck. Aus Gründen der Nachhaltigkeit wird es als Rezensions- und Ansichtsexemplar an ausgewählte Journalisten und Buchhandlungen versandt.

Vielen Dank für Ihr Verständnis.

Rudolf F. Thomas
autor@rudolf-thomas.de

Rudolf F. Thomas

PLEICHACH

Die Zeit ist das, was bald geschieht

© 2022 Rudolf F. Thomas

ISBN Softcover: 978-3-347-71143-3
ISBN Hardcover: 978-3-347-71144-0
ISBN E-Book: 978-3-347-71148-8

Druck und Distribution im Auftrag des Autors:
tredition GmbH, Halenreie 40-44, 22359 Hamburg, Germany
Das Werk, einschließlich seiner Teile, ist urheberrechtlich geschützt. Für die Inhalte ist der Autor verantwortlich.

Jede Verwertung ist ohne seine Zustimmung unzulässig.

Die Publikation und Verbreitung erfolgen im Auftrag des Autors, zu erreichen unter: tredition GmbH, Abteilung "Impressumservice", Halenreie 40-44, 22359 Hamburg, Deutschland.

Gestaltung Buchcover: Sibel Vay, Würzburg

Prolog

André Pleichach ist Kommandant in der Légion étrangère. Journalist Tom Friedemann begegnet dem todkranken Mann infolge einer Bahnfahrt im Jahr 1982 in einer Klinik. Pleichach schenkt dem jungen Journalisten mit den Worten "die Zeit ist das, was bald geschieht" eine geheimnisvolle Uhr. Tom wird zu ihrem Medium.

Die Uhr zeigt weder Minuten noch Stunden an. Sie rechnet auf und zieht ab. 20.440 Tage beträgt Toms Zeitkontingent. In 56 Jahren endet sein Leben. Wer ihm die linke Hand reicht, kennt anschließend seinen Todestag. Die Lebensuhr verleiht ihm Macht. Fremdenlegionäre wollen in Zusammenarbeit mit Stasi-Agenten dem gewieften Journalisten die Lebensuhr und das hinterlassene illegale Vermögen von Pleichach abjagen. Sie sind dem Tod geweiht, was sie zu spät begreifen.

Autor Rudolf F. Thomas hat spürbar Freude daran, die Realität mit der gewünschten Wirklichkeit zu vermischen. Wie kaum ein anderer zeitgenössischer Autor hat er einen fabelhaften Blick für Themen, Probleme und Motive. Seine Geschichte im Umgang mit der Lebenszeit wechselt immer wieder zwischen Irrsinn und Wahrheit hin und her. Das Buch ist einzigartig lebendig. Spannend ist es sowieso. Die Roman-Figuren faszinieren durch ihre unterschiedliche Lebenseinstellung.

1.

Dienstag, 23. März 1982

Es ist wieder einer der Tage, an dem sich, so der Eindruck, mehr Menschen auf dem Bahnsteig versammeln als Basel Einwohner hat. Tom mag kein Gedränge. Vom Intercity, der ihn vom Badischen Bahnhof in Basel nach Bonn bringen soll, ist nichts zu sehen. Sehr auffällig ist die Präsenz der Polizei. Sie kontrolliert die Ein- und Ausgänge. Der Grund für den breit angelegten Einsatz ist ein Raubüberfall. Die Opfer sind zwei Juweliere aus Antwerpen. Nachts wurden sie auf offener Straße im Stadtteil St. Johann überfallen und ausgeraubt. Alles bis auf die Unterhosen haben die Ganoven mitgehen lassen.

Ein Zwei-Meter großer blonder Mann stürmt mit riesigen Schritten auf Tom zu, als wolle er über ihn herfallen. Jetzt stellt ihm der Hüne seinen rollbaren Handkoffer direkt vor die Füße. Mit strengem Blick mustert Tom den gut und gern einen Kopf größeren aufdringlichen Kerl. Der sieht ihn nicht. Jetzt reicht es dem Journalisten:

„Hätten Sie die Güte, Ihren Koffer hier wegzunehmen?" Der geschniegelte, sehr aufdringlich nach Old Spice duftende große Blonde merkt nichts. Er ist sehr hektisch und hört wohl schlecht. Vielleicht versteht er kein Deutsch? So wie der Kerl aussieht, könnte er Niederländer oder Skandinavier sein. *„Was treibt ein ungehobelter bleicher Wikinger auf der vornehmen Uhren-*

und Schmuckmesse?", fragt sich Tom. Mit seinem linken Fuß rollt er den fremden Koffer einen Schritt von sich weg.

„So sorry", stammelt der Blonde und zieht dabei sein Gepäck näher an sich heran.
„Geht doch", grummelt Tom.

Endlich fährt der Intercity am Bahnsteig ein. Tom blickt in Richtung Speisewagen. Sofort läuft er auf ihn zu. Die Türen gehen auf, Schweizer Polizisten treten heraus: „Ausweis- und Gepäckkontrolle" ruft einer im typischen Baseldeutsch durch ein schrill klingendes Megafon. Der Blonde packt rasch seinen Rollkoffer und schaut wie gebannt in Richtung Ausgang. Dort stehen Polizisten. Die scheinen ihn zu irritieren, denn er stellt seinen Koffer wieder ab und schleicht sich auf leisen Sohlen zwischen den wartenden Reisenden davon. *„Mit dem stimmt etwas nicht"*, ist Tom überzeugt.

„Ihren Ausweis bitte", fordert ihn ein Polizist auf.
„Bitteschön!"
„Was machen Sie in Basel?"
„Ich war auf der Messe."
„Und warum waren Sie dort?"
„Nur wegen den hübschen Damen." Der Polizist fühlt sich verschaukelt: „Wollen Sie mich verarschen?"
„Iwo, niemals. Ich bin Journalist und berichte über Uhren. Genauer gesagt, über die internationale Uhrenindustrie." Tom zeigt dem Beamten seinen Presseausweis und die Messekarte.

„Gehört Ihnen der Koffer?"

„Nein, der gehört einem sehr langen, etwas ungehobelten blonden Herrn, der in diese Richtung verduftet ist."

„Wie schaut der Mann aus, können Sie die Person näher beschreiben?"

„Etwa Zwei-Meter groß, hellblond, dunkelblauer Anzug, scheußlich gelbgestreifte Krawatte, braune Schuhe. Er riecht streng nach Old Spice. Vermutlich ist der Typ Skandinavier oder Russe vielleicht auch Niederländer?"

Der Polizist ruft einen Kollegen zu sich, der den verdächtigen Rollkoffer vorsichtig öffnen soll. Von den Reisenden fordert er mehr Abstand.

Für Tom ist die Situation nicht neu. Seit die RAF ihr Unwesen treibt, ist er bestimmt schon zehn Mal in Polizeikontrollen geraten. Der Koffer ist jetzt offen. Auf der einen Seite ist er mit Zigarettenschachteln bepackt. Auf der anderen Innenseite sind fein säuberlich Uhren befestigt.

„Ha ein ambulanter Händler", rutscht es dem Journalisten raus. Über den Spruch kann der Polizist nicht lachen. Seine Miene verfinstert sich.

„Ein Schmuggler und Steuerbetrüger ist der Kerl", meint er trocken. „Es müssen sofort zwei Zollbeamte her: Ein Deutscher und einer von uns." Der Bahnhof Baden in Basel wird von der Deutschen Bundesbahn verwaltet. Warum? Ein Staatsvertrag von 1852 regelt den Durchgangsbahnhof im Grenzgebiet. Eine pünktliche Abfahrt ist nicht mehr möglich. Tom schaut sich auf dem Bahnsteig um. Ein Kaffee wäre jetzt in seinem Sinn. Zu viel Getümmel: keine Chance auf eine Tasse.

Aus seinem Aktenkoffer holt er eine kleine Pocketkamera heraus. Vielleicht gibt der Schmuggler eine gute Story für eine Lokalzeitung her? Der Auslöser der kleinen Kamera ist etwas laut, also wartet er bis durch den Lautsprecher eine Ansage erfolgt: „Die Abfahrt des Intercitys nach Köln über Freiburg …". Genau in dem Moment tritt er näher an den Koffer des Schmugglers heran und riskiert ein paar Schnellschüsse. Glück gehabt, keiner der Beamten hat ihn bemerkt. *„Man weiß ja nie, für was sie eines Tages gut sind."*

Voraussichtlich um weitere fünfzehn Minuten verzögert sich die Abfahrt des Zuges. Die Verspätung passt dem Journalisten überhaupt nicht. Er geht auf den Polizisten zu:
„Herr Polizei-Hauptmann, benötigen Sie mich noch?"
„Sie bleiben als Zeuge hier, bis wir den Schmuggler gefasst haben."
„Gütiger, ich muss dringend nach Bonn."
„Wer ist der Gütiger?" Tom muss lachen. Dem Schweizer Polizisten gefällt das nicht: „Warum lachen Sie? Die Sachlage ist ernst, sehr ernst sogar."
„Das ist mir schon klar! Mit Verlaub, Sie klingen wie der Emil."
„Auch das noch! Der ist Komiker und ich bin Polizist. Überhaupt ist der Emil Luzerner und ich bin Basler, und zwar direkt aus Iselin."

„Jetzt weiß ich Bescheid: Sie sind ein heimattreuer Patriot. Was mache ich, wenn ihre Kollegen den Herrn Schmuggler nicht fassen?"

„Das ist nahezu ausgeschlossen! Glauben Sie mir, der Holländer ist ganz schnell in Gewahrsam."

„Der Schmuggler ist Holländer?"

„Ja ein Säuniggel."

„Was ist der?"

„Ich übersetze ein Schweinehund."

Tom schüttelt lachend den Kopf: *„Säuniggel!"* Die Schweizer mit ihrer direkten Art sind für ihn klar im Vorteil. Zu Hause muss er immer überlegen, was er sagt, wie er es sagt und vor allem, was er schreibt. Im Lauf der Jahre hat er sich in seinem Kopf eine Wortwaage als gedankliche Hilfsbrücke für all seine Äußerungen eingebaut. Er blickt auf die Bahnhofsuhr und hofft jetzt auf eine weitere Verzögerung der Abfahrt.

Die zahlreichen Fahrgäste wirken genervt. Nach sechs langen Messetagen dürfen sie sich jetzt auch noch gelangweilt auf dem kalten Bahnsteig die Füße plattstehen. Ein paar perfekt gekleidete hübsche Damen ziehen die Blicke auf sich: *„Ja, die Schmuckmesse war in jeder Hinsicht ein Augenschmaus."*

Tom schlendert am Bahnsteig entlang zum Speisewagen. Vor dem Einstieg bleibt er stehen. Die Tür ist offen. Ein Kellner unterhält sich mit einem Polizisten.

„Entschuldigen Sie", unterbricht Tom das Gespräch, „kann ich bei Ihnen einen Tisch reservieren?"

„Eher nicht! Wir reservieren nur für ganz wichtige Fahrgäste."

„Ich bin Journalist und benötige ein klitzekleines Tischlein, auf dem ich schreiben kann."

„Hm, da kann ich Ihnen nur so weit helfen, indem ich Sie vielleicht zu einem anderen Reisenden dazusetze."

„Das wäre wunderbar. Mein Dank ereilt Sie im Voraus."

Tom beobachtet, wie der Polizei-Hauptmann lautstark in sein Funkgerät spricht. Sogleich läuft er im Stechschritt zu ihm. Der Polizist beendet das Funkgespräch.

„Haben Sie jetzt den Säuniggel?"

„Natürlich! Der wird jetzt hergebracht. Dann bestätigen Sie als unser Zeuge den Mann. Ihre Anschrift benötige ich noch."

Tom reicht ihm seine Visitenkarte.

„Sie haben ja nur Vornamen."

„Tja, für einen Nachnamen reichte auf der Geburtsurkunde der Platz nicht aus."

„Humor haben Sie ja, Herr Journalist."

Zwei Polizisten haben dem Holländer Handschellen verpasst. Sie packen ihn am Schlafittchen und zerren ihn zum Polizei-Hauptmann. "Gab es die Armbänder auf der Schmuckmesse?" Der Scherz gefällt dem Schmuggler überhaupt nicht. Er rastet aus. Wutentbrannt versucht er Tom umzurennen. Der macht einen Schritt zur Seite. Dadurch landet der Schmuggler flach wie eine Flunder auf dem Boden. Mit den hinter seinem Rücken gefesselten Armen kommt er ohne Hilfe nicht mehr hoch.

Die Polizisten packen den baumlangen Kerl und richten ihn mit einem Ruck wieder auf. Der große Blonde flucht auf Niederländisch etwas von „haar Klotzakken" und „zu vuile Nazis." Tom amüsiert sich darüber. „Er ist Schmuggler und die anderen sind Nazis. So einfach ist das für den Kerl." Die Polizisten finden die Beleidigungen des Holländers gar nicht lustig. Sie ziehen an den Handschellen seine Arme nach oben, bis er vor Schmerzen aufschreit.
Der Polizei-Hauptmann schaut dem Gezerre seelenruhig zu. Plötzlich ertönt aus dem Lautsprecher der Hinweis, dass der Intercity in fünfzehn Minuten abfährt.

„Herr Polizei-Hauptmann, mein Zug rollt gleich los und ich muss zwingend mitfahren. Also, was muss ich jetzt noch tun? Der Mann ist der besagte Holländer und der Koffer gehört ihm."

„Gut, dann unterschreiben Sie hier das Zeugenprotokoll."
Tom staunt: „Sie haben bereits ein Protokoll?"

„Herr Journalist, hier ist Basler und nicht das lahme Berner Oberland. Dort würden Sie für das Protokoll eine Woche oder noch länger benötigen."

Tom grinst sichtlich erleichtert. Endlich kommt er hier weg. Er liest das Protokoll durch und unterschreibt.

„Bitteschön Herr Polizei-Hauptmann, noch eine Frage: Können Sie mir eine Kopie des Protokolls faxen? Die Nummer steht auf meiner Visitenkarte."

„Sie sind sehr korrekt. Ich muss erst prüfen, ob das mit dem Fernkopierer nach Deutschland funktioniert. Falls nicht, dann erhalten Sie es mit der Post."

„Großartig, ich verabschiede mich und wünsche eine gute Zeit."

„Wenn Sie wieder einmal in Basel sind, so kommen Sie ruhig bei uns auf dem Polizeirevier vorbei."

„Das mache ich gerne - auf Wiedersehen."

Tom nimmt sein Gepäck und geht zum Speisewagen. Die Tische sind allesamt besetzt bis auf einen, an dem nur ein Gast sitzt, der in eine Zeitung starrt.

„Guten Tag ist bei Ihnen noch frei?" Der Mann schaut auf:

„Ja, bitte nehmen Sie Platz, vorausgesetzt Sie sind der Herr, der sich mit dem Kellner abgesprochen hat?"

„Ja genau, der Herr bin ich."

Zufrieden legt Tom seinen Aktenkoffer ab und zieht sein Jackett aus. Kaum hat sich der Zug in Bewegung gesetzt, steht schon der Kellner am Tisch.

„Nochmals vielen Dank für Ihre Reservierung. Ich hätte gerne ein Kännchen Kaffee. Dazu ein Mineralwasser und ein Paar Frankfurter mit Mayonnaise, dafür ohne Senf. Haben Sie ein Vanilleeis?" Der Tischnachbar blickt leicht schmunzelnd über den Zeitungsrand.

„Mayonnaise und Vanilleeis ist eher ungewöhnlich."

„Aber in der Farbe ähnlich", kontert Tom gelassen.

„Hauptsache es schmeckt Ihnen. Waren Sie in Basel auf der Uhrenmesse?"

„Ja!"

„Wie ein Juwelier oder Uhrenmacher sehen Sie nicht aus."

„Bin ich auch nicht."

„Verraten Sie mir, was Sie beruflich machen?"

„Ich bin Journalist." Jetzt legt der Tischnachbar die Zeitung zur Seite und holt tief Luft. Als er zu einer Antwort ansetzt, unterbricht ihn der Kellner: „Ein Paar Frankfurter ohne Senf, dafür mit Mayonnaise. Ein farbloses Mineralwasser und ein heißer Kaffee. Das Vanilleeis bringe ich gleich noch."

„Stört es Sie beim Essen, wenn ich weiterspreche?", fragt der Tischnachbar höflich.

„Keineswegs!"

„Ich habe so eben einen Artikel über Privatbanken gelesen. Ihr Kollege malt ein sehr oberflächliches Bild des Niedergangs. Schwarzmalen können Journalisten aber selbst Verantwortung übernehmen, wollen sie nicht."

„Das ist auch nicht unsere Aufgabe. Sind Sie bei einer Bank?"

„Sieht man das?"

„Nein sehen nicht, aber ich höre es. Erklären Sie mir bitte mal, wo Sie als Banker Verantwortung tragen?"

Der grauhaarige Tischnachbar bläst die Backen auf. Tom mustert ihn näher: Unter seinem dunkelblauen Anzug trägt er ein weißes Hemd mit Manschettenknöpfen. Auf seiner dezent gestreiften, etwas zu hellblauen Krawatte ruht ein überproportionales Doppelkinn. Sein fleischiges Gesicht rundet ihn ab, obwohl er in der Statur nicht fettleibig ist. Dennoch steht für Tom fest, der Typ passt in jede Metzgerei.

„Wohin fahren Sie, Herr Journalist?"
„Nach Bonn, Herr Banker und Sie?"
„Zunächst bis Mainz und dann steige ich nach Frankfurt um."
„Darf ich raten, Volksbank?"
„Woran sehen Sie das?"
„An Ihrem Terminbuch." Tom deutet auf das in Leder geprägte Markenzeichen.
„Wie heißt die Zeitung, für die Sie arbeiten?"
„Für keine."
„Machen Sie es mir nicht so schwer."
„Wochenzeitschrift."
„Etwa hier" ruft der Banker und greift dabei in seinen Aktenkoffer, aus dem er das Wirtschaftsmagazin herausholt.
„Genau! Ich sehe, Sie sind belesen."
„Mein Beruf erfordert einen gewissen Informationsvorsprung."
„Verstehen Sie alles, was in unserem Wirtschaftsmagazin steht?"
„Gehört Arroganz zu Ihren Aufgaben junger Mann?"
„Gewissermaßen schon! Fakt ist, dass die meisten Käufer gerne mit unserem kompetenten Wirtschaftsmagazin in der Hand spazieren gehen, nur um so zu tun, als ob."

Der Banker kneift die Augen zusammen und signalisiert, „so spricht niemand mit mir". Tom registriert das Zeichen. Ihm ist klar, der Mann ist in der Bank-Hierarchie ganz oben angesiedelt. Das reizt ihn umso mehr: „Ihre Körpersprache sagt mir, Sie wären irgendein wichtiger Vorstand."

„Ich sage ja, Sie sind ganz schön überheblich. Verraten Sie mir, wie alt Sie sind?"

„Das bringt uns zwar nicht wesentlich weiter, aber wenn es Ihnen hilft, ich bin älter als ich aussehe."

„Sie kokettieren schon jetzt mit Ihrem Alter. Egal, sehen Sie, ich bin Mitte fünfzig und Vorstandsvorsitzender der DZ Deutschen Zentral-Genossenschaftsbank. Haben Sie von uns schon einmal gehört?"

„Gleichstand: Sie kokettieren mit Hierarchie. Sie sind also der mächtige Big Boss der DZ-Bank. Sozusagen die Mutter der Genossenschaften. In jedem Dorf eine kleine Raiffeisenbank. Aus meiner Sicht zu ländlich, zu bäuerlich und irgendwie von gestern."

„Von gestern. Wie kommen Sie darauf?"

„Strukturelle Veränderungen bedeuten für Ihre viele kleine Banken, junge Leute begehen Landflucht. Ergo bleiben die Alten als Platzhalter im Dorf. Und weil dem so ist, werden die kleinen Raiffeisenbanken bald schließen müssen. Im ersten Schritt wird in ländlichen Regionen fusioniert. Später werden die schwachen Bänklein unter die Dächlein der großen Volksbanken schlupfen. "

Der Bankmann ist rot angelaufen: „Woher haben Sie denn Ihre Erkenntnisse?"

„Aus unserem Wirtschaftsmagazin. Ich sagte doch lesen und verstehen hilft."

Tom vertilgt mit reichlich Mayonnaise genüsslich die Frankfurter. An seinen knappen Worten über die Zukunft der Raiffeisenbanken hat der Banker offenbar zu kauen.

„Wann haben Sie das gelesen?", will er wissen. Er wirkt sehr gereizt. Wieder bläst er die Backen auf, um Dampf abzulassen.

„Ich meine, es war im vergangenen November."

„Wenn ich in Frankfurt bin, werde ich nachschauen. Wir archivieren alles, was über Volks- und Raiffeisenbanken geschrieben wurde."

„Ja machen Sie das", bestärkt ihn Tom, „übrigens sollten Sie auch die Entwicklung der elektronischen Datenverarbeitung berücksichtigen."

„Wie meinen Sie das?"

„Na ja, in fünf bis zehn Jahren stehen auf allen Schreibtischen sogenannte Personal-Computer. Die sorgen für gravierende Veränderungen im Bankgeschäft."

„Das müssen Sie mir erklären."

„Muss ich zwar nicht, aber ich helfe Ihnen, wo ich kann. Computer ersetzen nach und nach Ihre Gelder zählenden Kassenwarte. Und wenn sich die Entwicklung so rasant fortsetzt, dann werden in naher Zukunft Computer untereinander kommunizieren. Haben Sie in Ihrer Zentrale in Frankfurt ein Fax-Gerät oder einen Fernkopierer?"

„Mal langsam, Computer kommunizieren untereinander? Und was ist denn ein Fax-Gerät?"

„Lieber Herr Bankvorstand, ich komme gerne zu Ihnen in die DZ-Bank und halte gegen Zahlung eines angemessenen Honorars einen Vortrag."

„Den traue ich Ihnen auch zu. Allerdings, so vermute ich,

werden Sie meine Kollegen mit Ihren Thesen mehr provozieren als motivieren."

„Die Gefahr besteht immer, wenn sich Menschen mit der Zukunft konfrontiert sehen. Aber die Zeit lässt sich nicht aufhalten. Sie bestimmt, was bald geschieht, Herr Vorstand."
Dem Banker steht bereits der Schweiß auf der Stirn.

„Sind Sie auch noch Philosoph oder ein Hellseher, Herr Journalist? Ich muss mal die Toilette aufsuchen, darf ich Ihnen meinen Aktenkoffer anvertrauen?"
„Selbstverständlich."

Der Banker verlässt eilig den Speisewagen. Auf dem Tisch liegt sein Terminbuch. Tom möchte zu gern einen Blick hinein riskieren. Aus dem dicken Terminbuch ragen viele Spickzettel heraus. Er wird immer neugieriger. *„Einerseits"*, so vermutet er, *„befinden sich direkt vor meinen Augen hochinteressante Notizen und Adressen. Andererseits wäre es oberpeinlich, wenn ich beim Schnüffeln erwischt werde. Röntgenaugen müsste ich haben."* Er stiert weiter hoch konzentriert auf das Terminbuch.

„Sesam öffne dich", ruft er plötzlich so laut, dass sich einige Gäste etwas pikiert nach ihm umdrehen. Der Kellner kommt an den Tisch und fragt, „haben Sie noch einen Wunsch?" Tom bestellt eine Cola.

Der Banker lässt lange auf sich warten. Aus dem Lautsprecher ertönt die blecherne Stimme des Zugführers: „Meine Damen und Herren in wenigen Minuten erreichen wir Freiburg. Sie haben Anschluss ..." Vom Bankvorstand ist noch immer nichts zu sehen. Bei der Einfahrt in den Bahnhof schaut Tom zum Fenster raus. Am Bahnsteig stehen nur wenige Fahrgäste. Der Aufenthalt ist von kurzer Dauer. Laut ertönt die Pfeife des Zugführers und schon setzt der Intercity die Fahrt fort.

„Langsam mache ich mir Gedanken. Habe ich dem Banken-Boss so zugesetzt?" Der Kellner bringt die Cola.

Tom bittet ihn, er möge auf seine Sachen aufpassen, damit er nach dem Banker sehen kann. Dafür zeigt der Kellner Verständnis. Der junge Journalist klopft an die Toilettentür - keine Antwort! Jetzt trommelt er mit beiden Fäusten an die Tür. Wieder nichts zu hören. *„Hier stimmt etwas nicht."* Er geht zur Küche und fragt, ob jemand einen Schlüssel für die Toilettentür hat? „Der Schaffner und der Zugführer" ruft einer, der sich sofort auf die Socken macht. Tom klopft wieder an die Tür des Aborts. Kein Widerhall! Endlich kommt der Zugführer.

Vorsichtig öffnet er die Klotür. Kaum hat er sie einen Spalt offen, ruft er aufgeregt nach einem Arzt. Tom hält nichts mehr zurück. Forsch drängt er sich in die Toilette, was dem Zugführer nicht gefällt. „Ich kenne den Herrn Degenhardt. Wir sitzen im Speisewagen an einem Tisch" macht er mit strenger Mine überzeugend deutlich.

„Was halten Sie von Wiederbelebung?", pflaumt er in Richtung Bahnbeamter. Der ruft zu Tom, „packen Sie lieber mit an, wir müssen ihn aus der engen Toilette herausholen."

„Gibt es hier eine Liege oder eine Bahre?", fragt Tom.

„Ich bin Augenarzt", sagt ein älterer Herr, der geradewegs in die Toilette wollte. Sofort beugt er sich über den Banker.

„Der Mann atmet noch, hat aber einen schwachen Puls. Vermutlich hat er einen Herzinfarkt. Der Zug muss dringend am nächsten Bahnhof halten. Verständigen Sie dort einen Notarzt", fordert der Doktor vom Zugführer.

„In wenigen Minuten sind wir in Lahr. Ich nehme sofort Verbindung mit dem Fahrdienstleiter in Lahr auf."

Der Zugführer eilt davon. Tom folgt seinem journalistischen Instinkt. Schnell läuft er zurück in den Speisewagen. Dort schnappt er sich den Aktenkoffer des Bankers. Das pralle Terminbuch steckt er zu seinen eigenen Unterlagen. Beim Kellner zahlt er die Zeche. Mantel und Jackett des Herrn Degenhardt nimmt er mit. Am Bahnsteig in Lahr steht bereits der Notarzt. Zusammen mit zwei Sanitätern wird der Bankchef in den Rettungswagen geladen. Tom steigt mit ein, als wäre er ein Angehöriger.

Im Krankenhaus füllt er ein Aufnahmeformular aus. Name und Adresse hat er von einem Ausweis der DZ-Bank, den er im Aktenkoffer fand. Heinz Degenhardt ist vierundfünfzig Jahre und wohnt in Königstein im Taunus. *„Wo sonst?"*, denkt Tom. Er geht zur Telefonzelle. Ziemlich schnell meldet sich eine weibliche Stimme:

„Guten Tag, ich bin Tom Friedemann. Spreche ich mit Frau Degenhardt?"

„Ja, warum, wer sind Sie?"

„Frau Degenhardt, ich rufe Sie aus Lahr an, genau genommen aus dem Krankenhaus. Ihr Mann Heinz wurde hier so eben eingeliefert."

„Wie bitte? Mein Mann ist doch in Basel, wieso ist er in Lahr? Wo ist das überhaupt?"

„Frau Degenhardt, Ihr Mann ist auf der Rückfahrt nach Frankfurt im Zug erkrankt. Bitte rufen Sie in der Klinik an! Ich gebe Ihnen die Rufnummer, haben Sie etwas zu schreiben?"

„Ein Moment bitte - so jetzt höre ich." Tom spricht die Telefonnummer langsam und deutlich.

„Frau Degenhardt, ich rufe Sie in etwa zwanzig Minuten wieder an, geht das in Ordnung?"

„Ja, rufen Sie mich an, bis dann."

Er schaut auf die Uhr, geht an die Pforte und stellt das Gepäck ab. Mit halbem Ohr hört er, wie der Pförtner mit Frau Degenhardt telefoniert. Er nimmt sich derweil das Terminbuch vor. Gezielt sucht er nach Namen, die ihm etwas sagen. Tatsächlich findet er einige Bosse der deutschen Wirtschaft mitsamt deren Telefonnummern.

Das hier ist eine Goldader", freut er sich. Fleißig schreibt er Namen und Rufnummern ab. Auch Restaurants im Taunus, im Rheingau, in Wiesbaden und in Frankfurt notiert er. Die zwanzig Minuten vergehen wie im Flug. Höchste Zeit, um wieder anzurufen.

„Frau Degenhardt, wie wollen Sie jetzt verfahren?"

„Der Chauffeur fährt mich nach Lahr ins Krankenhaus. Ich muss nur noch ein paar Sachen einpacken. Es würde mich freuen, wenn ich Sie dort antreffe. Offenbar haben Sie meinem Mann sehr geholfen."

„Das geht schon in Ordnung. Ich bleibe über Nacht in Lahr. Wann werden Sie hier eintreffen?"

„Ungefähr in vier Stunden. Ich komme direkt in die Klinik. Wenn Sie bitte so freundlich wären und bei der Volksbank in Lahr anrufen. Der Direktor soll sich um die Zimmerreservierungen kümmern."

„Die Reservierung werde ich sofort veranlassen. Wir haben jetzt sechzehn Uhr. Etwa um einundzwanzig Uhr bin ich dann in der Klinik."

„Das müsste von der Zeit her klappen. Sollte es unterwegs Verzögerungen geben, so rufe ich vom Auto aus im Krankenhaus an, damit Sie informiert sind."

„Gut Frau Degenhardt, dann wünsche ich Ihnen eine gute Fahrt."

Tom sucht im Telefonbuch die Rufnummer der Volksbank Lahr. Er verlangt sofort nach dem Bankdirektor. Die Bankangestellte will wissen, um was es geht. „Ich rufe im Auftrag von Heinz Degenhardt von der DZ-Bank Frankfurt an. Also stellen Sie mich jetzt sofort durch", fordert er im Befehlston.
Es dauert ... Endlich ist der Direktor am Apparat. Die Situation erfasst er nur schwerfällig. Seine Rückfragen nerven gewaltig. Nach drei Wiederholungen hat er endlich kapiert, was los ist. Er verspricht, sich um alles zu kümmern. Tom fragt ihn nach der Adresse des Hotels und nach dem Weg dorthin.

Es ist Zeit, um in Bonn anzurufen. Seinem leitenden Redakteur Robert schildert er, warum er in Lahr ist. „Das ist wieder typisch. Kannst du nirgendwo herumspazieren, ohne dass dir wichtige Leute über die Füße stolpern Weg?" Tom lacht nur:

„Morgen werde ich, wenn nichts dazwischen kommt in der Redaktion auftauchen."

„Mal sehen", ruft sein Chef ins Telefon, „wem du bis dahin noch begegnest? Lahr, gibt es das überhaupt? Wir sehen uns morgen in Bonn."

Tom, obwohl noch jung, zählt in der angegrauten Bonner Journalistenszene zu den ersten Adressen. Sein Chefredakteur in Düsseldorf hält große Stücke auf ihn. Robert, sein Bonner Redaktionsleiter, lässt ihn gewähren. Er weiß, sein junger Kollege kennt keine Furcht vor großen Namen. Tom ist fachlich überaus kompetent. Zudem liefert er erstklassige, recherchesichere Storys und Interviews ab. Entsprechend groß ist die Resonanz bei der Leserschaft. Bei den älteren Redakteuren ist er anerkannt, aber nicht besonders beliebt. Einigen ist er zu arrogant und zu exzentrisch. Tom ist das egal. Er geht liebend gern andere Wege. Wenn Kollegen die Hauptstraßen nehmen, dann läuft er alleine durch die Seitenstraßen. Fahren die Redakteure liebend gern mit dem Auto, so bevorzugt er auf weiten Strecken die Bundesbahn. Dort im Speisewagen lernt er jedes Mal wichtige Leute kennen. Nein - genau betrachtet laufen sie ihm direkt in die Arme.

Trifft sich abends im noblen Bonner-Presseklub die selbst ernannte Elite des bundesdeutschen Journalismus, dann ist Tom anderswo unterwegs. In welchen Hinterzimmern sich Politiker mit Lobbyisten ein Stelldichein geben, weiß Tom, bevor es andere Journalisten wissen. Seit einiger Zeit spitzt er die Ohren, wenn von der SPD Abgeordnete die Köpfe zusammenstecken und geheimnisvoll tuscheln. Bereits mehrere Wochen beschleicht ihn das Gefühl, es ist bei den Sozis, einiges im Busch. Bundeskanzler Helmut Schmidt verliert allmählich seine Hausmacht.

Vor der Klinik steigt Tom in ein Taxi. Im Hotel spricht ihn die Rezeptionistin direkt mit seinem Namen an.
„*Donnerwetter*", denkt er, „*die Dame ist aber auf zack.*" Er ist beeindruckt und lobt sie entsprechend. Drei Zimmer auf der gleichen Etage wurden von der Volksbank Lahr reserviert. Ein Hoteldiener führt ihn durch die Räume. Das ruhigste Zimmer ist jetzt seins: „*Wer, zuerst kommt, mahlt zuerst.*" Er prüft die Matratze. Diese hier scheint ziemlich neu, nicht durchgelegen. Der Hoteldiener ist überrascht, als Tom auch noch das Bettlaken abzieht: „Ich mag weder weiche noch versiffte Matelas", macht er ihm klar. Auf dem Etikett steht Schlaraffia. Daumen hoch, alles okay.

Kaum hat er die Reisetasche ausgepackt, schon greift er zum Telefon. Er will sich mal bei seiner Frau melden. Die Ehe läuft nicht besonders. Zu viele Streitgespräche, Diskussionen um jede Kleinigkeit. Es geht immer um das Thema Umzug. Tom möchte am liebsten nach Düsseldorf ziehen. Dort am Rhein gefällt es ihm. Die lebenslustigen Menschen der pulsierenden, etwas vornehmen Großstadt wirken auf ihn inspirieren. Von der Idee ist seine Frau überhaupt nicht begeistert. Sie hat sich nämlich heimlich Würzburg ausgesucht.

„Ausgerechnet die Stadt mit den meisten Kirchen. Dazu einen Stadtkern, in dem mich in Stein gehauene Gestalten an jeder Ecke mit einer Waffe in der Hand bedrohen", gibt er zu bedenken. Seine Frau sieht das anders. Ihre Argumente sind gut durchdacht, überzeugen ihn aber trotzdem nicht.

„Ich komme bereits am Freitag nach Hause, dann können wir über alles sprechen." Den Worten nach ist Brigitte erfreut. Der Klang ihrer Stimme gibt ihm jedoch zu denken. Worte können lügen, die Stimme dagegen nicht. In Tom läuten nach dem Gespräch die Armglocken.

Plötzlich unterbricht das Telefon seine Gedanken. Die nette Rezeptionistin ist am anderen Ende der Leitung: „Entschuldigen Sie, Herr Bankdirektor Meiser lässt fragen, ob Sie ins Restaurant kommen?"

„Selbstverständlich", antwortet Tom, „komme ich runter." Der Hoteldiener geleitet ihn zum Restaurant. An einem Tisch sitzt Herr Meiser, der sofort aufsteht und ihn überschwänglich freundlich begrüßt:

„Sie haben also unseren Vorstand Herr Degenhardt gerettet?"

„Ja sieht so aus! Ich weiß noch nicht, wie es ihm geht. Er hat vermutlich in einer misslichen Situation sich einen Herzinfarkt eingehandelt."

„Warum misslich?"

„Im Zug auf der abgesperrten Toilette sollte man, wenn es irgendwie geht, nicht aus den Latschen kippen."

„Das behandeln Sie aber diskret, oder?"

„Mein Herr, ich arbeite beim führenden deutschen Wirtschaftsmagazin und nicht bei einem Schmierblatt. Kennen Sie Herrn Degenhardt näher?"

„Nur von gewissen Tagungen in Frankfurt."

„Dann ist Ihnen Frau Degenhardt nicht persönlich bekannt?"

„Nein, ich habe sie noch nie gesehen, aber das wird sich heute Abend ändern."

Der Bankdirektor ist Tom nicht sympathisch. Er schätzt ihn auf Ende vierzig. In seinem Nadelstreifenanzug wirkt er aalglatt. Dann trägt er auch noch so ein blau-gestreiftes Oberhemd, bei dem sich der Kragen und die Manschetten weiß absetzen. Bitte, wie scheußlich ist das? Die dunkelblaue Raiffeisenkrawatte ist die absolute Krönung der Peinlichkeit. Sein „Eau de Toilette" riecht ganz furchtbar aufdringlich nach Moschus. Das ist definitiv zu viel. Er entschließt sich für einen höflichen, aber beschleunigten Abgang. *„Der Volksbanker"* ist Tom überzeugt, *„macht hier den brunftigen Platzhirsch, bis gnädige Frau Degenhardt eintrifft."*

„Sie müssen mich entschuldigen, aber ich bin mit einem Kollegen von der hiesigen Lokalzeitung verabredet. Wir sehen uns später." Tom hat nur ein Ziel: *„Schnell weg!"* Verwirrung beim eitlen Bankdirektor. Er wurde zum Platzhalter degradiert.

Im Foyer blickt Tom auf seine Kienzle Armbanduhr, die ihm

einst sein verstorbener Opa Otto zur Kommunion schenkte. Es ist erst achtzehn Uhr. Noch Zeit genug, um etwas zu unternehmen. Er fragt die junge Rezeptionistin, wie weit es zur Lokalzeitung ist? Ein paar Minuten zu Fuß. Sie erklärt ihm den Weg. Tom macht sich auf die Socken. Am Gebäude hängen Schaukästen. Jeder kann hier kostenlos die Zeitung lesen. Schnurstracks geht er in die Redaktion. Dort sitzt eine junge Frau an einer Kugelkopfschreibmaschine von Olivetti. Wahrscheinlich eine Volontärin. Zwei Tische weiter steht ein etwas älterer Redakteur auf und fragt, „suchen Sie jemanden?"

„Nein, ich bin hier einfach locker hereinspaziert, um zu schauen, wie Sie arbeiten. Entschuldigen Sie bitte, ich bin Tom Friedemann vom Wirtschaftsmagazin."

„Ich bin Rüdiger Kern, was verschlägt Sie nach Lahr?"

„Ach, das ist eine lange Geschichte. Ich war einige Tage in Basel und jetzt besuche ich einen Bekannten hier im Krankenhaus. Da ich etwas Zeit habe, bin ich bei Ihnen reingeschneit. Ab und an fehlt mir der vertraute Stallgeruch einer Lokalredaktion."

„Wo waren Sie vor dem Wirtschaftsmagazin?"

„In Dortmund, Mannheim, Bad Mergentheim und in der Fechterhochburg Tauberbischofsheim."

„Vermutlich beim Mannheimer-Morgen?"

„Ja nach den Ruhr-Nachrichten. In Mannheim habe ich viel gelernt."

„Sieht ganz danach aus, immerhin sind Sie beim großen Wirtschaftsmagazin."

„Dort in Düsseldorf geht es gemessen an einer Lokalredaktion eher ruhiger zu. Ich bin in Bonn, bei uns ist deutlich mehr Leben in der Bude. Haben Sie Interesse an einer Schmugglergeschichte in Basel?"

„Unser Gebiet ist das nicht, aber vielleicht interessieren sich die Kollegen in Weil dafür? Was ist in Basel los?"

Tom erzählt von seinem Erlebnis mit dem holländischen Schmuggler und der Basler Polizei. Er macht den Kollegen auf die deutsche Verwaltung des Bahnhofs Baden aufmerksam. Der zeigt sich überrascht:

„Die Bundesbahn verwaltet in Basel den Bahnhof? Davon habe ich noch nie etwas gehört."

„Schreiben Sie, wenn Sie wollen, die Telefonnummer von der Polizei in Basel auf. Dem Hauptmann können Sie von mir einen schönen Gruß ausrichten, dann wird der geschmeidig. Vermutlich ist der Holländer kein Einzeltäter. Der gehört garantiert zu einer Schmugglerbande. So wie ich das sehe, haben Sie mit dem Holländer und dem Bahnhof zwei richtig schöne Geschichten. Übrigens habe ich auch ein paar Bilder geschossen."

„Interessant, wie kann ich Sie erreichen?"

„Entschuldigung, ich habe natürlich für Sie eine Visitenkarte, bitte ..."

„Dankeschön! Sobald ich weiß, was die Kollegen in Weil mit den Informationen anfangen, werde ich Sie anrufen. Da fällt mir ein, meine Kollegin Kerstin Keller volontierte auch in Mannheim."

„Keller? Die Dame sagt mir nichts. Sie erreichen mich

morgen Vormittag im Hotel Eisberg, sonst in Bonn. Können Sie mir bitte ein Taxi rufen?"
Tom verabschiedet sich freundlich. Auf der Straße steht das Taxi bereit. „Zum Krankenhaus bitte". Aus dem Autoradio schallt „Skandal im Sperrbezirk, Skandal um Rosi". *„Jetzt besingt die bayrische Band schon die Nutten"*, denkt Tom. Dem Taxifahrer gefällt der Hit, der zurzeit, so der allgemeine Eindruck, überall ertönt. Die Fahrt kostet drei Deutsche Mark. Tom gibt mit den Worten „für die flotte Musik", dem Taxifahrer zusätzlich Trinkgeld. An der Klinik-Rezeption fragt er, ob bereits Frau Degenhardt eingetroffen sei? Nein. Es ist halb neun. Kann also noch dauern.

Er geht wieder raus ins Grüne und setzt sich, trotz der Kälte, auf eine Parkbank. Seit Tagen hat es nur vier bis sechs Grad. Von beginnenden Frühling keine Spur. Tom hält es auf der Bank nicht lange aus. Er geht wieder ins Krankenhaus, obwohl er den Geruch von Pfefferminztee abscheulich findet. *„Wer mag davon gesunden?"*, fragt er sich. Warten, davon ist er überzeugt, macht alt und müde, stiehlt zudem kostbare Zeit.

„Mindestens acht Tage im Jahr verschwinden", so seine Rechnung, *„sinnlos durch fremd verursachte Warterei. Das sind pro Tag dreißig Minuten. In zehn Jahren ergeben das achtzig Tage. Und in fünfzig Jahren mehr als ein ganzes Lebensjahr. Ein Irrsinn! Jeden Tag lauert irgendwo ein Dieb, der einem allein durch seine Unpünktlichkeit wertvolle Zeit stiehlt."*
Während Tom in Gedanken vor sich hin rechnet, kommt

eine Dame im Eiltempo durch die Drehtür herein.
„Zeit ist gleich Geschwindigkeit durch Beschleunigung", stellt er fest. Ihre hohen Absätze klingen auf dem kargen Steinboden wie Hammerschläge auf einem Amboss.
„Die beschlägt die Pferde noch selbst", spottet Tom leise. Er schaut ihr hinterher und taxiert sie: Sie ist eher klein, schlank und wohl sehr energisch, wie ihre Gangart vermuten lässt. Für ihn kein Grund, um aufzustehen. *„Wenn die etwas von mir will, dann muss sie sich schon hierher bequemen."*

Und tatsächlich kommt die Frau zielgerichtet auf ihn zu. Tom steht jetzt auf „sie sind bestimmt Frau Degenhardt."
Etwas unsicher antwortet sie, „ja genau!"
„Hatten Sie den Umständen entsprechend eine angenehme Fahrt?"
„Zumindest gab es keine gravierenden Zwischenfälle bis auf einen Stau. Dadurch sind wir in Frankfurt später herausgekommen, als ich ursprünglich wollte. Begleiten Sie mich zu meinem Mann?" Sie macht einen verlegenen Eindruck.
„Gerne, wo müssen wir denn hin?"
„In den dritten Stock, Zimmer 309."
„Nehmen wir den Aufzug?" Frau Degenhardt nickt ihm zu und senkt dabei den Kopf. Tom denkt, was hat sie denn? Kann sie meinem Blick nicht standhalten? Vor Zimmer 309 bleibt er stehen. Er lässt Frau Degenhardt den Vortritt und hält sich dezent zurück. *„Schon wieder warten"*, murmelt er leise. Auf dem Flur ist niemand zu sehen. Irgendwie ist es ihm zu still. An der Wand steht ein Speisewagen mit Teekannen. *„Pfeffer-*

minz" schießt es ihm buchstäblich durch die Nase in den Kopf. Am Ende des Flurs erkennt er im gedimmten Licht schemenhaft ein Fenster. Beim Näherkommen erkennt er eine angelehnte Balkontüre. Draußen steht ein mittelgroßer sehr dürrer Mann im Bademantel der eine Zigarette raucht.

„Ist es hier nicht zu kalt?", meint Tom.

„Ich merke schon lange nichts mehr. Was führt dich zur späten Stunde zu mir?"

„Ein Krankenbesuch! Im Moment ist die Ehefrau bei ihrem Mann und da wollte ich nicht stören."

„Da schau ein junger Mann mit Anstand. Heutzutage gibt es nur noch aufgeregte schnippische junge Leute mit Kopfhörer und so einem albernen kleinen Kasten in der Hand. Die sind taub. Sie hören nicht, was man ihnen sagt."

„Sie meinen den Walkman?"

„Wie der Apparat heißt, will ich gar nicht wissen. Der neumodische Quatsch kommt bestimmt aus Amerika, wie anderer sinnloser Kram auch."

„Nee, der Walkman kommt aus Japan."

„Die Kamikazes sind sowieso komplett verrückt."

„Darf ich fragen, warum Sie hier im Hospital sind?"

„Weil es mit mir zu Ende geht. Meine Lebensuhr sagt, ich lebe nur noch fünf Tage. Krebs nennt sich das Tierchen, das mich von innen her auffrisst."

„Und wo sitzt das Biest?", will Tom wissen.

„Es fühlt sich in meiner Lunge besonders wohl."

„Ihr Sarkasmus ist beachtlich."

„Was soll ich machen, etwa Selbstmord? Der endet auch mit dem Tod. Ich weiß seit vielen Jahren, wann ich das Zeitliche segnen muss. Durch die Raucherei hat sich mein Zeitkontingent erheblich reduziert. Rauchst du auch?"

„Nein, ich habe keine Lust, auf den Tod zu warten."

„Säufst du wenigstens?"

„Selten, wirklich ganz selten."

„Bist du wenigstens hinter den Weibern her?"

„Ich bin hinter der Zeit her, denn die läuft ungefragt weiter. Außerdem bin ich verheiratet."

„Kann es sein, dass du langweilig bist?" Der Krebspatient lacht dabei aus vollem Hals. Gar nicht gut: Es folgt ein aus der Tiefe der Bronchien ausgelöster Hustenanfall.

Minutenlang beruhigt er sich nicht. Zwischendurch spuckt er in ein großes Taschentuch Blut. Ein ekelhafter Zustand. Die Bronchien oder die Lungen geben wohl sonst nichts mehr her. Langsam beruhigt er sich wieder. Irgendwie beschleicht Tom das Gefühl, die Stimme schon einmal gehört zu haben: *„Der markante französische Akzent ist bei mir noch im Ohr."* Er mustert den Patienten näher: *„Wo bin ich dem begegnet?"*

„Siehst du das Krabbeltierchen hat sich wieder gemeldet."

„Ich glaube, es ist besser, wenn wir reingehen", schlägt Tom vor. Wortlos folgt ihm der Patient.

„Junger Mann, ich wünsche dir eine gute Zeit. Nehme bitte meine Uhr. Erschrecke nicht." Während er das sagt, legt er ihm die Uhr am linken Handgelenk an.

Das außergewöhnlich schöne Armband schließt von selbst.

Der todkranke Mann hält die Uhr mit beiden Händen fest, als wolle er sie segnen. Tom blickt ihm in die Augen und verspürt plötzlich eine noch nie erlebte innere Verbundenheit.

„Die Lebensuhr habe ich dir übergeben. Sie hat dich als ihr Medium akzeptiert. Du bist mein Sohn. Folge der Zeit, sie ist das, was bald geschieht. Wer immer dir die Uhr stehlen will, wird von der Zeit bestraft. Versuche niemals die Zeit zu missbrauchen. Du kannst sie nicht täuschen. Achte sie, denn sie ist kostbar. Lerne ihre Macht kennen. Meine Zeit auf Erden geht zu Ende."

Aufrecht wie ein Soldat läuft der krebskranke Patient zum Aufzug. Tom blickt ihm wie versteinert hinterher. Er versucht seine Gedanken zu sammeln. Der Mann schaut nicht zurück. *„Ich bin sein Sohn und der Uhr ein Medium, ist der Typ verrückt?"* Er mustert von allen Seiten die Uhr: *„Die Uhr zeigt keine Zeit an. Das Zifferblatt ist schwarz. Gold glänz das Armband - es wiegt schwer."*

Plötzlich verspürt Tom einen starken Drang: *„Bloß raus aus dem Hospital"*. Hier ist nicht der Ort, um länger zu verweilen. Höflichkeit hin oder her, er klopft an die Tür vom Zimmer 309. Es dauert etwas, bis Frau Degenhardt die Tür öffnet.
„Ich gehe ins Hotel, treffen wir uns dort noch im Restaurant?"
„Ja in etwa einer halben Stunde", flüstert sie leise.
In Tom macht sich Nervosität breit. Die Energie der Uhr

scheint ihn zu durchströmen. Draußen vor dem Krankenhaus betrachtet er wieder die ominöse Armbanduhr:

Auf dem schwarzen Zifferblatt ist noch immer nichts zu erkennen. Er dreht und wendet die Uhr, schüttelt seinen Arm, aber sie zeigt nichts an. Sie tickt auch nicht - seltsam!
Das rotgoldene Armband ist filigran gearbeitet.
Vermutlich wurde es von einem Goldschmied handgefertigt.
Tom fragt sich, *„warum schenkt mir der kranke Mann eine Uhr, die nicht funktioniert? Und warum sprach er von Macht? War er verwirrt und deshalb nicht mehr ganz bei Trost?"*
Die Uhr gibt keine Antwort. Er läuft zum Hotel.

Der Tag war bisher lebhaft, aber er bot nichts, was sich für Tom zu berichten lohnt. Ein verhafteter Schmuggler ist eher ein Fall für die Lokalzeitung. Der in der Zugtoilette kollabierte Bankvorstand ist eine rein private Angelegenheit.

Die Geschichte von der komischen Uhr gibt auch nichts her: *„Den Quatsch glaubt mir kein Mensch."* Bleibt dem Journalisten nur das Terminbuch vom erkrankten Bankvorstand. Die eingetragenen Namen und Adressen sind interessant. Am Empfang fragt Tom nach einem Kopierer. „Eine Kopie kostet eine Mark", betont die Dame an der Rezeption. „Wie bitte?", er verzichtet dankend.

Informationen aus dem Terminbuch will er mit der Hand abschreiben. Auf dem Weg in sein Zimmer wirft er einen verstohlenen Blick ins Restaurant. Der Volksbankdirektor sitzt dort immer noch alleine. Treu und brav wie ein Schäferhund wartete er auf Frau Degenhardt.

Das Terminbuch ist ein wahrer Fundus der Großfinanz. Tom schreibt zügig Adressen und Telefonnummern ab. Zu einigen Rufnummern sind keine Namen vermerkt. *„Warum nicht? Vielleicht leichte Damen in gewissen Etablissements?"* Seine Gedanken kreisen wie ein Satellit um das Leben des Bankers. Das jähe Bimmeln entreißt ihn aus der Fantasie. Am anderen Ende des Telefons ist Frau Degenhardt. Sie habe sich bereits im Restaurant zu Herrn Meiser gesellt, teilt sie mit.

Tom verspürt keinerlei Eile. Er will erst noch das Terminbuch auswerten.

Bevor er das Zimmer verlässt, durchsucht er Mantel und Jackett des Bankvorstands. Dabei findet er eine Visitenkarte eines Aufsichtsrats der Credit Suisse. Sofort schreibt er die Kontaktadresse ab. Auf der Rückseite sind Zahlen handschriftlich vermerkt: *„Ist das etwa ein Nummernkonto?"*

Im Restaurant führt Volksbanker Meiser ein geschäftsmäßiges übliches Schauspiel auf. Die Hauptrolle des Schleimers ist ihm auf den Leib geschrieben. Sein Gesülze ist dem Journalisten zu wider. Mit abfälligem Blick in Richtung Meiser steht er wortlos vom Tisch auf und geht an die Hotelbar. Der Mann hinter dem Tresen grinst selten doof vor sich hin. Tom bestellt einen für die Gegend typischen Weißherbst. Der Barkeeper bringt ihm zügig den Wein. Sein doofes Grinsen hat sich zu einer Fratze der Marke „in die Fresse schlagen" ausgeweitet. *„Ist der Vogel von Geburt an so dämlich?"*, überlegt Tom. Neben ihm nimmt derweil eine junge Frau auf einem Barhocker Platz. Mit dem linken Auge folgt er den schlanken langen Beinen, die oberhalb der schmalen Oberschenkel ein verdammt knapper hellgelber Minirock ziert.

„Kennen Sie mich noch?", fragt die junge Frau. Tom ist für einen Moment verwirrt.

„Kann schon sein, aber ich weiß nicht woher?"

„Sie waren doch beim Mannheimer-Morgen."

„Ja, waren Sie auch dort?"

„Erst als Volontärin, dann als Redakteurin in Lokales. Mein Kollege sagte mir, Sie wären hier im Hotel."

„Ach, Sie sind hier in Lahr gelandet?"

„Ja, ich bin in der Gegend aufgewachsen und wollte wieder zurück. Mannheim war nicht so meine Stadt. Vier Jahre haben mir gereicht. Als in Lahr eine Stelle in der Lokalredaktion frei wurde, habe ich mich beworben."

„Da hatten Sie Glück!"

„Nein, ich habe die männlichen Mitbewerber in die Flucht geschlagen. Schließlich kam ich ja von einem namhaften Blatt, da konnten die Herren nicht mithalten."

„Hm, sagen Sie mir Ihren Namen?"

„Kerstin Keller, kurz K und K."

„Tut mir leid, aber ich kann mich nicht an Sie erinnern."

„Sie waren in der Politik- und Wirtschaftsredaktion, ich in der Stadt-Redaktion. Der Friedrich bezeichnete Sie immer als unseren ganz Schlauen."

„Mit unserem Chefredakteur verband mich eine gewisse Hassliebe. Er war ein großartiger Journalist und ein Choleriker par excellence."

„Das stimmt! Mich hat er runtergemacht, wo und wann er konnte. Ich wäre viel zu hübsch für den Beruf. Ich solle mir einen wohlhabenden Mann suchen und, und, und. Aber ich habe mich von dem nicht unterkriegen lassen."

„Der Friedrich, das wissen Sie vielleicht nicht, war auf alle jungen Leute neidisch. Der Krieg hatte ihm massiv zugesetzt. Einen Arm weniger zu haben, ist bestimmt keine Errungenschaft. Das hat ihn psychisch sehr belastet. Seine Frau erzählte mir, wie sehr er ob seiner beschissenen Jugendzeit haderte. Und die Kriegsgefangenschaft gab ihm wohl den Rest."

„Mag sein, ich mag ihn und seine süffisante, oft sehr gemeine Art nicht. Was führt Sie ins schöne Lahr?"

„Ein Notfall! Sehen Sie dort hinten im Restaurant Ihren Volksbanker?"

„Ja, was macht denn der Meiser hier?"

Tom erzählt ihr flüsternd, damit der grinsende Barkeeper nicht mithören kann, die Geschichte seiner Zugfahrt. „Sie behalten das aber vorerst für sich. Ich weiß nämlich nicht, wie sich die Situation noch entwickelt."

„Der Meiser will immer hoch hinaus. Dabei scheitert er an seiner aalglatten Art. Den mag eigentlich niemand. Ich glaube, die Dame hat sich eben von ihm verabschiedet."

Frau Degenhardt steuert direkt auf Tom zu: „Herr Friedemann, macht es Ihnen etwas aus, wenn Sie mir jetzt die Sachen von meinem Mann geben?"

„Nein überhaupt nicht, ich gehe gleich mit. Frau Keller, ich bin in fünf Minuten wieder zurück."

„Entschuldigen Sie Frau Keller, dass ich kurz den jungen Mann entführe."

„Das macht nichts, ich habe Zeit."

Tom schließt sein Zimmer auf. Frau Degenhardt wartet, wie es sich für eine Dame geziemt, vor der Tür. „Hier sind Mantel, Jackett, Terminbuch und der Aktenkoffer – mehr habe ich nicht."

„Vielen Dank! Wie ich hörte, haben Sie meinen Mann maßgeblich gerettet. Er wird mit den Folgen seines Herzinfarkts leben müssen. Mit dem Vorstandsposten hat er sich offenbar zu viel zugemutet. Ich würde mich freuen, wenn wir morgen etwa um acht Uhr gemeinsam frühstücken könnten."

„Gerne! Ich wünsche Ihnen eine gute Nacht."

„Gute Nacht, Herr Friedemann." Dabei wirft sie ihm einen verstohlenen Blick zu. *„Was sollte das bedeuten?"*, fragt er sich auf dem Weg zurück in die Hotelbar.

Kerstin Keller sitzt mit ihren endlosen Beinen kerzengrad an der Theke. Ihr verdammt kurzer Rock verdeckt kaum ihren rosafarbenen Slip. Tom schielt verstohlen zwischen ihre Oberschenkel. Trotz des verlockenden Einblicks behält er die Contenance. Der dauergrinsende Barkeeper blinzelt ihm unverfroren zu.

„Kennen Sie den Idioten", fragt er.

„Nee, ich schätze, der Typ ist einfach nur doof", glaubt K und K lachend.

„Der Meiser sitzt immer noch da. Bleibt der etwa bis zum

Frühstück dort hocken? Eigentlich habe ich Hunger, aber keine Lust auf Unterhaltung mit dem Banker. Gibt es in der Nähe ein anständiges Lokal?"

„Ja, ich würde Sie sogar begleiten, aber nur, wenn wir uns duzen."

„Gerne Kerstin!"

Tom macht sich erneut einen Kopf: *„Warum ist Kerstin so erpicht darauf, mich begleiten zu dürfen? Sie ist gescheit und bildhübsch. Entsprechend kokettiert sie gerne mit ihren Reizen und weiß sie verdammt gut einzusetzen."* Aus Erfahrung weiß er, eine überaus hübsche Frau ohne Hintergedanken, dazu noch Journalistin, ist so selten wie eine Mondlandung.

„Kommt man hier nur durch das Restaurant nach draussen?" Der Barmann grinst blöd aus der Wäsche, anstatt zu antworten. Tom hat genug von ihm: „Der ist so etwas von bescheuert ..." Kerstin lacht. Zusammen gehen sie in Richtung Notausgang.

„Sie müssen noch bezahlen", ruft der Barkeeper hinterher. Beide tun so, als würden sie nichts hören. Der Notausgang führt ins Treppenhaus und von dort aus in den Hof.

„Sind wir jetzt Zechpreller?", fragt Kerstin.

„Jedenfalls sind wir mit einem Streich zwei Idioten los. Der doofe Barkeeper kann jetzt mit dem öligen Meiser um die Wette grinsen."

Beim Abendessen unterhalten sie sich über die schon einige Jahre zurückliegende Zeit in Mannheim. Tom bemerkt, wie bekannt Kerstin in Lahr ist. Kaum nahmen sie Platz, kam zur Begrüßung der Gastwirt an den Tisch. Auch ein höflicher Gemeinderat erwies ihr seine Referenz.

„Du bist hier ja bestens bekannt."

„Das Leid einer Lokalredakteurin besteht in der öffentlichen Wahrnehmung."

„Hoppla, du leidest also?"

„Nicht so richtig, aber manchmal, so wie jetzt, wäre es mir anonymer lieber."

„Bist du eigentlich verheiratet oder wenigstens in festen Händen?"

„Nein, ich bin blond, ledig und liebe mein freies Dasein."

„Bemerkenswerte klare Einstellung."

„Und wie sieht es bei dir aus?"

„Schwierig, zu früh geheiratet, zu früh gebunden; alles kurz vor null mit Tendenz auf Minus."

„Und deine Frau?"

„Zu weit weg in allem: mental, geografisch, gefühlsmäßig. Es läuft auf Trennung hinaus."

„Belastet dich das?"

„Kaum, die Ehe war anfangs richtig. In letzter Zeit hat sie sich als Fehler entpuppt, den ich korrigieren werde. Ich weiß, dass ich für das sogenannte normale Leben nicht besonders geeignet bin. Mir sind die vorgegebenen gesellschaftlichen Strukturen von Ehe und Familie oft zu einfach, mitunter auch zu langweilig."

„Der Ruf des Exzentrikers eilte dir auch in Mannheim voraus."

„Das glaube ich sofort."

Die beiden Journalisten plaudern über den Sinn und Unsinn des Berufslebens. Es ist bereits nach dreiundzwanzig Uhr, als sich Tom aufmacht, um zu gehen.
Kerstins Augenaufschlag signalisiert Verheißung. Er versucht den verdammt verlockenden Blick weitgehend zu ignorieren, obwohl sich seine Männlichkeit regt. Sein Interesse gilt heute Nacht der geheimnisvollen Uhr. Als sie sich verabschieden, verspricht er, sie anzurufen, wenn er in Bonn ist. Die Verabschiedung ist freundschaftlich kollegial, aber von ihm ausgehend distanziert, was typisch für Tom ist. Es ist für niemanden einfach an ihn heranzukommen. Er mag es nicht, wenn jemand versucht, sich ihm zu nähern. In seinen Augen muss ein noch so gutes Gespräch nicht mit einer Umarmung enden. Distanz ist ihm lieber. Spontane Nähe braucht er nicht. Kerstin zeigt sich ein bisschen enttäuscht. Ganz offensichtlich hat sie sich von ihm mehr erhofft.

Vom Gasthaus zum Hotel sind es zu Fuß nur zehn Minuten. Tom lobt sich selbst: *„So ein attraktives Weib und ich lege die nicht flach, obwohl sie es garantiert wollte. Ich kann widerstehen, weil ich Idiot mich beherrschen kann"*.

In der Hotelbar ist noch richtig Betrieb. Die Luft ist vom Zigarettenqualm vernebelt. Der grinsende Barkeeper steht noch immer hinterm Tresen. Tom bezahlt die offene Rechnung und beschließt, ins Bett zu gehen.

Im Zimmer betrachtet er die Armbanduhr. Das mit Gold verzierte Armband ist ein Kunstwerk. Das Zifferblatt ist schwarz wie die Nacht. Die Uhr vergleicht er mit seiner Kienzle und wiegt sie in der Hand hin und her. Er stellt fest, sie ist mindestens doppelt so schwer. Das Gehäuse der seltsamen Uhr ist aus einem Guss. Sie hat weder eine Naht noch eine Verschraubung. Nichts deutet auf eine Öffnung hin. Tom legt sie am rechten Armgelenk an. Das Zifferblatt bleibt weiter dunkel und der Verschluss lässt sich nicht schließen. *„Das kann doch nicht wahr sein"*, murmelt er.
Nun legt er die Uhr am linken Armgelenk an. Jetzt funktioniert der Verschluss wie von selbst. Tom ist erstaunt. Das Zifferblatt leuchtet kurz auf. Ihm läuft es eiskalt über den Rücken. *„Die Uhr wird mir unheimlich"*, sagt er leise. Plötzlich erscheint die Zahl 20.440. *„Was sollen die Zahlen bedeuten?"*
Er versucht den Verschluss des Armbands zu öffnen. Nichts zu machen, es bleibt geschlossen. *„Nicht zu fassen, ich bekomme das verflixte Armband nicht mehr auf"*, schimpft er. Die Zahlen verschwinden wieder.

Tom versucht erneut das Armband zu öffnen, was ihm jetzt gelingt. Er nimmt die Uhr in die Hand und rätselt: *„Was bist du und warum?"*. Das Zifferblatt bleibt schwarz, nichts erscheint. In der Hand lässt sich das Armband nicht schließen.

„Soll ich mir die Uhr nochmal anlegen?", rätselt er. *„Was soll schon passieren?"* Wieder versucht er es am rechten Handgelenk und wieder geht das Armband nicht zu.
„Ich werde noch wahnsinnig", ruft er etwas zu laut. Gut, dann

eben links. Das Armband schließt sich wie von selbst. Auf dem Zifferblatt leuchtet wieder die 20.440 auf. Nach etwa fünfzehn Sekunden verschwinden die Zahlen.
Tom öffnet das Armband. *„Ich gehe jetzt kalt duschen, vielleicht sehe ich danach klarer"*, hofft er.

Die Uhr, das schwarze Zifferblatt, die 20.440 und das rotgoldene Armband. Dazu der krebskranke kauzige Mann. All das geht ihm nicht mehr aus dem Kopf. Als er aus dem Badezimmer kommt, blickt er auf die Uhr: *„Du bist mir nicht geheuer."*
Zuverlässig wie immer zeigt seine Kienzle fünf Minuten vor Mitternacht an. Die Armbanduhr funktioniert schon viele Jahre. *„Was soll aber eine Uhr, wenn sie keine Zeit, dafür komische Zahlen anzeigt?"* Er beschließt morgen ins Krankenhaus zu gehen, um den Patienten aufzusuchen, der ihn Sohn nannte. Der muss schließlich wissen, warum die Uhr keine Zeit anzeigt.

Im Bett drehen sich seine Gedanken um die 20.440.
Eine Zahl, die ihm nichts sagt. 20.441, da ist er sicher, ist eine Primzahl, 20.443 ebenfalls. Egal wie er die Nummer im Kopf dreht und wendet, er kommt auf kein Ergebnis.
In der Hoffnung, morgen die Uhr zu enträtseln, schläft er ein.

2.

Mittwoch, 24. März 1982

Um sieben steht er auf und linst aus dem Fenster. Draußen wird es langsam hell. Sogar die Sonne blinzelt zwischen den Wolken hindurch. Tom blickt auf die seltsame Uhr, die weder Minuten noch Stunden anzeigt. Nachdem er geduscht hat, packt er seine Reisetasche. Die Kienzle Armbanduhr trägt er jetzt rechts. Sie musste schweren Herzens der geheimnisvollen Uhr weichen. Links und rechts eine Uhr, sieht irgendwie nach Angeber aus.

Warum das rotgoldene Armband von alleine schließt, bleibt ein Rätsel. Geisterhand? Kosmische Strahlen? Telepathie? Tom fällt dazu nichts mehr ein. Auf dem Zifferblatt erscheint für ein paar Sekunden die Zahl 20.439. Was bedeutet das? Gestern 20.440 und jetzt eine Zahl weniger? In ihm blitzt der Gedanke auf, dass die geheimnisvolle Uhr die Tage rückwärts zählt. Schnell holt er den Taschenrechner raus und teilt 20.440 durch 365. Das Ergebnis weist sechsundfünfzig Jahre aus. Er rechnet sein bisheriges Lebensalter hinzu: *„Wenn meine Logik halbwegs stimmt, dann werde ich achtundachtzig Jahre alt. Das ist doch totaler Irrsinn. Es gibt doch nichts, was meine Lebenszeit errechnet?"*

Auf dem Weg zum Frühstücksraum überlegt er, an wem er die Uhr ausprobieren könnte? Vielleicht zeigt dieser geheimnisvolle „Wecker" jedem Menschen seine noch bevorstehende Lebenszeit an? Er tippt sich an die Schläfe und flüstert *„das wäre ja der blanke Wahnsinn"*.

Frau Degenhardt sitzt bereits am Tisch. Tom wünscht ihr einen guten Morgen. Erst jetzt bemerkt er ihre mädchenhafte Ausstrahlung, die sie sich über die Jahre bewahrt hat. Das halblange brünette Haar ist im Farbton perfekt mit ihren braunen Augen abgestimmt. Dazu trägt sie ein in Braun geschneidertes Kostüm von Chanel. Ihr Eau de Toilette duftet auch nach der bekannten Marke. Tom schätzt sie insgeheim auf Mitte vierzig. *„Wahrscheinlich ist sie älter, als sie aussieht."*
Vom Äußeren betrachtet, passt sie nicht zu ihrem gedrungenen fleischigen Mann. Der gleicht eher einem Schlachter, aber keinesfalls einem Top-Banker.

„Ist die junge Dame von gestern bereits abgereist?", möchte Frau Degenhardt wissen. Ihre Tonlage klingt leicht süffisant, was Tom nicht entgeht.

„Bestimmt nicht, sie wohnt in Lahr", bemerkt er so nebenbei.

„Entschuldigen Sie, wenn ich neugierig erscheine, was macht sie beruflich?

„Redakteurin bei der hiesigen Zeitung."

„Eine Kollegin von Ihnen?"

„Sozusagen, wir waren beide beim Mannheimer-Morgen."

Tom hasst Fragerei am frühen Morgen. Fehlt nur noch *„haben Sie gut geschlafen?"*. Drum dreht er den Spieß um: "Wie sieht ihr Tag heute aus, gehen Sie nachher in die Klinik?"

„Selbstverständlich, ich muss mit dem Chefarzt sprechen, damit ich weiß, wie es mit meinem Mann weitergeht. Um neun holt mich der Fahrer ab. Was haben Sie heute vor?"

„Ich setze mich in den Zug und fahre nach Bonn. Dort werde ich sehnsüchtig in der Redaktion erwartet."

„Mein Mann ist auch öfters in Bonn unterwegs."

„Ein bisschen Lobbyarbeit wird von einem Vorstandsvorsitzenden erwartet."

„Beziehungen sind auf der Ebene das A und O", erwidert sie schnippisch.

„Vor allem politisches Vitamin B."

„Höre ich da einen kritischen Unterton?"

„Nein nur den Ton der Realität, gnädige Frau."

„Mir fällt auf, Sie tragen zwei Armbanduhren."

„Die eine bekam ich zur Kommunion geschenkt und die andere bewahre ich für einen Freund auf. Damit ich die protzige Uhr nicht verliere, trage ich sie am Handgelenk."

„Sie ist bestimmt so wertvoll wie selten. Ich habe noch nie so ein außergewöhnlich gearbeitetes Armband gesehen. Mein Vater ist in Frankfurt Juwelier. Ich selbst bin Goldschmiedin und erkenne auf einen Blick die Wertigkeit von Uhren und Schmuck."

Tom ist darum bemüht, das Gespräch in den nächsten Minuten höflich zu beenden. Dabei hofft er auf das baldige Erscheinen des Chauffeurs. Frau Degenhardt bittet den Kellner zu sich um ihm klarzumachen, dass die gesamten Bewirtungskosten und alle Übernachtungskosten auch die von Tom Herr

Meiser von der Volksbank regeln wird. Kurz danach kommt der Hoteldirektor und erkundigt sich, ob sich der Aufenthalt zur Zufriedenheit gestaltet habe? Alles bestens!

Jetzt ist endlich der Fahrer eingetroffen. Tom nimmt die Gelegenheit wahr, um sich bei Frau Degenhardt zu verabschieden. Er muss ihr in die Hand hinein versprechen, sie und ihren Mann alsbald in Frankfurt zu besuchen.

„Wenn ich in Bonn bin, dann rufe ich Sie an. Wo kann ich Sie erreichen? Haben Sie für mich eine Telefonnummer?" Mit einem Lächeln der Zufriedenheit tauscht sie ihre Visitenkarte gegen seine.

Tom geht aufs Zimmer und holt seine Reisetasche. Vor dem Hotel ist ein Taxistand. „Zum Bahnhof bitte", ruft er dem Fahrer zu. Im Bahnhof stellt er seinen Reisekoffer in ein Gepäckschließfach. Am Schalter zeigt er seine Fahrkarte. „Die ist nach wie vor gültig", bestätigt der Bahnbeamte.

Das Taxi fährt ihn zur Klinik. Dort bittet er den Fahrer erneut zu warten. An der Rezeption fragt er nach der Krebsstation. Er nimmt die Treppen in den dritten Stock.

Eine Krankenschwester hält ihn an. Sie möchte wissen, wen er suche? Tom gibt eine genaue Personenbeschreibung ab. Eindeutig, der Krebspatient liegt auf Zimmer 344.

Klopfen, eintreten, grüßen. Der Mann sitzt auf der Bettkante, blickt hoch und sagt mit ächzender Stimme,

„Rekrut, ich wusste, du kommst mich wieder besuchen."

Der junge Journalist ist sprachlos. Ihm läuft es eiskalt über den Rücken. Sein Körper ist eine einzige Gänsehaut. Der vom Tod gezeichnete Mann lächelt ihn an: „Ich habe dir ein Fünfmarkstück mit einem Loch in der Mitte geschenkt." Tom staunt ihn an. Seit Jahren hängt die Münze an einer Halskette als Talisman um seinen Hals.

"Das Fünfmarkstück hat dich zu mir geführt - gib es mir", ordnet der kranke Mann an. In seiner rechten Hand hält er ein goldschimmerndes Fünfmarkstück. Tom knöpft sein Hemd auf, öffnet die Halskette und reicht sie ihm. Der Kranke legt das Geldstück auf seine goldene Münze und schließt seine Hand.

„Wenn ich die Hand öffne, dann bekommst du eine neue wertvollere Münze."

Nach einer Weile reicht er ihm ein Geldstück.

„Wo ist die andere Münze?", fragt Tom erstaunt.

„Rekrut, es gibt fortan nur noch das eine, viel wertvollere Geldstück. Schau es dir genau an." Das Fünfmarkstück ist aus massivem Gold und wohl deshalb schwerer.

„Täusche ich mich oder bist du der Söldner, der mir damals begegnet ist und zur Légion étrangère nach Straßburg wollte?"

„Ja der bin ich!"

„Du siehst so anders aus als im Winter 1968 im Zug nach Offenburg."

„Rekrut, der Schein ist nicht das Sein. Glaube nicht alles, was du hörst und siehst. Lass dich nicht von Äußerlichkeiten täuschen. Unterscheide zwischen Original und Fälschung."

„Bist du wirklich an Krebs erkrankt oder bist du ein Zauberer? Vielleicht ein Engel oder gar der Leibhaftige? Wer bist du wirklich? Wie heißt Du?"

„André Pleichach, ich bin dein Vater."

„In meiner Geburtsurkunde steht Andreas Friedemann."

„So hieß ich früher. Namen sind nicht bedeutend. Bestimmungen sind wichtig. Jeder Mensch ist für einen anderen vorgesehen. Manche begegnen sich, viele andere sehen sich nie. Ich, der Söldner bin dein Gegenüber. Du bist ein ruheloser Suchender. Darum wurdest du Journalist."

„Das ist Fantasterei. Warum hast du mir nicht damals im Zug die Uhr gegeben?"

„Du warst ein unreifer junger Rekrut."

„Das stimmt."

„Aber du hast das Fünfmarkstück über die Jahre bewahrt - warum?"

„Weil es mit dem Loch in der Mitte ein Unikat ist."

„Die Münze erinnerte dich für immer an mich, den seltsamen Kauz aus dem Zug."

„Das ist wahr, obwohl ich nicht wusste, wer du bist."

„Die Zeit junger Freund bringt alles ans Licht."

„Oder die Wahrheit?"

„Die Zeit ist immer das, was bald geschieht. Niemand kann sie aufhalten, niemand, nicht einmal der Teufel. Meine Lebensuhr läuft jetzt ab. Du brauchst mich nicht mehr. Jetzt hast du deine Zeit in den Händen - nutze sie."

Das lange Sprechen kostet ihn Kraft. Schwer atmend reicht er seinem Sohn einen Briefumschlag. Pleichach fallen die Augen zu. Tom bleibt am Bett sitzen. Er öffnet den Brief und liest: *„Mein Sohn, Deine vorbestimmte Zeit ist gekommen. Du hast mich gesucht und gefunden. Jeder sucht sich selbst und hofft, sich in*

einem anderen zu finden. Beide Geister irren ein Leben lang rastlos umher, weil sie sich nie begegnen. Sie spüren weder Zeit noch den richtigen Ort. Du musst deine Gedanken schärfen und Dich nicht lenken lassen. Die Zeit regelt alles, jede Begegnung, dein ganzes Leben und dein Tod. Du bist jetzt da und ich kann gehen. Nutze Deine Lebenszeit. Wirke und leiste. Sei stets wahrhaftig. Achte die Uhr!
Die Uhr des Lebens zeigt dir deine verbleibende Zeit an.
Gehe sorgfältig mit ihr um!
Deine Lebenszeit kann sich verkürzen und auch verlängern, das hängt von Dir ab. Die Münze weist dir den richtigen Weg: Bleibt sie Gold, dann handelst du wahrhaftig. Verändert sie sich in Silber, dann warnt sie Dich.

Die Münze ist Deine Zeitreserve. Gib sie nie aus der Hand. Wenn Du sie auf das Zifferblatt der Uhr legst, kannst Du zusätzliche Tage erhalten. Nutze sie nur in allerhöchster Not. Verliere weder Uhr noch Münze. Sieh dich vor, man will sie dir stehlen. Erschrecke nicht, die Zeit bestraft sofort. Sie nimmt und gibt Lebenszeit. Prahle nicht vor anderen Leuten mit der Uhr. Achte sie. Begebe Dich frühzeitig auf die Suche nach einem neuen Medium."

Tom versucht Pleichach zu wecken. Der öffnet die Augen. Mit letzte Kraft richtet er sich auf.
„Bist du wirklich mein Vater?"
„Ja, der bin ich."
„Wer gab dir die Uhr?"
„Mein Vater. Vergiss Berthold nicht." Während er die Augen schließt, krächzt er: „Streng dich an und denke nach.

Gehe hin und lass mich für immer schlafen."

Der kranke Söldner fällt in sich zusammen. Sein bis auf die Knochen ausgezehrter Körper regt sich kaum. Im Krankenzimmer herrscht eine gespenstige Stille.

Tom weiß nicht, ob der seltsame Mann schläft oder bereits tot ist. Obwohl ihm Fragen über Fragen durch den Kopf schießen, verlässt er fluchtartig das nach Pfefferminztee und Siechtum muffelnde Zimmer. *„Nur weg von hier"*, sagt er sich. An der frischen Luft atmet er erst einmal tief durch, bevor er in ein Taxi steigt.

Während der Fahrt versucht Tom seine Gedanken zu ordnen. Er denkt an die erste Begegnung mit dem eigenartigen Mann. Vor vierzehn Jahren fiel er ihm auf dem Weg zur Musterung im Zug nach Offenburg buchstäblich in die Arme. Und erst diese wahnsinnige Wette, auf die er sich damals Gott sei Dank nicht einließ. Wollte doch der Legionär tatsächlich ein Loch in ein Fünfmarkstück beißen. Tom schüttelt den Kopf: *„Bevor ich damals aus der Bahn ausstieg, hat er mir die Münze geschenkt".* Er denkt nach: *„Wieso ist heute mein Fünfmarkstück mit seiner Münze verschmolzen? Dazu in Gold und mit einem Loch in der Mitte? Ist das Zauberei oder nur ein Traum? Was meinte er mit Berthold finden? Wer ist das? Das alles ist mir ein Rätsel."*

Im Bahnhof holt er seinen Reisekoffer aus dem Schließfach. Der Nahverkehrszug trifft pünktlich ein. In Offenburg steigt Tom in den schnelleren Intercity um. Er geht in den Speisewagen. Den Kellner kennt er bereits vom Vortag.

"Wie ist es ihrem Banker ergangen, hat er überlebt?"
„Ja, aber die nächste Zeit wird schwer für ihn", antwortet Tom.

Während der Fahrt macht er sich Notizen. Dabei überprüft er die Namen und Adressen, die er sich aus dem Terminbuch von Herrn Degenhardt abgeschrieben hat. Die Lebensuhr am linken Handgelenk wiegt beim Schreiben schwer. Deshalb wechselt er seinen Füller in die rechte Hand und schreibt weiter. Seinem Tischnachbarn fällt das auf.
„Entschuldigung, können Sie tatsächlich links wie rechts schreiben?"
„Ja, ich bin ein Beidhänder."
„Den gibt es nur ganz selten. Darf ich fragen, seit wann Sie beidhändig sind?"
„Schon immer, ich laufe ja auch auf beiden Füßen."
„Da haben Sie wohl recht. Sie machen mich neugierig, was können Sie noch
beidhändig?"
„Fast alles bis auf Kämmen und Bügeln, das mache ich nur mit links."
„Hm, das ist interessant."
„Und was können Sie außer Fragen zu stellen?"
„Entschuldigen Sie, ich bin Professor der Psychologie. Die Verhaltensforschung ist mein Spezialgebiet."
„An welcher Uni lesen Sie vor?"
„In Mainz, und für wen schreiben Sie. Sie sind doch Journalist oder nicht?"

„Wer hat Ihnen das verraten?"

„Der Kellner", antwortet der Professor schmunzelnd.

„Ich dachte schon, ich treffe heute wieder auf einen mystischen Gesellen."

„Hoppla haben Sie öfters Begegnungen der anderen Art?"

„Als Journalist zwangsläufig, aber gestern traf ich auf einen Geist, vielleicht auch auf einen Außerirdischen. Ganz sicher bin ich mir nicht."

„So schlimm?"

„Wenn ich die Story erzähle, dann sorgen Sie womöglich für meine Einweisung in die Psychiatrie."

Tom entschließt sich, den Professor für einen Test einzuspannen. Er zeigt ihm seine geheimnisvolle Uhr. Der Verhaltensforscher ist überaus beeindruckt und gleichzeitig verwundert. Immer wieder kommt ihm ein leises „Erstaunlich" über die Lippen.

„Ich sehe keine Uhrzeit, aber auch kein Aufziehrädchen – nichts. Das Uhrwerk benötigt doch zum Laufen irgendeine Energie. Helfen Sie mir, wie funktioniert sie?"

„Die Uhr hat nur eine Funktion."

„Welche denn?"

„Sie zeigt nur die Anzahl der Tage, die Sie noch zu leben haben. Ich lebe noch 20.439 Tage. Halten Sie das für verrückt?"

„Sie wollen mich hinters Licht führen. Junger Mann, so eine Uhr gibt es nicht."

„Ich sagte ja, die Geschichte ist verrückt."

„Wenn sie wahr ist, dann werden Sie bald im Geld schwimmen. Darf ich die Uhr mal anlegen?"

„Nein, Sie müssen mir Ihre linke Hand reichen."

„Wieso?" stammelt er.

„Weil ich ihr geniales Medium bin. Die Lebensuhr funktioniert nur in Kombination mit mir." Der Professor schaut mit weit aufgerissenen Augen entgeistert auf Tom.

„Was soll der Voodoo-Zauber? Überschätzen Sie sich nicht etwas?"

„Keineswegs, ich warne Sie ausdrücklich vor den Folgen. Eventuell müssen Sie mit einer kurzen Lebenserwartung rechnen und könnten daran seelisch zerbrechen."

„Ich bin Psychologe und psychisch stabil."

„Dann wären Sie der erste Psychologe, der stabil ist. Selbst wenn Sie nichts umhaut, könnten Sie dennoch plötzlich einknicken. Ihr Leben ändert sich von jetzt auf nachher. Glauben Sie mir, das Experiment ist gefährlich."

„Vielleicht ist es aber auch hilfreich, wenn ich weiß, wie lange ich zu leben habe?"

„Nur auf eigene Gefahr! Sie müssen mit den Konsequenzen leben. Reichen Sie mir die linke Hand."

Der Professor schaut wie gebannt auf das Zifferblatt. Plötzlich leuchtet die Zahl 3.676 auf. Tom lässt seine Hand los. Er sieht, wie der Psychologe angestrengt rechnet:

„Grob nachgerechnet lebe ich noch zehn Jahre. Wenn das stimmt, dann erlebe ich nicht einmal die Pension. Ich bin einundfünfzig Jahre jung – Ihre Uhr spinnt."

„Sind Sie jetzt schockiert, Herr Professor?"

„Nur darüber, wie Ihre seltsame Uhr ausgerechnet auf

3.676 Tage kommt? In den kommenden zehn Jahren kann sich noch so viel verändern, was diese Uhr doch heute noch nicht wissen kann."

„Sie zeigt Ihren Status quo an. Der kann sich im Laufe der Zeit ändern, wie vieles im Leben. Die Uhr kann Tage abziehen und auch dazu rechnen, genau deshalb trage ich sie."

„Wie soll das gehen? Ich müsste Sie ja immer mal wieder treffen, um zu erfahren, wie es um meine Lebenszeit steht?"

Der Professor schüttelt mehrmals den Kopf. Seine anfängliche Eloquenz hat sich in eine empörende Empfindlichkeit gewandelt. Er wirkt hilflos wie ein Student, der nach einer Begründung für schlechte Noten sucht. Tom beschließt, keine weitere Diskussion über die Uhr zu führen. Er schaut lieber aus dem Fenster.

Gleich fährt der Zug in den Hauptbahnhof Mannheim ein. Kurz denkt er an seine Zeit beim Mannheimer-Morgen und an die selbstbewusste Kerstin. Aus dem Augenwinkel heraus sieht er, wie der Psycho-Professor angestrengt versucht, das Geheimnis der Uhr zu enträtseln.

„Von wem haben Sie die Uhr?"

„Von einem ehemaligen Söldner der französischen Fremdenlegion."

„Woher kennen Sie den?"

„Ich traf ihn zum ersten Mal im Februar 1968 in einem Zug nach Offenburg. Und gestern im Krankenhaus in Lahr." Der Professor schüttelt wieder den Kopf.

„Sie erzählen mir doch keine Märchen, Herr Journalist?"

„Keineswegs! Beide Male traf ich den seltsamen Kauz

zufällig, obwohl er meinte, die Uhr hätte mich zu ihm geführt. Was sagen Sie als Psychologe dazu?"

„Eine rätselhafte Uhr als Wegweiser, als geistige Anziehungskraft? Bitte, bei allem Wohlwollen, der Söldner ist nicht ganz bei Trost."

„Zugegeben, er ist ein ausgesprochen seltsamer Mann. Aber ich traf ihn nach vierzehn Jahren unter merkwürdigen Umständen gestern wieder. Sie und ich, wir sind uns ja auch nur zufällig in diesem Zug begegnet. Wer oder was hat uns zusammengeführt? Herr Professor, die Zeit ist immer das, was bald geschieht. Haben Sie für das Jetzt und Hier eine Erklärung?"

„Dafür benötige ich keine Erklärung: Sie kamen in den Speisewagen, in dem ich mich bereits seit Freiburg befinde. Schauen Sie sich um, außer uns beiden sitzen hier noch mehr Leute."

„Klar, aber niemand von denen hat so eine Lebenszeit anzeigende Uhr. Wie dem auch sei, wir sind in wenigen Minuten in Mainz. Wollen Sie nicht aussteigen?"

Der aufgeregte Professor blickt kurz aus dem Fenster. Er packt seine Sachen ein. Dabei wirkt er verwirrt: „Diese Uhr lässt mir keine Ruhe. Sie mir übrigens auch nicht. Ich weiß nicht, ob Sie oder nur die Uhr verrückt ist? Über Ihre Worte muss ich in aller Ruhe nachdenken. Haben Sie eine Karte für mich?" „Selbstverständlich!"

Der Hochschullehrer verabschiedet sich und verlässt den

Speisewagen. „*Endlich Ruhe*", flüstert Tom. Sollte sich jemand mit an den Tisch setzen, dann will er auf keinen Fall über die Uhr sprechen.

Tom macht sich Sorgen. Im Nachhinein bereut er den Austausch der Visitenkarten. Gegenüber anderen Personen will er mit der Uhr vorsichtiger umgehen. Es wird nicht jeder, wenn er seine restliche Lebenszeit erfährt, in Jubel ausbrechen.
„*Vielleicht*", so fragt er sich, „*hat mir der Söldner nicht alle Funktionen verraten? Und wer gab ihm die Uhr?*"

„Jeder Mensch sucht ein Leben lang seinen geistigen Zwilling, egal ob er ihn findet oder nicht", sagte der Legionär.
Tom beschäftigt dieser interessante Gedanken, in den er tief versunken ist. Er überlegt, „*wie kommt der vom Tod gezeichnete Mann auf so einen klugen Satz?*". Außerdem meinte der Legionär, die Zeit ist das, was bald geschieht. Worte, die Tom auch gerne benutzt. Er hat sie von einem Popsong übernommen. Im Moment fällt ihm der Sänger nicht ein. Aus seinem Aktenkoffer holt er einen Walkman heraus. Darin befindet sich eine Musikkassette. Die Songs nahm er irgendwann mit seinem Kassettenrekorder auf. Er stülpt den Kopfhörer über die Ohren und startet das kleine japanische Abspielgerät.
Barry Rayns schrille, vom englischen Akzent dominierte laute Stimme singt „die Zeit macht nur vor dem Teufel Halt".

„*Die Zeit, die trennt nicht nur für immer Tanz und Tänzer.
Die Zeit, die trennt auch jeden Sänger und sein Lied.*

Denn die Zeit ist das, was bald geschieht.
Die Zeit, die trennt nicht nur für immer Traum und Träumer.
Die Zeit, die trennt auch jeden Dichter und sein Wort.
Denn die Zeit läuft vor sich selber fort.
Zeit macht nur vor dem Teufel Halt.
Denn er wird niemals alt,
die Hölle wird nicht kalt.
Zeit macht nur vor dem Teufel Halt.
Heute ist schon beinah' morgen.

Die Zeit, die trennt nicht nur für immer Sohn und Vater.
Die Zeit, die trennt auch eines Tages dich und mich.
Denn die Zeit, die zieht den längsten Strich."

Tom spult die Kassette etwas zurück, um noch einmal „denn die Zeit ist das, was bald geschieht" und „die Zeit, die trennt, nicht nur für immer Sohn und Vater" anzuhören.

Der alte Legionär behauptet, er wäre sein Vater. Kaum haben sie sich gefunden, schon trennen sie sich für immer. Die Zeit ist das, was bald geschieht: Kennt Barry Rayn etwa Pleichach?

Das angeblich in echtem Gold verschmolzene Fünfmarkstück wiegt er hin und her. Morgen möchte er das Armband und die Münze in Bonn bei einem bekannten Juwelier bewerten lassen. Das schwere Geldstück passt haarklein auf das Zifferblatt. Plötzlich leuchtet 20.439 auf: „*Immerhin die gleiche Lebenserwartung wie heute Morgen*", stellt Tom fest.
Versunken in tiefe Gedanken bemerkt der Journalist nicht die

beiden Damen, die mit dem Kellner am Tisch stehen. „Ist hier noch frei?"

„Selbstverständlich." Sogleich checkt er die Frauen näher ab: Alter irgendwo in den Dreißigern. Auf den zweiten Blick betrachtet, könnten sie auch Schwestern sein. Beide Damen tragen typische uniformierte Büro-Kostüme mit Einstecktüchlein im dezenten Dunkelblau. Ihre blonden Dauerwellen erinnern ihn an die britische Popsängerin Kim Wilde. Die Haare der beiden benötigen aus seiner Sicht dringend einen professionellen Friseur. Der Kellner kommt: Die Frauen bestellen Kaffee und Kuchen mit Sahne. Tom sein übliches Frankfurter-Würstchen-Gedeck. Die Frauen schauen sich verwundert an, der Kellner lächelt. Mit den Augen schielt die eine Dame auf die goldene Münze ihres Tischnachbarn. Schnell steckt er das Fünfmarkstück in die Hosentasche - zu spät.

„Gibt es das jetzt auch in Gold?", fragt eine Blondine lächelnd.

„Nein, zumindest nicht offiziell, das gute Stück ist eine Sonderedition", versucht er sich rauszureden.

„Darf ich die Münze mal sehen?"

„Vorsicht sie ist schwer", witzelt er und setzt dabei sein charmantes Lächeln auf.

Das hinterlässt Wirkung, wie der Augenaufschlag der Dame verrät. Tom schaut ihr geradewegs in die Augen. Er weiß um sein geheimnisvolles Charisma.

„Tatsächlich, das gute Stück ist um einiges schwerer als üblich. Es ist mindestens doppelt so dick. Hast du jemals ein

Fünfmarkstück mit einem Loch gesehen?", fragt sie ihre vermeintliche Schwester. Kopfschütteln. Auf Tom macht sie einen recht schüchternen Eindruck. Sie ist flachbrüstig und hat langgezogene schmale Lippen. Vermutlich zählt sie zu den stillen Wassern, die tief gründen. Nach einigem Zögern nimmt sie die Münze intensiver in Augenschein.

„In Gold ist sie viel schöner als in Silber. Die ist bestimmt auch viel wert, oder?"

„Das weiß ich nicht, ich habe davon keine Ahnung."

Während er das sagt, sieht er, wie sich das Geldstück in eine Silbermünze wandelt. Auch das noch! Er steckt die Münze in die Hosentasche.

„Anke hast du das gesehen?", ruft sie entgeistert. Dabei richtet sich ihren Blick auf Tom: „Sind Sie ein Zauberer oder ein Magier?"

„Ich kann Sie beruhigen, das gute Stück hat wie fast alles im Leben zwei Seiten. Je nachdem, wie es gehalten wird, erscheinen die fünf Mark in Gold oder Silber."

Beide Damen schauen skeptisch, sagen aber nichts.

Zum Glück bringt der Kellner den Kaffee, den Kuchen und die Frankfurter Würstchen mit Mayonnaise. An seinem Knöchel spürt Tom, wie Anke mit den Zehen fummelt. Er schaut so unter den Tisch, als wäre sie zufällig an sein Bein geraten. In dem Moment lässt sie von ihm ab. Ihr Blick spricht Bände. Die vermeintliche Schwester hat das offenbar mitbekommen und versucht abzulenken.

„Ihre Armbanduhr ist außergewöhnlich, oder?"

„Das höre ich allgemein so. Besonders das Armband fällt vielen auf."

„Das Zifferblatt ist völlig dunkel, richtig schwarz. Ich sehe gar keine Uhrzeit?"

„Die Uhr funktioniert nur, wenn ich es will", antwortet er geheimnisvoll.

„Hm, Sie sind also doch ein Zauberer. Wohin fahren Sie eigentlich?", möchte Anke wissen.

„Nach Bonn."

„Wir auch", meint sie begeistert. Tom nickt nur. Er spürt schon wieder Ankes fummelnde Zehen unter seinem Hosenbein. Jetzt reicht es ihm: „Bitte halten Sie die Füße still, ich bin nämlich kein Fußfetischist". Anke grinst zweideutig, während sich ihre Begleiterin an die Stirn tippt.

„Sie bilden sich wohl allerhand viel ein?", blafft sie mit schriller Stimme. Er reagiert nicht. Seelenruhig verzehrt er die Frankfurter Würstchen und tut so, als säße niemand am Tisch. Die beiden Damen flüstern miteinander. Der Kellner kommt vorbei und fragt, ob noch jemand einen Wunsch habe? „Die Rechnung bitte."

Tom zahlt und steckt den Kassenbeleg ein. Die beiden blonden Damen zücken ihre Portemonnaies. Nachdem sich der Kellner verabschiedet hat, eröffnet Anke erneut das Gespräch: „Dürfen wir wissen, wo wir Sie in Bonn finden?"

„In einer Redaktion", antwortet er knapp.

„Sie sind Journalist? Das trifft sich gut, Franziska und ich arbeiten im langen Eugen."

„Bei welchen Abgeordneten?"

„Franzi bei einem von der SPD und ich bei einem von der FDP."

„Sind Sie Schwestern?" Anke lacht und Franziska tippt sich wieder an die Stirn:

„Das denken viele. Nein, wir haben uns vor zwei Jahren kennengelernt. Unsere Chefs sind miteinander befreundet."

Tom blickt auf seine Kienzle Armbanduhr. Fahrplanmäßig müsste der Zug in zwanzig Minuten in Bonn ankommen.

„Warum schauen Sie nicht auf Ihre geheimnisvolle Uhr? Ich möchte gerne sehen, wie sie die Zeit anzeigt."

„Sie misst die Lebenszeit, aber keine Uhrzeit." Franziska blickt irritiert, beinahe ängstlich zu Anke. Die lächelt gleichermaßen selbstbewusst wie fasziniert.

„Jetzt wird es mit Ihnen immer toller. Eine Uhr zeigt die Lebenszeit an, wollen Sie uns verarschen?" Er ist zufrieden, die Damen glauben die Geschichte nicht.

„Das würde ich mir nie erlauben! Geben Sie mir die linke Hand", fordert er Franziska auf. Die zögert und traut sich nicht so richtig. Anke spricht ihr gut zu: „Es ist doch nur eine Uhr".

Tom streckt ihr die linke Hand entgegen. Leicht zitternd greift sie zu. Ihr ablehnender Blick sagt alles. Anke lächelt nur. Jetzt schauen alle drei gebannt auf das Zifferblatt. Dort erscheint überraschend die Zahl 8.437. Damit hat Tom nicht gerechnet. Er hat das Gefühl, jemand leert Eiswasser über seinen Rücken. In seinem Mund zieht sich alles so zusammen, als hätte er in eine Zitrone gebissen. Anke reagiert zuerst: „Was bedeuten die

8.437?"

„Lebenszeit in Tagen." Franziska rechnet im Kopf nach: „Grob überschlagen ergibt das dreiundzwanzig Jahre. Ich bin jetzt vierunddreißig. Ihre Uhr behauptet, dass ich nur siebenundfünfzig Jahre alt werde? Woher will diese dämliche Uhr das wissen?", fragt sie zornig und zieht dabei ihre Hand ruckartig zurück. Tom zuckt nur hilflos mit den Schultern. Er ist selbst überrascht. Die Uhr funktioniert tatsächlich bei jedem. Ihm gehen tausend Gedanken durch den Kopf.

„Geben Sie mir bitte auch die Hand", fordert Anke kess. Er streckt ihr die linke Hand entgegen. Angespannt blicken alle drei auf die Uhr. 10.752 leuchtet auf. Franziska rechnet wieder und ruft „das sind neunundzwanzig Jahre!"

„Hm, ich bin achtunddreißig und sterbe bereits mit siebenundsechzig Jahren? Mir ist das unheimlich. Wissen Sie was Sie tun? Sie treiben mit Ihrer Uhr brave Menschen in den Wahnsinn." Die sonst selbstbewusste Anke ist hörbar ungehalten.

Die Damen sind abgelenkt: Der Zug fährt in den Bahnhof ein. Die beiden Blondinen packen hurtig ihre Sachen. In aller Ruhe nimmt Tom sein Gepäck. Grußlos verlässt er den Speisewagen. Am Ausstieg warten bereits einige Fahrgäste. Der Zug hält und das Gedränge an der Tür nimmt zu. Alle Reisenden haben es offenbar sehr eilig. Von hinten tippt ihm Anke an die Schulter: „Wollen wir uns einmal alleine treffen?", säuselt sie ihm ins Ohr.

„Wo finde ich Sie?"

„Beim Abgeordneten Möllemann, FDP."
„Okay! Mal schauen, ob ich demnächst bei Mölle zufällig Audienz habe?" Dezent steckt ihm Anke eine Visitenkarte in sein Jackett.

Vor dem Bahnhof steigt er in ein Taxi, das ihn zur Redaktion fährt. Dort erstattet er seinem Redaktionsleiter Bericht. Die Geschichte mit der Lebensuhr verschweigt er. Dennoch fällt sie seinem Kollegen auf. Der möchte mehr über die Uhr wissen.
Tom erzählt ihm von Uhren, die auf der Messe in Basel als Werbegeschenke verteilt wurden. Mit der Geschichte gibt sich der Redaktionsleiter scheinbar zufrieden. Sein Interesse gilt dem Vorstand der DZ-Bank. Der junge Redakteur informiert seinen Chef nur oberflächlich. In dürren Worten berichtet er von dem Zwischenfall im Intercity und vom anschließenden Aufenthalt in Lahr. Herrn Degenhardts Gesundheitszustand beschreibt er als lebensbedrohend.

„Gut, du schreibst für die Maiausgabe über die internationale Uhrenbranche. Redaktionsschluss ist am zwölften April. Bis dahin möchte ich auch eine Story über das bevorstehende Personalgeplänkel im Vorstand der Genossenschaftszentrale. Vermutlich werden dort einige Herren mit den Füßen scharren. Ich meine, der Volker Hauff von der SPD sitzt bei denen im Aufsichtsrat. Mach dich an den ran, der weiß vielleicht was. Und bevor ich es vergesse, der Chefredakteur erwartet morgen Vormittag in Düsseldorf deinen Anruf. Wir sehen uns morgen wieder."

Tom geht zu seinem Schreibtisch und findet mehrere Notizzettel mit Namen und Telefonnummern. *„Sind die bekloppt, was wollen die alle?"* Heute geht nichts mehr. Er verlässt die Redaktion. Zu seiner Wohnung hat er zu Fuß nur wenige Minuten. Kaum hat er die Tür aufgeschlossen, bimmelt das Telefon. Am anderen Ende der Leitung ist seine Frau, die wissen möchte, wann er am Freitag nach Hause kommt? Er verspricht, bis am späten Nachmittag in Bad Mergentheim zu sein.

Nach dem Gespräch macht er sich Gedanken, ob er Brigitte die Lebensuhr zeigen soll? Anderseits ist er gespannt, wie es um ihre Lebenserwartung bestellt ist. *„In Ruhe abwarten"*, sagt er sich im Stillen.

Insgeheim überlegt er, wie er die Leute von der Uhr ablenken kann. Ihre Wertigkeit will er beim Juwelier ausloten. Es gibt ganz bestimmt viele neugierige Menschen, die ihre Lebenszeit wissen möchten. Pleichach mahnte vor Dieben. Wer immer sie sind, sie werden versuchen, ihm die Uhr zu stehlen. Die Kriminellen sind ein großes Risiko. Sofort muss er an den reichen Tunesier denken, der mit Erdölhandel Millionen verdient.

Den Milliardär lernte er vor zwei Jahren in Paris kennen, als er über das Ölgeschäft recherchierte. Dem Mann fehlte die rechte Hand.
Zwei Senegalesen haben sie ihm mit einem Beil abgeschlagen, weil er vor Aufregung nicht schnell genug den Sicherheitsverschluss seiner sündhaft teuren Armbanduhr von Jaeger-Lecoultre nicht öffnen konnte. Die Diebe machten sich in

finsterer Nacht mit der Platin-Uhr davon.
Seine Hand lag am Straßenrand und er ohnmächtig daneben.
Seither trägt der Ölmulti aus Angst keine Armbanduhr mehr.

Die pragmatische Erkenntnis daraus lautet: Es gibt ganz dringende menschliche Bedürfnisse, die am Ende eines Armes wenigstens einen funktionsfähigen Daumen und zwei bis drei Finger benötigen. Eine Lehre, die Tom seit der Begegnung mit dem Milliardär sehr zu schätzen weiß.
Wie er so vor sich hin sinniert, hört er insgeheim die mahnenden Worte des Legionärs: *„Gehe sorgfältig mit ihr um und prahle nicht."*
Prahlen ist für ihn ein dehnbarer Begriff: *„Ich habe ja nicht vor, mit der Lebensuhr in der Öffentlichkeit anzugeben, aber es wäre doch verwerflich, wenn ich mir keine Vorteile verschaffen würde. Alles birgt ein Risiko: Allein das Leben ist gefährlich und nicht berechenbar. Der Legionär behauptet, er wäre mein Vater. Die Uhr habe er von seinem Vater, also von meinem Großvater erhalten. Wie kann das sein?"*

Tom hat seinen Vater nie zu Gesicht bekommen. Seine Mutter beschreibt immer nur einen Bilderrahmen ohne Porträt von dem Mann, der sie einst schwängerte. Sie war sogar für kurze Zeit mit ihm verheiratet. Offene Gespräche vermeidet sie. Über alles, was ihr unbequem erschien, legte sie mit einem inhaltslosen, dafür endlosen Redeschwall den dicken Mantel des Schweigens. *„Mutter"*, davon ist er überzeugt, *„kann aber will keinen klärenden Beitrag leisten. Die hockt zeitlebens in ihrem geis-*

tigen Schneckenhaus und fabuliert sich ihre Vergangenheit zurecht."

Tom will den Weg des Legionärs von Lahr ausgehend sorgfältig recherchieren. Er beschließt morgen Kerstin Keller anzurufen, um sie zu bitten, sie möge im Krankenhaus Informationen über den mysteriösen Kauz einholen.
Hinter einem Patienten steht für gewöhnlich eine Krankenkasse, eine Adresse und Angehörige. Irgendeine verfolgbare Spur wird sich garantiert auftun.

Wohin mit der goldenen Münze? Sie einfach um den Hals hängen, ist ihm zu fahrlässig. Im Geldbeutel aufbewahren geht auch nicht. Er benötigt einen Hosengürtel mit einem geheimen Geldfach. Wenn er morgen zum Juwelier geht, will er sich anschließend noch in einem Lederfachgeschäft umsehen.

Toms Gedanken kreisen um sein Leben in Bonn. Auch im Jahr 1982 ist der Mief der Adenauer-Ära noch nicht vollständig abgezogen. In Bonn am Rhein findet das pralle Leben hinter den Kulissen statt. Hinterbänkler des Bundestages vergnügen sich in der Anonymität der benachbarten Großstadt Köln.
Die zahlreichen Ministerialbeamte wohnen im Wachkoma ruhendem spießigen Bad Godesberg. Abgeordnete Frauen gibt es nur wenige. Das weibliche Geschlecht arbeitet in den Vorzimmern der Mandatsträger oder in den zahlreichen Putzkolonnen. Frauen sind in Bonn für die Entspannung ihrer Herren, aber nicht für Politik zuständig. In den verschwie-

genen Etablissements des leichten Gewerbes wird den Männern der Marsch geblasen. Nimmt eine Prostituierte den Mund zu voll, dann landet sie über Nacht in einer anderen Stadt auf dem harten Kopfsteinpflaster des Straßenstrichs. Die Mädchen sind deshalb schweigsamer als jeder Finanzbeamte, der vorgibt, er halte sich stets an das Steuergeheimnis.

Tom hat das trügerische, beschauliche Dasein in der Bundeshauptstadt sehr schnell durchschaut. Hier lautet das Zauberwort Presse. Der Presseausweis ist der Türöffner für alle Ebenen der Macht. Denn die Pressegeilheit ist bei Politikern weit mehr ausgeprägt als jedwede noch so obszöne sexuelle Triebhaftigkeit.
In Bonn zu bleiben, um dauerhaft über Wirtschaftspolitik zu schreiben, kann sich der ambitionierte Journalist nicht vorstellen. Irgendwann will er Chefredakteur sein. Er strebt nach Verantwortung und Gestaltung.

3.

Donnerstag, 25. März 1982

Der Juwelier prüft mit der Lupe und kritischem Blick das goldene Fünfmarkstück. „So eine Münze habe ich noch nie in der Hand gehabt", sagt er jetzt schon zum dritten Mal.
Er wiegt die Münze, schüttelt den Kopf und verschwindet plötzlich in seinem Büro. Tom wird schon ungeduldig, weil sich der Mann ewig Zeit lässt. Endlich kommt er zusammen mit seiner Frau an die Verkaufstheke:
„Entschuldigen Sie, wenn es länger gedauert hat. Das sehr schöne Geldstück kann ich nicht komplett bewerten. Es beinhaltet einen hohen Anteil an Gold und auch an Silber. Im inneren Kern befindet sich ein anderes, von mir nicht zu definierendes Metall, wenn es denn überhaupt eines ist."
„Wie haben Sie das festgestellt?", möchte Tom wissen.
„Über die Gewichtsberechnung von Gold: 19,3 Gramm pro Kubikzentimeter. Das kommt aber bei der Münze nicht hin, zumal ich auch Silber erkannt habe. Silber wiegt pro Kubikzentimeter 10,5 Gramm. Wie hoch der Silberanteil ist, weiß ich nicht. Das Fünfmarkstück wurde in keiner deutschen Münzprägeanstalt hergestellt. Wäre dem so, dann wäre das Geldstück etwa als Sonderprägung gekennzeichnet.
Ich kann Sie nur an eine staatliche Prägestätte verweisen. Vielleicht können die Ihnen weiterhelfen? Garantiert besitzen Sie ein sehr wertvolles Unikat. Es würde mich sehr freuen,

wenn Sie mich wieder beehren. Ich bin daran interessiert zu erfahren, um was für eine Münze es sich handelt?"
„Vielen Dank für Ihre Hilfe. Sobald ich weitere Informationen habe, werde ich Sie wieder aufsuchen."

Im Lederwarenfachgeschäft kauft er zwei Hosengürtel mit jeweils zur Innenseite eingearbeitetem Geheimfach. Um halb elf ist er in der Redaktion. Dort ruft er zuerst seinen Chefredakteur in Düsseldorf an.
Hans lässt sich den tragischen Zwischenfall mit dem Bankvorstand, den er schon seit einigen Jahren kennt, ausführlich erzählen. Einige Kollegen sind neugierig geworden. Das Telefongespräch dauert länger, als sie es von ihrem Chefredakteur gewohnt sind. Kaum hat Tom den Telefonhörer aufgelegt, fragt ihn ein Kollege, was denn so Wichtiges passiert sei? „Der Chef wollte etwas näher über den Verlauf der Uhren- und Schmuckmesse informiert werden."

Nachdem sich die allgemeine Neugierde gelegt hat, führt er ein Telefongespräch nach dem anderen und macht sich dabei Notizen. *„Alles erledigt"*, flüstert er.
Er blickt auf die geheimnisvolle Uhr, die ihm heute noch keine Zahlen anzeigte, was ihn etwas verwundert.
Kollege Elmar kommt auf ihn zu: „Sag was läuft denn mit dir in Düsseldorf? Die anderen sind ganz unruhig und munkeln. Du wirst in Frankfurt Redaktionsleiter?"
„Davon weiß ich nichts."
„Meistens ist doch an den Gerüchten etwas dran. Ohne

Grund wird der Hans nicht so lange mit dir telefoniert haben, oder?"

„Quatsch! Der wollte Informationen von der Uhrenmesse haben, mehr nicht."

„Ich glaube dir kein Wort, über Pillepalle spricht der nicht mit dir. Also sag schon, was war los?"

„Ach nichts Besonderes. Im Zug ist ein Bankvorstand kollabiert und ich war mit ihm zufällig am gleichen Tisch im Speisewagen gesessen."

„Aha also doch! So wie ich Hans kenne, ist der Banker einer seiner Bekannten."

„Ja aus seiner Zeit in Frankfurt."

„Na klar! Gehen wir nachher zusammen in eine Kantine?"

„Können wir machen: Etwa so um dreizehn Uhr?"

„Prima", bestätigt Elmar.

Tom mustert seine Uhr, die noch immer nichts anzeigt.
Er nimmt das wertvolle Fünfmarkstück und steckt es in das Geheimfach des Ledergürtels. *„Passt"*, stellt er zufrieden fest.

Kaum ist er zurück in der Redaktion meldet sich Kerstin. Tom bittet sie, ins Lahrer Krankenhaus zu gehen, um sich nach dem kauzigen Legionär zu erkundigen. Kein Problem für K und K.
Sie kennt einige leitende Ärzte und Schwestern persönlich.
Wenn sie alles recherchiert hat, dann erwartet sie von Tom eine Gegenleistung: Sie möchte in der nächsten Woche am Donnerstag nach Bonn kommen und bis Sonntag bei ihm bleiben. Er gibt sich zögerlich. Kerstin bleibt hartnäckig.

„Zu was soll das führen?", fragt Tom.

„Keine Angst mein Lieber, ich möchte mich nur vor Ort mit dir als Insider über das Geschehen in der Bundeshauptstadt informieren." Obwohl ihre süffisante Tonart jede Interpretation offenlässt, willigt er vorläufig ein: „Das gilt aber nur, wenn du mich morgen bis dreizehn Uhr anrufst."

„Na klar, ich werde mir doch die Gelegenheit nicht entgehen lassen."

Insgeheim ahnt er, was mit Kerstin auf ihn zukommt. Sie wird nicht lockerlassen, bis sie bei ihm in der Kiste liegt. Keine Frage, sie ist überaus attraktiv, sexy und vermutlich in ihrer Begierde hemmungslos. Das sind überzeugende weibliche Attribute, bei denen kaum ein Mann ruhig bleibt.
Für Tom ist die sich anbahnende Situation bereits im Vorfeld schwierig. Im Gegensatz zu dem, was in Bonner Hinterzimmern abgeht, nimmt er es mit der Treue genau. Eine Ehe ist ein Versprechen, das er nach seinen Prinzipien nicht einfach so brechen möchte. Am Wochenende will er mit seiner Frau klar und deutlich darüber sprechen, wie es weitergehen soll.

Vermutlich ist nicht mehr zu retten, was bereits den Bach runter geschwemmt wurde. Brigitte und er haben sich in den letzten drei Jahren immer weiter voneinander entfernt. Von den unbeschwerten Anfangsjahren einer großen Liebe sind nur noch Notwendigkeiten einer Ehe übrig geblieben.
Tom sucht bereits den richtigen Zeitpunkt für eine Trennung. Kollege Elmar reißt ihn mit den Worten „auf gehts, wir gehen zu den Schwarzen" aus seinen Gedanken.

Die CDU-Kantine verfügt über ein besseres Angebot an Speisen als die SPD. „Dort ist Schmalhans Küchenchef", findet Elmar. Der Bewertung kann Tom nur beipflichten: „Erbsen- und Linseneintopf haben Tradition. Eine karge sozialistische Lebensweise signalisiert Distanzwahrung zum Kapitalismus. Für den Sozi ist sie oberste Pflicht."

Er geht selten zum Mittagessen. *„Lieber morgens länger schlafen und später frühstücken"*, lautet seine Devise. Heute geht es ihm nur darum, mit Elmar ein wenig zu plaudern. Kaum sitzen sie am Tisch und schon fragt der Kollege nach der Uhr.

„Die wurde mir geschenkt. Sie zeigt aber keine Uhrzeit an, sondern geheimnisvolle Zahlen. Allerdings nur, wenn du mir deine linke Hand reichst."

Elmar schüttelt lachend den Kopf: „Wie bitte, ist das wieder eine deiner Geschichten der dritten Art?" Tom reicht ihm über den Tisch, die linke Hand. Elmar schlägt ein und tatsächlich erscheint 19.787 auf der Uhr.

„Unglaublich! Was bedeuten die Ziffern?"

„Das weiß ich eben nicht, jedes Mal erscheinen andere Zahlen. Kannst du dir das erklären?", fragt Tom scheinheilig.

Elmar denkt nach und macht irgendwelche Wahrscheinlichkeitsrechnungen auf. Seine Gedankenspiele werden von einer Bedienung unterbrochen. Beide geben rasch ihre Bestellungen auf. Sie diskutieren weiter über die geheimnisvolle Uhr.

„Ich hab' es!", ruft Elmar: „Das Ding zeigt Tage an. 19.787 dividiert durch 365 Tage ergeben rund vierundfünfzig Jahre.

Aber warum und für wen oder was?"

„Genau darin liegt des Rätsels Antwort", gibt Tom zu bedenken.

„Ich bin fünfunddreißig plus vierundfünfzig ergeben neunundachtzig. Wie alt bist du?", will Elmar wissen.

„Zweiunddreißig."

„Und wie alt wirst du?"

„Achtundachtzig."

„Sollte die Uhr wirklich die noch verbleibende Lebenszeit anzeigen, dann würde ich erst mit neunundachtzig Jahren das Zeitliche segnen. So etwas kann doch keine Uhr errechnen, das ist Blödsinn. Gib es zu, du hast das Spielzeug von Japanern geschenkt bekommen."

„Du hast recht, es handelt sich um ein Werbegeschenk."

Tom hat keine Lust, seinen Kollegen näher in das Geheimnis der Lebensuhr einzuweihen. Das Rätsel will er selbst lösen. Zuerst ist für ihn wichtig, was Kerstin im Krankenhaus über den Legionär erfährt. In der kommenden Woche will er sich bei Frau Degenhardt über den Gesundheitszustand ihres Gatten erkundigen.

Etwas verstohlen senkt er den Kopf und blickt auf die Uhr des Lebens, wie er sie nennt. Elmars Tage hat sie heute angezeigt, aber seine nicht. Das macht ihn stutzig. Vielleicht zeigt sie nur dann Tage an, wenn sich etwas ändert?

Ein Journalist vom Bayernkurier klopft kernig auf den Tisch: „Na wie geht es den Wirtshauskollegen, äh, ich meine natürlich die Herren aus dem Ressort Wirtschaft?", fragt er breit grinsend. Sein derber, niederbayrischer Dialekt, gepaart mit schallendem Lachen sind raumgreifend. Bevor jemand antworten kann, sitzt er bereits auf einem freien Stuhl.

„Es dauert nicht mehr lange und hier stehen auf dem Speiseplan Pfälzer-Saumagen und Kohlrouladen", prophezeit er. Elmar runzelt die Stirn: „An welcher Schraube dreht denn jetzt euer Franz-Josef?"

„Umsturz, lautet die Devise. Schmidt-Schnauzes-Tage sind gezählt. Der Genscher läuft über und der Pfälzer wird Kanzler von Franz-Josefs-Gnaden."

„Woher willst du das wissen?", mischt sich Tom ein.

„In Bayern spielt die Musik, Herr Kollege. Hier im politischen Altersheim pfeifen die Sozis aus dem letzten Loch", tönt der Bazi lautstark, steht auf und geht.

„Den muss man auch aushalten können", meint Elmar.

„Allerdings" pflichtet ihm Tom bei. „Obwohl ich schon länger das Gefühl habe, in der Regierungskoalition ist etwas im Busch."

„Echt glaubst du, der Genscher dreht ein Ding?"

„Der hängt seine Fahne in den Wind. Der Schmidt verliert nach und nach in seiner eigenen Partei die Gefolgschaft. Ich werde demnächst dem Möllemann auf den Zahn fühlen."

„Gell, du bist beim Mölle zum Interview?"

„Ja, der will Nordrhein-Westfalen im Wahlkampf aufmischen." Elmar staunt über die Selbstverständlichkeit, mit der sein Kollege das sagt. Er fühlt sich bei ihm nie ganz sicher, weil er nicht weiß, woran er bei ihm ist.

„Tom, ich glaube, du wirst doch Redaktionsleiter in Frankfurt."

„Mann Elmar, ich weiß nicht, wer das Gerücht in die Welt gesetzt hat. Mit mir hat darüber noch niemand gesprochen."

„Na ja, die Spatzen pfeifen es von den Dächern und du willst das Gezwitscher nicht gehört haben?"

„Noch einmal zum Mitschreiben: Mit mir hat darüber noch niemand gesprochen: Ende der Durchsage!" Elmar schüttelt resignierend den Kopf. Beide stehen auf und gehen zurück in die Redaktion.

Auf seinem Schreibtisch findet Tom ein Telefax von der Polizei in Basel. Es ist die versprochene Kopie des von ihm unterschriebenen Protokolls. Im Hintergrund hört er, wie Annegret mit kurzen schnellen Schritten auf ihn zukommt.

„Na Tom hast du das Protokoll gefunden?", will sie wissen.

„Ja klar, vielen Dank dafür!"

„Ich war ganz überrascht, als der Fernkopierer anrief und sich am anderen Ende ein Polizist aus der Schweiz meldete."

„Wahrscheinlich war es Emil, der Polizei-Hauptmann."

„Ja jetzt, wo du es sagst. Der klang original wie der Emil. Hör mal, der Elmar hat erzählt, du hättest eine seltsame Armbanduhr aus der Schweiz mitgebracht, die meine Lebenszeit anzeigen kann? Darf ich die Uhr mal sehen?"

„Annegret, du musst mir die linke Hand reichen." Gebannt schaut sie auf die Uhr, auf der 24.128 erscheint.

„Sind das die Tage, die ich noch zu leben habe?", fragt sie recht kleinlaut.

„Ja, da schau einer, die Annegret hat noch viele Lebensjahre vor sich. Wie alt bist du alleweil?"

„Also Tom, man fragt doch eine Dame nicht nach dem Alter", kokettiert sie.

„Ziere dich nicht so, du siehst doch jünger aus, als du in Wirklichkeit bist."

„Du Charmeur, ich bin jetzt auch schon einunddreißig."

„Na, dann rechne einmal nach: 24.128 Tage sind wie viele Jahre?"

Die Redaktionssekretärin nimmt einen Taschenrechner vom Schreibtisch: „Das sind ja sechsundsechzig Jahre!", zeigt sie sich hocherfreut. „Mein Gott, dann werde ich fast hundert", fügt sie leise hinzu.

„Aber nur, wenn nichts dazwischen kommt", gibt Tom grinsend zu bedenken.

„Deine Zweideutigkeit ist wieder typisch für dich. Na ja, die Uhr ist ein netter Gag. Warum hast du nicht ein paar davon abgestaubt? So ein originelles Werbegeschenk hat nicht jeder."

„Die Japaner hatten in Basel zu Testzwecken nur ein paar wenige Exemplare dabei. Vielleicht gehen sie mit der Uhr in Produktion? Niemand weiß, was sie vorhaben. Die grinsen immer nur, wenn man sie etwas fragt."

Hoch zufrieden geht Annegret zurück an ihren Schreibtisch. Tom ist auch erfreut: Das Argument Werbegeschenk überzeugt.

4.

Freitag, 26. März 1982

Noch beim Aufstehen prüft er seine Lebensuhr - wieder nichts. *„Sie müsste einen Tag weniger anzeigen."* Rätselhaft. Wie jeden Morgen streckt er seinen Kopf zum Fenster hinaus und stellt fest, es ist immer noch kalt in Bonn. Sechs Grad morgens um acht sind wenig erbaulich. Der Frühling lässt auf sich warten. „Nicht mein Klima", befindet Tom im Selbstgespräch. Er schaut sich in seiner kleinen Wohnung um, als suche er etwas. Nein, es hat alles, so wie immer, seinen Platz. Dennoch ist hier etwas - er fühlt es. Sobald Kerstin angerufen hat, will er nach Hause zu Brigitte fahren. Dort erwartet ihn bestimmt ein Wochenende mit heißen Diskussionen. Egal was auf den Tisch kommt, er will eine glasklare Entscheidung herbeiführen.

In der Redaktion ist es erstaunlich still. Elmar ist nicht da, vom Redaktionsleiter keine Spur. Nur Annegret klappert beim Verteilen der Post mit ihren Pumps umher.

„Was sagt heute deine Uhr, bist du älter geworden?" Tom lacht und schüttelt dabei den Kopf. „Annegret, wir alle sind heute wieder einen Tag älter geworden."

Das Telefon läutet. Am anderen Ende der Leitung meldet sich eine Sekretärin, die ihn mit einem Direktor Kaulbach

verbinden möchte. Bevor Tom etwas erwidern kann, hört er eine Männerstimme: „Guten Tag sind Sie, Herr Friedemann?"
„So ist es! Mit wem habe ich die Ehre?"
„Dieter Kaulbach, ich habe Ihre Telefonnummer von Frau Degenhardt. Ich hätte gerne mit Ihnen einen Termin vereinbart."
„Wenn Sie die Güte haben, mir zu sagen, um was es bei diesem Gespräch gehen soll?"
„Ich hätte für Sie eventuell eine interessante Aufgabe als leitender Chefredakteur."
„Sie sind doch bei der DZ-Bank in Frankfurt oder?"
„Selbstverständlich, aber zu unserer Klientel zählen auch Verlage."
„Bitte nennen Sie mir Ihre Telefonnummer, ich rufe Sie in fünf Minuten zurück."

Nach dem Tom die Telefonnummer notiert hat, ruft er in der Pressestelle der DZ-Bank an, um sich über Dieter Kaulbach zu erkundigen. Binnen zwei Minuten hat er die Bestätigung über die Echtheit des Herrn Kaulbach, den er sogleich anruft.
„Herr Kaulbach, entschuldigen Sie die Unterbrechung des Telefonats. Wenn ich Sie richtig verstanden habe, so möchten Sie mich berufsmäßig verkuppeln?"
„Herr Friedemann, ich wurde schon vor Ihrer überaus lebendigen Ausdrucksweise gewarnt. Es wäre sinnvoll, wenn wir uns persönlich kennenlernen."
„Gut, warum nicht. Sie sprachen von einer Tätigkeit als leitender Chefredakteur. Nennen Sie mir wenigstens eine Him-

melsrichtung. Noch besser wäre es, wenn Sie mir den Namen des Verlages sagen."

„Das wäre etwas verfrüht. Der Verlag ist aus familiären Gründen zum Sorgenkind geworden. Die betreuende Volksbank wird von einem guten Bekannten geleitet. Bitte lassen Sie uns darüber persönlich sprechen."

„Auf die Himmelsrichtung muss ich bestehen - Süden?"

„Ja, nicht allzu weit von Frankfurt entfernt im nördlichen Bayern. Wann treffen wir uns?"

„Am kommenden Montag um zehn Uhr bei Ihnen im Büro in Frankfurt."

„Sie sind ein Mann der Tat, das gefällt mir. Sie wissen, wo Sie mich finden?"

„Na in der DZ-Bank."

Nach dem Telefongespräch geht Tom alle ihm bekannten Verlage südwärts von Frankfurt im nördlichen Bayern durch. *„Eine Tageszeitung wird er mir nicht anbieten"*, überlegt er still. Zu gut ist die wirtschaftliche Lage bei den größeren Zeitungsverlagen. Da haben einige mittlere Fachverlage eher Probleme. Der große Branchen-Haifisch aus Gütersloh möchte einige Verlagshäuser schlucken. Plötzlich fällt ihm Würzburg ein: *„Brigitte hat sich ausgerechnet die Stadt als Wohnort ausgesucht – komisch."* Zufall? Nein! Er weiß, Menschen machen, was sie wollen. Daraus entstehen unglaubliche Vorgänge, die nicht jeder verstehen muss. Für ihn gibt es keine Zufälligkeiten. Sie sind lediglich eine Erklärung für stattgefundene Handlungen, die Menschen nicht begreifen. Nachdenken strengt an, also greifen sie auf der Suche nach Begründungen immer wieder auf die üblichen Schlagwörter Zufall und Schicksal zurück. Warum? Weil sie sich selbst zu wenig bis gar nicht kennen. Andere Menschen auch nicht. Jedoch hoffen sie jeden Tag ihr großes Glück zu finden. Für diese Hoffnung strampeln sie sich Tag für Tag in ihrem selbst gebauten Hamsterrad ab. Mit der Zeit fallen sie erschöpft heraus: Game over. Viel zu spät erkennen sie die Realität. Das Leben ist oft sehr hart, mitunter brutal, aber mit der Zeit trotz aller Plagerei gerecht.

Tom glaubt, dass die meisten Menschen aus Angst vor der eigenen Wahrheit fortlaufen. Verantwortlich für das, was sie Schicksal nennen, sind immer die anderen: Vater und Mutter, Geschwister, Lehrer, falsche Freunde, Arbeitgeber und selbstverständlich die Ehepartner. Niemand kann weder die Zeit noch seine eigene Wahrheit aufhalten. *„Würden wir Menschen uns anders verhalten, wenn wir um unsere zur Verfügung stehende Lebenszeit wüssten?"*, überlegt Tom.

Es bimmelt das Telefon: „So mein großer Journalist, ich habe interessante Neuigkeiten, aber nur, wenn unsere Vereinbarung auch wirklich gilt."

„Hand drauf, also mach es nicht so spannend. Was hast du herausgefunden?"

„Dein kauziger Legionär heißt André Pleichach. Drüben in Frankreich hat er wohl Angehörige, aber wer das ist, weiß niemand. Vier Männer haben ihn heute Morgen abgeholt."

„Was, ich dachte, der ist gestorben?"

„Nein, die Herren legten Dokumente vor. Sie kamen mit

einem Militärfahrzeug. Pleichach wurde angeblich nach Straßburg in ein Hospital verlegt."

„Wer sind diese Männer?"

„Sie kamen von der Légion étrangère in Straßburg, Herr Kollege."

„Kerstin, gibt es eine Adresse, Namen, Kennzeichen?"

„Nichts davon. Sie waren in Zivil. In Straßburg ist eine Kaserne der Fremdenlegion. Einer der Legionäre wurde mehrmals mit Colonel Morellon angesprochen."

„Eins ist sicher, der Legionär saß 1968 mit mir im gleichen Abteil, als ich mit der Bahn zur Musterung nach Offenburg fuhr. Und jetzt traf ich ihn im Krankenhaus in Lahr. Der wusste genau wo ich bin."

„Tom, ich verstehe nur Bahnhof. Wie sieht aus mit uns, ich komme nächste Woche Donnerstag nach Bonn?"

„Alles bestens! Ruf mich bitte am Dienstag gegen Mittag in der Redaktion an, damit ich weiß, wann du eintriffst. Kommst du mit der Bahn?"

„Das weiß ich noch nicht. Ich melde mich am Dienstag. Herr Kollege, mach dich auf etwas gefasst", warnt sie lachend.

„Na, dann bin mal gespannt Kerstin. Vorab schönen Dank für deine Recherche. Wir sehen uns am Donnerstag in Bonn."

André Pleichach heißt der Legionär, der angeblich sein Vater ist und der offenbar noch lebt. Tom findet den Namen genauso seltsam wie alles andere. In Ruhe denkt er über die Zusammenhänge nach: *„Der Bankvorstand Heinz Degenhardt wird in Lahr ins Hospital eingeliefert. Dort treffe ich auf den* *krebskranken Legionär, der mir vor vierzehn Jahren im Zug begegnete. Von ihm habe ich das Fünfmarkstück mit einem Loch in der Mitte. Jetzt schenkte mir Pleichach diese unglaubliche Uhr. Das ist doch Wahnsinn"*, ruft er plötzlich so laut über seinen Schreibtisch, dass Annegret angeflitzt kommt.

„Was ist denn los?", will sie wissen.

„Annegret, es gibt zwischen Himmel und Erde Dinge, die glaubt dir kein Mensch. Die kannst du dir nicht in deinen kühnsten Träumen ausdenken."

„Geht es um deine seltsame Uhr?"

„Auch aber nicht nur. Übrigens mache ich mich jetzt vom Acker. Am Montag bin ich erst in Frankfurt und am Nachmittag wieder hier."

„Also stimmt es doch, dass du in Frankfurt Redaktionsleiter wirst."

„Annegret glaube nicht alles, was du hörst, bis Montag."

Die Fahrt nach Bad Mergentheim dauerte knapp drei Stunden. Brigitte wirkt bei seiner Ankunft etwas reserviert. Nach dem üblichen belanglosen Gerede über das, was alles in der Woche los war, lenkt sie das Gespräch auf die ehelichen Probleme.

Sie unterstellt ihm seit Monaten, er würde sie ständig betrügen, was ihn extrem nervt. Egal wie oft er dementiert, sie glaubt ihm nicht. Tom bestärkt das Gefühl, sie will ihn zum Schuldigen machen. Sie weiß genau, wie sehr Frauen auf ihren Ehemann reflektieren. Er ist ein gut aussehender, intelligenter, flotter Typ. Zwar keiner aus dem Modellkatalog, aber erst recht keiner von der Stange. Sein Verhalten ist selten so, wie es andere erwarten. Er ist zuverlässig, aber kaum berechenbar. Wenn er spricht, dann hört man ihm gerne zu. Sein Selbstbewusstsein ist ausgeprägt. Tom ist authentisch, mutig, humorvoll und er kennt seine Fähigkeiten, die er aus dem Effeff beherrscht.

Als Student lernte er vor zwölf Jahren Brigitte kennen. Sie war ein Mini-Mädchen: Blonde bis auf die Schulter reichende lange Haare. Blaue Augen, tolle Figur, kurzes Röckchen, insgesamt eine hübsche lebenslustige Erscheinung. In den Jahren hat sie nach und nach den Minirock ausgezogen und lange Hosen angezogen. Mit dem Kleidertausch ist ihre unbedarfte Lebenslust in die berufliche Ernsthaftigkeit gewechselt.
Seit Jahre führen sie eine Wochenendbeziehung. Die Ehe kam dadurch immer mehr ins Straucheln. Brigitte ist entschlossen: Sie will auf gar keinen Fall so weitermachen. Sie möchte ihren Beruf mit einem stink normalen Familienleben verbinden.
Und zwar nur in einer Stadt, die ihr passt. Weder Düsseldorf noch Köln, Hamburg oder München kommt für sie infrage. Alle Vorschläge lehnte sie immer kategorisch ab. Ihr Wohnort soll nicht zu groß, aber auch nicht zu klein sein. Insgesamt möchte sie ein ruhigeres Leben führen. Dazu pflegt er kurz und trocken zu sagen, *„das Leben wird im Alter von alleine ruhiger"*.

Über die Zeit der Ehe betrachtet, hat sich Tom immer mehr zum Teilzeiteinzelgänger entwickelt. Einerseits ist er freundlich, sogar liebenswert und charmant. Andererseits ist er oft ein unnahbares, introvertiertes tief in Gedanken versunkenes Wesen. Er wusste schon als Schüler, was er werden wollte. Vom Journalismus konnte ihn niemand abbringen. Zielstrebig geht er seinen Weg. Kritikfähigkeit und steter Zweifel an der Obrigkeit wurden ihm buchstäblich in die Wiege gelegt. Ausgestattet mit Kugelschreiber, Notizbuch und Diktiergerät ist er auf der Jagd nach Ereignissen. Angetrieben von der Losung „zur richtigen Zeit am richtigen Ort", will er stets der Erste sein.

Brigitte ist dagegen ein Ruhepol. Sie ordnet den Alltag und mag gewohnte Abläufe. Sie liebt es, wenn alles organisiert ist. Im Beruf als Leiterin einer Pflegestation in einem Altenheim ist ihr Organisationstalent gefragt. Ihr Arbeitgeber hat ihr vor einiger Zeit eine besser dotierte Stelle in einer neuen Einrichtung in Würzburg angeboten. Dorthin möchte sie wechseln. Sie wünscht sich ein geordnetes, gut bürgerliches Familienleben. Dahinter vermutet Tom eine eher langweilige Zukunft. Die Ehepartner kommen auf keinen gemeinsamen Nenner. Sie pocht auf einen Umzug nach Würzburg. Er möchte lieber in Düsseldorf leben. Plötzlich beschleicht ihn ein neuer Gedanke: *„Kann es sein, dass Brigittes Chef sie aus persönlichen Gründen nach Würzburg lockt?"* Er widert ein Komplott. Scheinbar nebenbei fragt er, was denn so besonders an dem verlockenden Stellenangebot wäre? Antwort: „Neues Altenpflegeheim, mehr Verantwortung, mehr Gehalt und mehr Gestaltungsfreiheit."

„Und was für ein Typ ist dein Chef?", möchte er wissen.

Brigitte spürt die Falle, in der sie sich bereits befindet und macht dennoch den Fehler mit „wie meinst du das?" zu antworten.

Tom blickt ihr tief in die Augen: „Wahrheit, Klarheit, Glaubwürdigkeit sind journalistische Grundsätze, die im Grunde für alle Lebenslagen gelten."

Brigitte senkt etwas verlegen den Kopf. Sie weiß, dass er nichts weiß, aber es ahnt: „Er findet mich nett und ich mag ihn auch. Wir verstehen uns beruflich sehr gut. Du bist immer auf Achse, hast kaum Zeit. Sei ehrlich, du liebst in erster Linie deinen Beruf und dann kommt lange nichts."

Tom antwortet nicht und lässt Brigitte wortlos stehen. Sie kennt ihn und schweigt lieber, weil jetzt jedes Wort zu viel wäre. Nach ein paar Minuten kommt er zurück: „Gib mir deine linke Hand!"

„Warum, was soll das?" Zögernd streckt sie ihm den Arm entgegen.

„Schau, was die Uhr anzeigt."

„14.600 ist doch keine Zeitangabe."

„Nein, es sind deine Tage, die du noch zu leben hast. In Jahren ausgedrückt, wirst du einundsiebzig."

„So ein Blödsinn! Von wem hast du die Uhr?"

„Der Mann heißt Pleichach."

„War er auch auf dieser Uhrenmesse?"

„Nein, der war in Lahr im Krankenhaus."

„Ich dachte, du warst in Basel?"

„War ich auch, aber auf der Rückfahrt gab es im Zug Komplikationen. Der Intercity musste deshalb in Lahr anhalten und ich konnte erst am nächsten Tag weiterfahren. Davon abgesehen löst weder die Uhr noch meine Zugfahrt unsere Probleme. Ich fasse zusammen: Du willst nach Würzburg umziehen und du findest deinen Chef nett, ihr mögt euch. Das finde ich geht zu weit. Ja es stimmt, ich liebe meinen Beruf. Der bleibt mir treu, weil er von mir ausgeübt wird, bis der Tod uns trennt. Laut Uhr in 20.438 Tagen. Die entsprechen übrigens sechsundfünfzig Jahre."

„Du wirst achtundachtzig und ich nur einundsiebzig Jahre alt?"

„Wie alt wir werden ist doch egal. Obwohl wir es uns geschworen haben, werden wir das Lebensende nicht zusammen erleben."

„Ich will nach Würzburg und mich dort beruflich verbessern. Die Chance will ich nutzen. Ich habe auch schon eine Wohnung gefunden."

„Na, dann ist ja alles klar. Wann ziehst du um?"

„Im Juli!"

Tom sagt nichts. Er möchte nicht um den Fortbestand der Ehe kämpfen. Für ihn ist klar, wer lieben kann, muss auch loslassen können. Die Zeit mit ihr ist vorbei. Brigitte geht jetzt ihren eigenen Weg. Sie will von ihrem umtriebigen Mann, der sich Schritt für Schritt aus ihrem Leben entfernte, befreien. Die Ehe unterlag seinem Terminplan. Sachlich betrachtet findet er Brigittes Entscheidung richtig. Er kann ihr kein trautes Heim mit immer wieder kehrendem regelmäßigem Tagesablauf bieten.

5.

Montag, 29. März 1982

Das Wetter war am Wochenende bewölkt, regnerisch und frisch. Zu kühl für Tom, der sich bei einer Außentemperatur von acht Grad auf den Weg nach Frankfurt macht. Während der Fahrt lässt er die Gespräche mit Brigitte Revue passieren. Die Trennung ist besiegelt. Sie zieht im Juli nach Würzburg. Darauf haben sie sich verständigt.

Zwangsläufig wird dann später die Scheidung folgen. So bedauerlich das Ergebnis ist, für ihn ist es eine Befreiung. Der Verlauf der Ehe hat sich für beide Seiten als eine Zwangsjacke erwiesen, die sich Jahr für Jahr enger zuschnürte. Er will die nächsten Wochen in seiner Bonner Wohnung verbringen. „*Ich brauche jetzt Abstand zu Brigitte und deren Brimborium.*" Heute Morgen zeigte seine Lebensuhr 20.435 Tage an. Sie hat ein Tag mehr als üblich von seinem Zeitkontingent abgebucht. „*Gar nicht schön.*" Tom stellt fest, „*eheliche Auseinandersetzungen verkürzen die Lebenszeit*".

In Frankfurt biegt er auf den Platz der Republik in die Tiefgarage der DZ-Bank ein. Er versucht bei der Einfahrt ein Ticket zu ziehen, was ihm nicht gelingt. Aus seinem Kabuff ruft der Parkhauswächter „wohin möchten Sie?"
„Zu Herrn Kaulbach, wenn der Ihnen etwas sagt?"

„Parken Sie bitte auf einem Platz für Besucher der Geschäftsleitung direkt neben dem Aufzug. Moment noch, ich muss die Schranke öffnen."

Pünktlich um zehn Uhr steht Tom im Vorzimmer von Vorstand Dieter Kaulbach. Die schlanke Chefsekretärin kleidet ein dunkelblaues Kostüm ganz im Style der Volks- und Raiffeisenbanken. Sie begrüßt ihn überaus freundlich. *„Die Dame kenne ich"*, ist er überzeugt. Sagt aber nichts. *„Das muss Margot sein"*, fällt ihm ein. *„Warum sagt die nichts?"* Während er im Stillen überlegt, bittet sie ihn, ihr zu folgen.

Das Büro ist für ein Vorstandsmitglied der Deutschen Zentral-Genossenschaftsbank AG erstaunlich farbenfroh, aber dennoch einfallslos gestaltet.

„Herr Friedemann, hatten Sie eine gute Anreise?"

„Absolut, Herr Kaulbach."

„Haben Sie schon gefrühstückt?"

„Auch das, obwohl ich könnte noch eine Kleinigkeit vertragen."

„Ich auch, Frau Wisser, bitte veranlassen Sie das."

„Herr Friedemann, Sie haben unseren Herrn Degenhardt geholfen, indem Sie ihn ins Krankenhaus nach Lahr bringen ließen."

„Er ließ mir keine andere Wahl."

„Sie sind sehr schlagfertig, das muss ich schon sagen."

„Na ja, Langweiler kommen in meinem Beruf nicht weit."

„Frau Degenhardt hat mich schon etwas vorgewarnt."

„Vorgewarnt – inwiefern?"

„Bitte verstehen Sie das nicht falsch, sie hat sehr gut über Sie gesprochen."

„Das will ich auch meinen! Immerhin habe ich in Lahr ausgeharrt und weitgehend alles arrangiert. Ich habe sogar den Filialdirektor ausgehalten, und das schaffen nicht viele, habe ich mir sagen lassen."

Kaulbach schaut erstaunt. Etwas verlegen lacht er plötzlich und eilt zur Tür. Davor steht Frau Wisser mit einer Dame vom Casino. Er übernimmt den Service-Wagen und bittet Tom, sich etwas auszusuchen. Der Vorstand langt ordentlich zu. Seine kleine, schlanke Figur deutet auf eine gewisse Emsigkeit hin. Aus der Beobachtung heraus steckt ihn Tom in die Schublade der Vorurteile: *„Der gehört zu den dürren Typen mit den kurzen schnellen Schritten. Vielleicht ist er auch ein sogenannter Wadenbeißer?"*

„Herr Friedemann, Frau Degenhardt würde sich freuen, wenn Sie gegen zwölf in unserem Casino einen Kaffee mit ihr trinken würden."

„Gerne, ich muss allerdings bis spätestens halb vier in Bonn sein. Zwei Stunden muss ich für die Fahrt einplanen."

„Das klappt auf jeden Fall. Ich gebe nur kurz Frau Wisser Bescheid, sie wird Frau Degenhardt anrufen."

„Am Telefon habe ich schon einmal angedeutet, ob Sie sich vorstellen können, ein zum Mittelstand zählendes Verlagshaus zu führen?"

„Vorstellen kann ich mir viel, aber zwischen dem Wunsch

und der Realität klaffen meistens große Lücken."

„Also ich habe einen guten Freund und der ist Vorstand einer größeren Volksbank. Zu seinen Kunden zählt ein Verlag, der 1946 gegründet wurde und ständig expandiert hat. Jetzt ist das Geschäft aus familiären Gründen ins Stocken geraten. Aktueller Stand lautet einhundertzwanzig Mitarbeiter, achtzehn Millionen D-Mark Umsatz per anno inklusive Drukkerei."

„Familiäre Gründe, sagten Sie? Das bedarf einer Szenenbeschreibung."

„Der Verlagsgründer ist altersbedingt verstorben, seine Ehefrau kurz darauf auch. Dann übernahm der Sohn die Geschäfte. Der investierte in falsche Projekte. Plötzlich und unerwartet verstarb er ebenfalls. Seit einigen Jahren steht seine Ehefrau mit ihren zwei Töchtern alleine da. In der Not hat sie einen in Rente befindenden Chefredakteur reaktiviert. Der Mann ist bereits zweiundachtzig Jahre alt und kann nur ein oder zwei Mal in der Woche kommen."

„Was es alles gibt! Und Sie denken, ich kann aus dieser Galeere einen flotten Dampfer machen?"

„Galeere, was ein Vergleich!"

„Wenn die Witwe niemanden im Verlag hat außer dem zweiundachtzigjährigen Frühstücksdirektor, dann müssen die Angestellten Sklaven sein. Die rudern ständig, kommen aber nicht vorwärts."

„Interessant, wie Sie die Situation aus der Ferne bewerten."

„Ferne ist genau das richtige Stichwort: Wo befindet sich der Verlag und wie nennt er sich?", will Tom wissen.

„Wir sprechen über den Lemma-Verlag in Würzburg."
Tom schüttelt irritiert den Kopf. „Ausgerechnet Würzburg", rutscht es ihm heraus.
„Kennen Sie Würzburg näher?", fragt Kaulbach.
„Nein, ich war zwar schon einmal im Vogel Verlag, von der Stadt selbst habe ich aber kaum etwas gesehen. Der Lemma-Verlag sagt mir nichts."
„Dann sollten Sie ihn kennenlernen."

Tom ziert sich. Würzburg, dorthin möchte Brigitte ziehen. Wie soll er seiner von ihm getrenntlebenden Ehefrau erklären, dass er seine Meinung über die Stadt geändert hat?
Frau Wisser schenkt ihm Kaffee ein. Auffällig lang schaut er sie an. Sie versucht das zu ignorieren. Kaulbach blickt verwundert zu Tom, als der plötzlich sagt, „du bist doch Margot oder nicht?". Für einen Moment zögert sie: „Ja, wir kennen uns von früher in Baden-Baden."

Jetzt versteht der Bankvorstand nur noch Bahnhof: „Frau Wisser, Sie kamen doch aus Braunschweig zu uns?"

„Ja von Volkswagen. Vorher war ich ein Jahr lang auf der Akademie für angehende Chefsekretärinnen in B und B, wie Tom zu sagen pflegt."

„So war das! Herr Kaulbach, ich kann Sie zu Margot nur beglückwünschen."

„Absolut – ich war im Moment überrascht, dass Sie Frau Wisser kennen."

„Und sie nie vergessen werde."
Margot verlässt mit einem dezenten Lächeln das Büro. Der

Banker lenkt das Gespräch wieder auf den Lemma-Verlag. Tom bittet ihn um einige Unterlagen und verspricht sie selbstverständlich vertraulich zu behandeln.
Er sagt zu, noch in dieser Woche Kaulbachs Freund, den Vorstand der Volksbank anzurufen.
Margot kommt auf leisen Sohlen zur Tür herein und teilt mit, dass Frau Degenhardt bereits im Hause sei.

Die beiden Männer verabschieden sich. Kaulbach möchte noch wissen, was es mit der interessanten Armbanduhr auf sich hat?
„Das ist eine Lebensuhr, die Ihnen den Status quo Ihrer restlichen Lebenszeit anzeigt."
„Das ist doch nicht möglich! Wie soll das gehen?"
„Geben Sie mir Ihre linke Hand und schauen Sie auf das Zifferblatt."
Plötzlich leuchtet die Zahl siebenundsechzig auf. Dem Banker entweicht blitzartig die Gesichtsfarbe bis hin zur vollständigen Blässe.
„Hören Sie zu, mit dem Leben spielt man nicht", ruft er außer sich.
„Sie waren neugierig und jetzt sollten Sie der Wahrheit Taten folgen lassen, indem Sie sofort einen Arzt aufsuchen."

Tom geht ins Vorzimmer. Margot flüstert ihr ins Ohr: „Dein Chef ist krank, er glaubt es noch nicht. Übrigens, du siehst fantastisch aus. Ich rufe dich bald mal an, wenn du das möchtest?"
Margot nickt ihm zu. Zufrieden geht er ins Casino. Dort sitzt bereits Frau Degenhardt. Artig distanziert begrüßt sie Tom. Er

möchte sogleich wissen, wie es ihrem Ehemann geht?

„Heinz geht es wieder viel besser. Am Freitag wird er die Klinik verlassen", erzählt sie und wirkt erleichtert.

Wiederholt zeigt sie sich gegenüber Tom dankbar und lobt seine Entschlossenheit.

„Mein Mann", so führt sie aus, „wäre in der Zug-Toilette gestorben, wenn Sie nicht zum richtigen Zeitpunkt nach ihm geschaut hätten."

„Das lag mehr an meiner fehlenden Geduld, die mir signalisierte, da stimmt etwas nicht. Wichtig ist nur, ihm geht es besser und er kann nach Hause."

„Es ehrt Sie, dass Sie nicht den Helden spielen. Sie sind, so hörte ich von mehreren Seiten, offenbar ein ganz faszinierender Mensch, den man nicht mehr aus dem Kopf bekommt."

„Da haben Sie recht, Frau Degenhardt, ich bin keiner für die goldene Mitte. Entweder mögen mich die Leute oder sie lehnen mich ab - c'est la vie."

„An Selbstbewusstsein mangelt es Ihnen ja keineswegs."

„Warum auch? Ich sehe dafür keinen einzigen Grund. Apropos, Sie wollten mich doch bestimmt nicht nur treffen, um mich zu belobigen: Warum sind Sie hier?"

„Ihre Uhr interessiert mich. Haben Sie neue Erkenntnisse gewonnen?"

„Ja ich war in Bonn beim Juwelier. Das Armband besteht aus Gold und Silber. Es wäre ein Metall eingearbeitet, das er nicht analysieren konnte. Davon abgesehen habe ich vorhin Herrn Kaulbach mit seiner noch verbleibenden Lebenszeit erschrocken."

„Lebenszeit? Was hat die Uhr mit der Lebenszeit zu tun?"

„Sie zeigt, wenn Sie mir die linke Hand reichen, ihre Lebenszeit in Tagen an."

„Kommen Sie", dabei streckt sie ihm die Hand entgegen, „das ist ein billiger Trick."

Tom nimmt die Hand und spürt viel Gefühl und Energie.

„Sie haben noch viel vor und dafür mit 12.553 Tagen genügend Lebenszeit."

Frau Degenhardt kramt in ihrer Handtasche nach einem Taschenrechner.

„Hier ist er", ruft sie und rechnet. „Wenn ihre seltsame Uhr tatsächlich stimmt, dann werde ich fünfundachtzig. Das wäre ein respektables Alter."

„Aber vergessen Sie nicht Ihren Lebensstil. Der kann sich in der Bilanz positiv oder negativ auswirken. Also müssten Sie mir einmal im Jahr Ihre linke Hand reichen."

„Ich hoffe, wir sehen uns öfter als nur einmal im Jahr."

„Frau Degenhardt, das wissen wir heute noch nicht; denken Sie an Ihren Mann."

„Stimmt seine Lebenszeit sollten wir alsbald feststellen."

„Er wird doch demnächst auf Kur gehen?"

„Vermutlich nach Bad Orb, dorthin gehen alle geschädigten Banker."

„Herr Kaulbach hat nur noch eine kurze Lebenszeit von siebenundsechzig Tagen. Er sollte dringend einen Arzt und einen Notar beehren."

Tom sagt das mit einer Gelassenheit, die eine Spur Unverschämtheit beinhaltet. Dabei lächelt er sie an. Ihre Augen Ver-

suchen seinem überlegenen Blick standzuhalten. Er liest ihre Sehnsucht. Sie will, dass er ihr ansieht, wie sehr sie körperliche Nähe fordert. Aus Verlegenheit schweigt sie.
Die in ihm aufsteigende Begierde fordert ihn für einen kurzen Moment heraus. Es ist sein Verstand, der ihn schnell zurück auf die Ebene der Vernunft holt: „Frau Degenhardt, die Zeit ist das, was bald geschieht. Ich muss mich verabschieden, damit ich pünktlich in Bonn ankomme."
„Selbstverständlich", stammelt sie verträumt, „ich begleite Sie hinaus."

Tom schreitet hinter ihr her und starrt ihr dabei aufs Hinterteil. Die stramm geformten Hälften bewegen sich unter dem karierten Rock in rhythmischer Abwechslung links – rechts, links – rechts. *„Für satte einundfünfzig"*, denkt er anerkennend, *„ist sie noch verdammt attraktiv"*.

Kaulbach kommt ihnen entgegen: „Edith hat der Herr Journalist auch deine Lebenszeit bestimmt?"
„Dieter, ich werde fünfundachtzig. Das ist doch ein passables Alter oder nicht?"
„Du hast gut reden, ich bin bald tot. Mir prophezeit seine merkwürdige Uhr nur noch siebenundsechzig Tage. Lieber Herr Friedemann, wir müssen uns noch einmal die linke Hand reichen."
„Müssen Herr Kaulbach, muss zumindest ich gar nichts. Aber um Ihrer Willen lassen wir der Zeit freien Lauf."
Die beiden Männer reichen sich die Hände.

„Sehen Sie her, Ihnen bleiben auch jetzt nur siebenundsechzig Tage. An Ihrer Stelle wäre ich schon bei einer Generaluntersuchung. Ihre Genossen-Bank zählt auch ohne Sie die Millionen"

„Edith, was sagst du dazu? Die Uhr ist doch nur ein Gag, der uns verrückt machen soll."

„Wahrscheinlich, ich kannte bisher keine Lebensuhr. Wäre sie nicht ein Werbegag, dann wäre Herr Friedemann der gefragteste Mann der Welt. Und vermutlich auch der reichste Mensch auf dem Globus."

„Ob die Uhr wirklich die Lebenszeit errechnen kann, weiß ich nicht. Sie ist noch in der Testphase. Sie ist außergewöhnlich und sie zieht jeden in ihren Bann. Allen, denen ich bisher die linke Hand reichte, sind entweder zufrieden oder beunruhigt. Wenn Sie, Herr Kaulbach in siebenundsechzig Tagen verstorben sind, wissen wir, ob die jeweilige Lebenszeit tatsächlich stimmt."

Frau Degenhardt schmunzelt hinter vorgehaltener Hand. Dieter Kaulbach fasst sich schier am Verzweifeln an den Kopf:

„Morgen habe ich einen Termin beim Arzt. Dafür musste ich alle Verabredungen absagen. Ich werde heute Nacht kein Auge zumachen. Herr Friedemann, können Sie sich das vorstellen?"

„Sehen Sie, ich bin Journalist geworden, weil ich mir so ziemlich alles vorstellen kann, was Menschen so treiben. Jetzt muss ich aber wirklich los, Bonn wartet!"

Kaulbach bittet Edith zu sich ins Büro, was Tom sehr gelegen kommt. Er kann jetzt endlich den kalt wirkenden Geldbunker verlassen. Während der Fahrt denkt er über das Angebot nach: *"Lemma-Verlag in Würzburg, das wäre der berufliche Schritt in die totale Provinz."*

6.

Mittwoch, 31. März 1982

Die Lebensuhr zeigt 20.433 an. Konstant verringert sich Tag für Tag seine Lebenszeit. Über den Gesundheitszustand von Bankvorstand Kaulbach hat Tom bisher nichts Neues gehört. Dem Gemunkel der Kollegen „du wirst Redaktionsleiter in Frankfurt" widerspricht er nicht mehr. Sollen sie quatschen, was sie wollen.

Die Unterlagen vom Lemma-Verlag hat er sich gestern näher betrachtet. Der „Laden" verfügt über wenig Liquidität. Die Vermögenswerte dienen der Kreditsicherung. Gewinne erwirtschaftet in erster Linie die gut gehende Druckerei. Das Verlagswesen dagegen dümpelt mehr schlecht als recht vor sich hin. Die regelmäßig erscheinenden Publikationen sind in Aufmachung und Inhalt aus den sechziger Jahren. Sie bedürfen einer kompletten Neuausrichtung.

Das Unternehmen gleicht einer Galeere, auf der die Witwe, ohne den Kurs zu kennen, den Kapitän mimt. Hauptsache die Belegschaft rudert eifrig. Tom weiß noch nicht, was er antwortet, wenn ihn der Würzburger Volksbank-Chef anruft.

Redaktionssekretärin Annegret hat ihm einen Notizzettel mit dem Vermerk „Anke anrufen" auf den Schreibtisch gelegt. Die Bekanntschaft aus dem Zug nach Bonn kann er jetzt gar nicht gebrauchen. Morgen macht Kerstin Keller ihre Aufwartung. Er nimmt sich vor, K und K das Geschehen in Bonn näher zu bringen. Sie wird bis Sonntag bei ihm wohnen. Wie er mit ihr und der sich anbahnenden heißen Situation umgeht, ist ihm noch nicht klar. *„Abwarten und Tee trinken"*, lautet seine Devise.

Gestern hat er bis in die Nacht hinein über die deutsche Uhrenindustrie geschrieben. Seine Prognose ist für die Branche ernüchternd: Die Zukunftschancen sind gleich null. Der Markt wird weltweit eindeutig von Japanern beherrscht. Die Handwerkskunst der Uhrenmacher weicht resignierend der elektronischen Massenproduktion.
Tom ist davon überzeugt, dass in ein paar Jahren seine aufziehbare Kienzle Armbanduhr, Jahrgang 1960, zum Oldtimer erklärt wird.
Wie lange läuft denn eigentlich seine mysteriöse Lebensuhr? Woher gewinnt sie Energie? Irgendwas oder irgendwer muss sie doch versorgen?
Tom betrachtet sie von allen Seiten: nix zu sehen. *„Keine Ahnung. Vielleicht das Tageslicht, die Sonne, der Mond?"*
Die Geschichte von den japanischen Werbeuhren will er vorerst weiterverbreiten. In seinem beruflichen Bonner-Umfeld soll niemand die Lebensuhr ernst nehmen.

Wie so oft holt ihn das Bimmeln des Telefons abrupt aus seinen Gedanken. Der Herr Chefredakteur wünscht ihn am Montag um elf Uhr in Düsseldorf zu sehen. Er habe mit ihm zu reden.

Weitere Informationen rückt er nicht raus, obwohl Tom gezielt nachfragt. Kaum hat er den Hörer aufgelegt, steht Annegret vor seinem Schreibtisch.

„Also doch Frankfurt" legt sie los.

„Ich habe keine Ahnung, was er will. Er sagt nichts und ich weiß nichts. Das nennt man eine Null-Situation."

„Ja was wollte er dann? Der ruft doch nicht an und sagt nichts?"

„Am Montag bin ich bei ihm und dann werde ich schon erfahren, um was es geht."

„Vom Abgeordnetenbüro Jürgen Möllemann rief eine gewisse Anke an. Wer ist das?"

„Sekretärin."

„Hast du mit der angebandelt?"

„Annegret sehe ich so aus als müsste ich das? Die Sache ist politisch: Der Genscher wechselt zu Helmut Kohl und Schmitt-Schnauze ist dann kein Kanzler mehr. In der neuen Regierung wird Möllemann irgendein Ministerium übernehmen. Also stehe ich dank Anke bereits mit einem Fuß vor seinem Schreibtisch."

„Schmitt kein Kanzler mehr", zweifelt Annegret, „das ist kaum zu glauben."

„Politik und Glauben? Du wirst sehen, die Zeit trennt nicht nur Mann und Frau, auch Schmitt vom Kanzleramt."

„Bevor du die Regierung verschiebst, möchte ich noch einmal sehen, was deine Lebensuhr mir heute sagt?"

„Annegret, weil du es bist, reiche ich dir die Hand, mein Leben."

„Oje, ein Leben mit dir wäre nicht zum Aushalten."
Die Uhr zeigt 24.112 an. „Das sind sechs Tage weniger. Die Uhr zieht exakt immer einen Tag ab", ruft sie begeistert und flüstert: „Tom komm, besorge mir bitte auch eine."
„Das geht nicht! Die Japaner haben mir nur eine gegeben."
„Och Mann, dann leih mir die Uhr über das Wochenende."
„Die Uhr funktioniert bei dir nicht."

Tom öffnet das Armband und reicht es Annegret. Nun versucht sie die Uhr anzulegen, aber der Verschluss schließt nicht. Enttäuscht zuckt sie mit den Schultern: „Das glaubt mir niemand! Warum funktioniert der Wecker nur bei dir?", will sie wissen. Er hebt resignierend beide Hände hoch, „ich weiß es doch auch nicht!"

7.

Donnerstag, 1. April 1982

In Bonn scheint die Sonne bei mäßigen acht Grad. Irgendwie hat Tom das Gefühl, er muss heute früher als sonst in der Redaktion sein.
Kerstin Keller wird bald in der Tür stehen. Wenn eine Frau auftaucht, dann, so seine Erfahrung, melden sich bestimmt noch weitere Damen. Annegret wundert sich über sein frühzeitiges Erscheinen. Tom soll ganz dringend Frau Wisser in der DZ-Bank in Frankfurt anrufen. Sofort wählt er ihre Nummer. Margot berichtet ihm von der schweren Erkrankung ihres Chefs. Die Diagnose lautet Krebs. Dieter Kaulbach sei jetzt auf unbestimmte Zeit krankgeschrieben. Er möchte sich beim sehr prominenten, aber umstrittenen Professor Julius Hackethal am Chiemsee in Behandlung begeben. Sie fragt Tom, wie er denn die Erkrankung ahnte? „Ich habe es ihm irgendwie angesehen. Vielleicht ist es auch nur so ein Gefühl. Margot, die Zeit heilt nicht alle Wunden, sie reißt sie auch auf." Sie verabreden sich auf ein weiteres Telefonat in der kommenden Woche.

Tom lehnt sich zurück und betrachtet seine Lebensuhr. Er fragt sich, ob er Kaulbach seiner letzten siebenundsechzig Tage beraubte? Es ist nicht gut, alles zu wissen, oder doch? Der junge Journalist ist in Gedanken versunken: *„Die Zeit birgt Wahrheit und Zweifel. Sie lässt frohlocken und trauern. Im Gegen-*

satz zu uns Menschen wird sie niemals alt. Sie endet bei vierundzwanzig und beginnt jeden Tag bei null. Unser Herz pulsiert gnadenlos im Takt der Zeit – tick, tack, tick, tack.
Wir leben seit Gedenken wie Sklaven auf einer Galeere: Der Schlagmann schlägt alle drei Sekunden auf die Pauke – bum, bum, bum … und wir rudern Tag für Tag bis zur Erschöpfung."

Selbst das Telefon bimmelt in gleicher Reihenfolge. Tom lässt es ein paar Mal klingeln, bevor er sich laut mit den Worten „ich bin der Schlagmann – bum, bum, bum" meldet. Kerstin Keller lacht: „Ist bei dir alles in Ordnung?"
„Natürlich nicht", antwortet er, „ich befinde mich in einer Zeitkrise. Bist du schon in Bonn?", fragt er.
"Nein, ich rufe von einer Raststätte nahe Koblenz aus an. Ich verspäte mich etwa um eine Stunde."
„Das passt mir gut! Spaziere, wenn du da bist, mutig rein. Annegret wird dich dann empfangen, gute Fahrt!"
Bevor Kerstin Keller antworten kann, hat Tom aufgelegt.

Nacheinander führt er Telefongespräche mit Kollegen in Würzburger Zeitungen, um Informationen über den von ihm als Galeere eingestuften Lemma-Verlag einzuholen.
Tom erfährt viel. Die Aussagen ähneln sich: „Traditionshaus, verstaubte Publikationen, fehlende redaktionelle Kompetenz, nett, aber veraltet." Sein Fazit: Viel Arbeit!
Annegret bringt ihm einen Notizzettel: „Frau Degenhardt anrufen." „*Ich wusste es, sie hat Sehnsucht nach mir.*" Er stöhnt leise: „*Das Geplänkel mit den Damen kostet mich viel Zeit.*"

Fast unbemerkt, weil weit genug vom Schuss macht Ehefrau Brigitte Schluss. *„Kaum bin ich eine los, stehen drei neue Damen in der Tür"*, brummt er still. Tom wäre nicht seiner selbst, wenn er nicht gleich hinzufügt, *„wohl bin ich es, der fasziniert"*. Er beschließt, Edith Degenhardt schmachten zu lassen. Soll sie sich lieber um ihren kranken Mann kümmern.

Kerstin Keller ist immer noch nicht da! Jetzt ist sie bereits eineinhalb Stunden über die Zeit, was er mit einem abfälligen lauten *„Weiber"* kommentiert. Ihn beschleicht das Gefühl, er muss mal dringend an die frische Luft. Gegenüber an der Straßenecke steht ein großer BMW mit Würzburger Kennzeichen. Tom läuft rüber. Im Wagen sitzt niemand - schade. Er läuft weiter. Im Gleichschritt kommen ihm zwei Männer entgegen. Tom taxiert sie. Sein Bauchgefühl regt sich und macht ihn etwas nervös. Er wartet ab, bevor er ihnen folgt. Blitzartig ergreift ihn der Gedanke, die wollen zu mir. Tatsächlich gehen die Männer auf die andere Straßenseite direkt ins Redaktionsgebäude. Tom hat einen Hausschlüssel, mit dem er auch den Hintereingang nutzen kann. Eilig schleicht er sich ins Wartezimmer vom Empfangsbüro.

Dort hört er wie einer mit französischem Akzent nach ihm fragt. Redaktionssekretärin Annegret lässt sich nicht aus der Reserve locken. Sie erzählt den beiden Typen etwas von einem Deutsch-Französischen-Wirtschaftsforum, das heute im Bundesministerium für Wirtschaft stattfindet. Die vermeintlichen Franzosen schauen sich hilflos an. Offenbar wissen sie für den Moment nicht mehr weiter. „Kann ich sonst noch etwas für Sie

tun?", fragt Annegret freundlich lächelnd. Der ältere Franzose gibt ihr ein Zettel. Darauf steht eine Telefonnummer und der Name Kerstin Keller. Annegret fragt, „wo und wie kann man die Herren erreichen?"
„Nur über die Telefonnummer – au roiver!"

Die beiden gehen so zackig, wie sie gekommen waren. Tom schleicht sich aus dem Haus und folgt den beiden auf Abstand bis zum Beethoven-Parkhaus. Für ihn steht fest, die beiden Männer gehören zur Légion étrangère in Straßburg.
Im Parkhaus wartet er an der Ausfahrt hinter einer Betonsäule. Ein graugrüner Peugeot nähert sich der Schranke. Der Fahrer steigt aus und geht zum Kassenautomaten. Für Tom eine gute Gelegenheit: Seelenruhig notiert er sich die französische Autonummer.
Der Fahrer kommt zurück, steigt ein, steckt das Ticket rein, die Schranke hebt sich, der Peugeot fährt los.
Tom geht zum Kabuff des Parkhauswärters und überzeugt ihn, dass er dringend telefonieren muss. Es meldet sich sogleich Annegret. Sie schildert ihm den Besuch der Franzosen und fügt an: „Die notierte Telefonnummer ist die Vorwahl von Koblenz. Was wollen die von Kerstin Keller?"
„Annegret ruf bitte dort an. Kerstin hat sich bei mir zuletzt von Koblenz aus gemeldet. Ich melde mich in fünf Minuten wieder."
Der Parkhauswärter ist neugierig geworden und fragt, ob etwas passiert sei? „Hoffentlich nicht", erwidert Tom angespannt, aber im ruhigen Ton. Die fünf Minuten sind vorbei. Es

handelt sich um die Telefonnummer der Autobahnraststätte Moselblick. Mehr Informationen hat Annegret nicht herausgefunden. Eine Kerstin Keller kennt in der Raststätte niemand. Tom bittet Annegret, sie möge noch die Rufnummer der Autobahnpolizei Koblenz herausfinden und fragen, ob sie etwas von einem Unfall mit Frau Keller wissen? Er wartet auf ihren Rückruf, der einige Zeit dauert. Fehlanzeige keine Unfallmeldung.

„Annegret, ich fahre jetzt nach Koblenz. Ich frage mich, woher kennen die zwei Franzmänner Kerstin und warum fragten die nach mir? Bitte die Autobahnpolizisten, sie mögen in der Raststätte und auf allen Parkplätzen nach Kerstin suchen. Frau Keller ist Redakteurin in Lahr, vierunddreißig Jahre alt, etwa ein Meter vierundsiebzig groß, blond und verdammt gut aussehend. Das Fahrzeug der Franzmänner ist ein älterer graugrüner Peugeot. Von dem Typ Pkw werden dort nicht so viele herumstehen. Die Nummer siebenundsechzig steht auf dem Kennzeichen für Straßburg. Ich fahre jetzt nach Koblenz."

Tom flog förmlich über die Autobahn. Er biegt langsam auf den Parkplatz der Autobahnraststätte ein. Dabei schaut er sich um und sieht einen Opel Kadett mit Lahrer-Kennzeichen. Direkt hinter dem Wagen parkt er. Bei laufendem Motor bleibt er sitzen. Ein Streifenwagen nähert sich im Schritttempo und hält direkt neben ihm. Tom steigt aus. Der Polizist hat bereits für den Opel eine Halterabfrage gemacht: Das Fahrzeug ist auf Kerstin Keller zugelassen. Von ihr hat die Polizei keine Spur.

Auch nicht von einem Peugeot aus Straßburg.

Tom beschließt, in die Raststätte zu gehen. Dort haben bereits zwei Zivilfahnder Platz genommen. Die Gaststätte ist gut besucht. An der Theke fragt er nach einem Besprechungszimmer. Jetzt geht er in die Telefonzelle und ruft Annegret an. Weder Kerstin Keller, noch ein Franzose haben sich in der Zwischenzeit gemeldet.

Tom steuert auf das Besprechungszimmer zu. Er öffnet die Tür. Am Tisch sitzen die beiden Franzosen, die ihn in Bonn suchten.

„Sie wollen mich sprechen?"

„oui!"

„Um was geht es?"

„Sie haben etwas, was uns gehört", behauptet einer im elsässischen Dialekt.

„Und das wäre?"

„Die Uhr an Ihrem linken Handgelenk."

„Wie kommen Sie darauf?"

„Unser todkranker Kamerad hat die Uhr in geistiger Verwirrung Ihnen gegeben."

„Wo ist Frau Keller?"

„Wenn Sie mir die Uhr geben, dann ist Mademoiselle in fünf Minuten hier."

„Sie halten die Frau gegen ihren Willen fest, um mich zu erpressen."

„Sagen wir lieber, wir haben etwas nachgeholfen. Übrigens ist Mademoiselle Keller eine gute Wahl. Wäre doch schade, wenn Ihnen das Rendezvous entgeht."

„Na schön, dann tausche ich die Uhr für Frau Keller."
Der andere Franzose verlässt durch die Hintertür das Nebenzimmer. Tom und der Elsässer schweigen sich Minuten lang an. Der Legionär wird langsam nervös. Sein Kumpan kommt offenbar nicht mehr.

„Das dauert aber mit Ihrem Kameraden. Der wird doch nicht mit Frau Keller im Arm desertiert sein?"

„Machen Sie sich keine Hoffnung, der kommt schon."

Tom grinst und schweigt. Derweil sind weitere zwanzig Minuten vorbei.

„Ich stelle fest, Sie können nicht liefern. Was ist das hier?", regt sich Tom auf.

„Merde, etwas stimmt nicht!" Der Elsässer springt plötzlich vom Stuhl hoch und läuft wie von der Tarantel gestochen im Stechschritt hin und her. Die Hintertür geht auf. Kerstin Keller kommt in Begleitung von zwei Polizisten herein. Der Legionär will eine Pistole aus dem Halfter ziehen und stürzt sich dabei auf Tom. Flink weicht der Journalist aus und springt über den Tisch. Durch die Eingangstür kommen Zivilfahnder herein. Sie schnappen sich den Elsässer und machen ihn dingfest. Der Kerl schreit wie besessen, „das ist meine Uhr". Die Polizisten sind etwas irritiert, was Tom bemerkt: „Moment bitte, wenn er die Uhr anlegen kann, dann soll er sie des Friedens willens behalten. Falls nicht, soll er für immer schweigen."

Der Elsässer versucht die Uhr am rechten Handgelenk anzulegen. Das Armband kann er nicht schließen. Das Zifferblatt ist dunkel wie die Nacht. Der Elsässer ist zornig. Er flucht unentwegt. Die Polizisten schauen ratlos.

Tom nimmt dem Legionär die Uhr weg und legt sie an seinem linken Handgelenk an. Das Armband schließt einwandfrei und auf dem Ziffernblatt erscheinen Zahlen.

„Die Uhr", bemerkt ein Polizist, „zeigt gar keine Zeit an. Seltsam ist, sie hat kein richtiges Ziffernblatt."

„Richtig, sie zeigt nur Tage an."

„Und dafür nehmen die Herren Legionäre Frau Keller, als Geisel?", wundert sich ein Zivilfahnder.

„Ausschließlich, um mich zu erpressen. Der Monsieur war mit seinem Kumpan in unserer Redaktion in Bonn vorstellig. Kerstin, wann haben sie dir aufgelauert?"

„Hier in der Raststätte, nach dem ich dich angerufen habe. Zwei andere Franzosen standen vor der Telefonzelle. Als ich herauskam, hielt mir einer sofort eine Pistole an den Bauch. Sie brachten mich zum Lkw-Parkplatz. Dort zerrten sie mich in so einen hässlichen Kleintransporter. Was ist das für ein Theater um diese Uhr Tom?"

„Die Uhr gehörte meinem Vater. Und wenn das auch kein Mensch glauben mag, nur ich kann sie tragen."

„Egal wie", unterbricht ein Polizist, „wir müssen auf der Dienststelle ein Protokoll schreiben. Die Herren Franzosen sind alle vorläufig festgenommen - abführen."

Im Büro der Autobahnpolizei werden die beiden Fremdenlegionäre getrennt vernommen. Tom muss mit Kerstin nebenan warten. K und K hat sich von der Geiselnahme erstaunlich schnell erholt. „Wie hast du meine Befreiung eingefädelt?"

„Das erzähle ich dir später, wichtig ist nur, dass es dir gut geht. Kann ich etwas für dich tun?"

„Umarme mich, ich brauche Wärme." Tom drückt sie fest an sich. Sie nimmt seine Hand und hält sie an ihren Bauch:

„Spürst du auch die Pistole?", fragt sie im erotisierenden Unterton auf den er nicht eingeht. Er ist mit seinen Gedanken hinter der Sache her.

„Du hast am Freitag im Telefongespräch den Namen eines Colonel Morellon erwähnt, der in Lahr im Krankenhaus war?"

„Ja, der wäre Kommandeur in Straßburg."

„Auffällig und ungewöhnlich. Demnach handelt es sich bei André Pleichach um keinen gewöhnlichen Soldaten. Welche Rolle spielt dieser geheimnisvolle Kerl? Und warum riskieren die durchgeknallten Vollidioten eine Geiselnahme, um an die Uhr zu kommen? Ich muss mit denen sprechen."

Tom nimmt Kerstin an der Hand und stürmt mit ihr ins Vernehmungszimmer.

„Warum wollt ihr meine Uhr?", brüllt er: „Sie ist nicht für euch bestimmt. Ihr könnt mit ihr nichts anfangen. Komm her, Soldat, gib mir deine linke Hand."

Die beiden Polizisten sind irritiert. Der Söldner reicht Tom seine linke Hand.

„Hier schau her, morgen bist du tot. Du hast versagt, die Welt braucht dich nicht mehr." Die Uhr zeigt einen Tag an. Der Söldner wird leichenblass. Die Kommissare schauen zunächst wie gebannt auf die Uhr und dann ratlos auf Tom.

„Holen Sie bitte den anderen Geiselnehmer herein. Ich will

wissen, ob auch seine Uhr abgelaufen ist?" Sofort folgt ein Beamter der Aufforderung. Im Raum ist es still. Der Polizist bringt den zweiten Erpresser ins Vernehmungszimmer.

„Geben Sie mir ihre linke Hand", befiehlt Tom. Der Ganove schaut verwundert zu seinem Kameraden. Zögerlich streckt er die Hand entgegen. Tom greift sie mit festem Händedruck.

„Du wirst niemanden mehr verfolgen, denn du hast nur noch sieben Tage zu leben. So ergeht es jedem, der mit Niedertracht ohne jedwede Moral Menschen zerstören will. Merkt euch, die Zeit trennt nicht nur heute vom Morgen, sie trennt auch Gutes vom Bösen. Ihr habt euer Lebensmotto Honneur et Fidélité – Ehre und Treue hintergangen. Erleichtert euer Gewissen und redet endlich, was wollt ihr mit meiner Uhr?"

Die Kommissare sind von der klaren Ansage beeindruckt. Der etwas ältere Söldner, dem die Uhr nur noch ein Tag Lebenszeit gewährt, blickt starr auf Tom.

„Du bist der leibhaftige Teufel", brüllt er los. „Wer die Uhr besitzt, hat Macht über uns alle. Qui, wir wollten uns die Uhr für ein besseres Leben holen."

„Ihr seid Idioten", blafft Tom zurück: „Die Uhr funktioniert bei keinem von euch Amateuren. Komm her, ich beweise es auch dir!"

Der Legionär geht zu ihm. Er versucht die Uhr am linken Handgelenk anzulegen. Das Armband schließt nicht. Das Zifferblatt bleibt schwarz. Der Legionär flucht. Auch keiner der Kommissare kann die Uhr bei sich anlegen.

Tom nimmt die Uhr und legt sie an. Sofort schließt sich das Armband wie von fremder Macht gesteuert. Der ältere Legionär möchte noch einmal die Hand reichen. Die Bitte wird ihm von den Polizisten gewährt. Es bleibt dabei, er hat noch einen Tag zu leben. Er bittet um einen Telefonanruf in Straßburg.

Mit zitternder Stimme berichtet er auf Französisch seinem Vorgesetzten von seinen kriminellen Machenschaften. Sein bevorstehender Tod verschweigt er. Wie bei Soldaten üblich, meldet er sich militärisch korrekt am Telefon ab.

„Was habt ihr mit André Pleichach gemacht?", will Tom wissen. Der Legionär schweigt. „Ihr habt ihn aus der Klinik in Lahr entführt, wo ist er jetzt?"

„Er ist in Straßburg im Hospital", antwortet der jüngere Soldat.

„Warum in Straßburg?"

„Pleichach ist Offizier und Commandant. Er weiß zu viel und das, was er weiß, hat in Allemagne nichts zu suchen."

„Von wem hatte er die Uhr?"

„André ist, so heißt es, ein Sohn von unserem ehrenvollen Commandant de Saint Marc. Wir wissen nicht viel über André. Er nahm für die Légion verschiedene Aufgaben wahr. Mal war er Zivilist, mal Soldat. Er ist ein lebendes Geheimnis. Ich sage jetzt kein Wort mehr. Die Militärpolizei holt uns ab."

„Wie bitte, die Entführer werden freigelassen?", traut Tom seinen Ohren nicht. Ein Kommissar nickt ihm zu: „Wir können die Herren nur so lange in Gewahrsam nehmen, bis man sie abholt. Uns sind die Hände gebunden."

Kerstin wendet sich an Tom: „Die können ruhig abgeholt

werden. Wenn deine Uhr recht hat, dann erwartet die Geiselnehmer bald die Todesstrafe".

Die Polizisten führen die beiden Legionäre in eine Zelle. Kurz darauf kommt einer der Kommissare zurück. Er möchte unbedingt wissen wie alt er wird? Tom reicht ihm die linke Hand. Auf der Uhr erscheint 8.369. Der Polizist gibt die Zahlen hektisch in einen Taschenrechner ein:

„Noch dreiundzwanzig Jahre! Demnach werde ich immerhin achtundsiebzig."

„Es handelt sich nur um eine Momentaufnahme", ruft Tom ihm hinterher, „Ihre Lebenserwartung kann sich mit der Zeit ändern."

Die beiden Journalisten sitzen bereits eine gute Stunde in dem kargen Vernehmungsraum. Kein Polizist hat sich seither blicken lassen. Kerstin wird langsam ungeduldig.
Tom hat derweil ausführlich mit Annegret telefoniert. Endlich kommt ein Kommissar mit den Protokollen. Auch er möchte jetzt noch seine Lebenserwartung wissen. Die Uhr zeigt 13.852 Tage, sprich runde achtunddreißig Jahre an. Der Polizist ist über seine vermeintliche Lebenserwartung von fünfundachtzig Jahren hoch erfreut. Gut gelaunt verabschiedet er sich von dem jungen Paar.

Tom und Kerstin stehen vor ihren Autos. Sie beschließen, dass sie hinter ihm herfährt. In der Redaktion angekommen, bittet sein Chef die beiden zum Rapport ins Büro. Tom schildert ihm ruhig und sachlich den Ablauf. Auf die Funktion der Lebensuhr geht er nicht weiter ein. Der Redaktionsleiter schüttelt nur den Kopf: „Wie bescheuert muss man sein, um für einen Werbeartikel eine Geiselnahme zu initiieren?". Von Kerstins Gelassenheit ist er beeindruckt. Mehr noch von ihrem Antlitz. Er gibt ihr den guten Rat, sich nicht näher mit Tom einzulassen, denn der hätte immer wieder seltsame Begegnungen der unheimlichen Art.

Beim Rundgang durch die Redaktion zeigt sich Kerstin etwas enttäuscht. Sie dachte, hier ginge es lebendiger, gar aufgeregter zu. „Wir berichten über Wirtschaft und Finanzen", erklärt Tom. "Laut sind wir dabei nicht, aber kritisch. In Bonn werden um zweiundzwanzig Uhr die Bordsteine hochgeklappt. Aber Vorsicht glaube nicht alles, was du in dieser Stadt siehst."
Kollege Elmar ist von Kerstin komplett hingerissen. Fehlt nur noch sein spontaner Heiratsantrag.
 Kerstin wendet sich Tom zu und sagt, „fahren wir jetzt zu dir?".
Elmar bekommt Schnappatmung: „Soll ich mit?", stottert er zaghaft leise. Sie lacht und meint: „Danke, aber ein Verrückter genügt mir vollauf."

Toms Wohnung hat auf vierundfünfzig Quadratmeter verteilt, zwei Zimmer, Balkon, Küche und Bad. Das kleinere Zimmer hat er für Kerstin vorgesehen. Sofort fragt sie, „wo schlafen wir denn?" Er deutet auf sein Doppelbett.
 „Weißt du, mir sitzt der Schreck noch in den Gliedern, da

kann ich nicht alleine schlafen." Tom tröstet sie wie ein kleines Kind.

„Du bist albern", stellt sie fest. Sie zieht sich aus und geht splitterfasernackt ins Bad. *„Den Anblick ihres Körpers, wie Gott sie schuf, würde eine ganze Abtei zölibatärer Mönche zur sofortigen Masturbation im Gruppenrahmen zwingen"*, befindet Tom im Stillen. Er spürt, wie ihn die sexuelle Gier übermannt.

„Ich werde noch zum Mönch, wenn sie noch länger braucht", murmelt er vor sich hin. Endlich kommt Kerstin aus dem Bad.

„Wir sollten es uns endlich besorgen. Ich weiß, dass du scharf auf mich bist." Tom antwortet nicht. Er packt sie und wirft sie quer auf sein Bett.

„Die Uhr!", ruft Kerstin, als sie wieder frisch duftend aus dem Bad kommt. „Ich will jetzt endlich wissen, wie lange ich noch mit meinem Leben planen kann?"

„Bitte noch recht lang", antwortet Tom und reicht ihr die linke Hand.

„19.710 Tage, das sind wie viele Jahre?"

„Moment bitte, der Taschenrechner sagt vierundfünfzig!", ruft er.

„Mein Gott, wenn das stimmt, dann werde ich ja fünfundachtzig Jahre alt. Und wie lange willst du es noch auf Erden treiben?"

„Bevor ich dir heute das Leben rettete und du mich vom sexuellen Notstand befreit hast, waren es 20.432 Tage, sprich satte sechsundfünfzig Jahre. Ich schau mal nach - keine Veränderung. Also werde ich mit achtundachtzig Jahren als Chefredakteur in die paradiesische Redaktion unseres allmächtigen Herrn versetzt."

„Ich dachte, Frauen leben länger als Männer?"

„Ein charakterstarker Mann muss in jedem Fall zur rechten Zeit Witwer werden. Schließlich soll jeder noch ein paar außergewöhnlich schöne und ruhige Jahre erleben dürfen."

„Wie bitte? Die meisten Männer sind auf ihre Frauen angewiesen. Erst recht im Alter. Die können sich nicht einmal die Schuhe binden."

„Wir sollten beim Abendessen weiter darüber sprechen. Mich dürstet und ich habe Hunger wie ein Rudel hungriger Wölfe nach Vollzug der Paarung."

„Und wo gehen wir hin, mein scharfer Retter?"

„Weil du es bist, in den noblen Presseklub."

Der Empfangschef hilft Kerstin sofort aus dem Mantel. Nebenbei flüstert er zu Tom ein anerkennendes „Donnerwetter". Der Oberkellner begleitet die beiden Journalisten an einen Tisch. Kerstin ist beeindruckt: „Hier kommt nicht jeder herein, das gefällt mir gut. Lahr ist dagegen die volle Provinz."
Tom schildert ihr das übliche Geschehen im Presseklub.

Beim Essen lenkt er das Gespräch auf die Franzosen: „Die werden mir alsbald wieder auflauern. Sollte der ältere Söldner morgen sterben und sein Kompagnon eine Woche später, dann sind sie erst recht hinter mir her."
Kerstin: „Damit musst du rechnen. Überlege mal, was wäre, wenn deine Lebensuhr wirklich jeden Menschen durch

Kürzung seiner jeweiligen Lebenszeit bestraft? Ein Tageszähler entscheidet selbstherrlich über Leben und Tod? Das ist doch Idiotie."

„Hat die Uhr mich als ihr Medium zu ihrem Scharfrichter gemacht? Hängt an meinem linken Arm etwa das Jüngste Gericht?" Beide Journalisten schauen sich fragend an. Keine Antwort.

Sie machen sich über sein Umfeld Gedanken: Wo er wohnt, können die Söldner nicht wissen. Weder an der Türklingel am Haus, noch am Briefkasten steht sein Name.

Private Post bekommt er in Bonn keine. Sogar der Telefonanschluss ist anonym. Das alles wird an Vorsichtsmaßnahmen nicht reichen, wie die Geiselnahme von Kerstin zeigte.

Er muss jetzt vorsichtiger sein und aufpassen, ob ihm jemand folgt. Menschen sieht man ihre kriminelle Energie nicht an. Übeltäter verstehen sich aufs Tarnen. Fast immer befinden sie sich im vertrauten Umfeld. Tom ist auf der Hut.

Das Restaurant ist derweil gut besucht. Kerstin erkennt einige Redakteure, die in Fernsehsendungen das politische Geschehen kommentieren. Sie ist von der Szene der Fernsehjournalisten fasziniert. Immer wieder kommen Kollegen an den Tisch, um mit Tom ein paar Worte zu wechseln. Vordergründig ist das nur ein billiger Vorwand. In Wahrheit zieht Kerstin wie ein starkes Magnetfeld die lüsternen Kerle an. Kurz nach Mitternacht verlässt das Pärchen den Presseklub.

8.

Freitag, 2. April 1982

Tom blickt wie jeden Morgen aus dem Fenster. Es regnet immerzu. Kerstin schläft. Er macht das Radio an und geht ins Bad. Kaum steht er unter der Dusche, gesellt sich Kerstin zu ihm. Selten hat er so ein hemmungsloses weibliches Wesen erlebt.
Margot, die Chefsekretärin von Dieter Kaulbach im Vorstand der DZ-Bank in Frankfurt, war 1968 in Baden-Baden sexuell ähnlich veranlagt. Damals hat sie sein noch unerfahrenes lustvolles Verlangen in die richtigen erogenen Zonen gelenkt.

Um zehn Uhr betreten beide frisch und munter die Redaktion. Annegret reicht Tom eine Liste mit zwölf Telefonnummern, die er alle anrufen soll. Er prüft die Namen und bittet Kerstin, ihm zu helfen.

Ihre Geiselnahme hat sich bei einigen Tageszeitungen angefangen vom „Bonner-Anzeiger" bis hin zur „Bild Zeitung" herumgesprochen.

„Kerstin, bevor du loslegst, ruf bitte erst die Autobahnpolizei in Koblenz an. Die haben garantiert eine Pressemeldung rausgeschickt, deren Inhalt wir nicht kennen. Bei Annegret steht ein Fernkopierer. Ob die Polizei auch so ein Gerät hat?"

Nach einiger Zeit meldet sich der Fernkopierer: „Die sind aus-

kunftsfreudiger, als die Polizei erlaubt", findet Tom.
In der Pressemeldung steht etwas von einer wertvollen teuren Armbanduhr.

„Stell dir vor, die beiden Geiselnehmer", berichtet Kerstin, „wurden abgeholt. Und zwar von der Militärpolizei La gendarmerie prévôtale."

„Koblenz zählt zum französischen Sektor der Bundesrepublik. Darum haben wir keinen Zugriff auf die Ganoven", bemerkt Tom

Er ruft in der Redaktion der „Bild Zeitung" an, um zu erfahren, was sie dort vorhaben. Die „Bild" ist das Leitmedium, an dem sich viele andere Zeitungen orientieren. Zum Glück gibt sich der Boulevard-Kollege mit der Geschichte um die Geiselnahme wegen einer „sündhaft teuren Uhr" zufrieden. Demnach weiß er nichts über ihre Funktion. Allerdings möchte er wissen, ob Kerstin hübsch, gar sexy wäre? Tom äußert sich dazu nicht, denn ihm ist klar, was die „Bild Zeitung" mit K und K vorhat, wenn der Kollege sie erblickt. „Das muss sie selbst entscheiden", macht er ihm deutlich und beendet das Gespräch.

„Für die Geier mache ich mich nicht nackig, ich bin doch kein Boulevard-Flittchen", empört sie sich. Sie sei Journalistin und kein Pin-up-Girl. Ihre Reaktion gefällt Tom: „Sehr richtig! Wer Ehre hat, würdigt sich selbst."

„Herr Philosophie-Professor, Sie überraschen mich jeden Tag aufs Neue."

„Ich mich selbst auch. Würde ich immer nur das sagen, was

ich sowieso weiß, dann wäre mir das zu öde. Also sage ich mir etwas, dass ich selbst noch nie gehört habe."

„Meister, können Sie mir das heute Abend bei Kerzenlicht und Rotwein näher erklären?" Sie lächelt und legt dabei ihren Zeigefinger auf seine Lippen.

Das Telefon meldet sich: Margot ist am anderen Ende der Leitung. Sie klingt etwas betrübt. Ihr Chef Dieter Kaulbach ist dem Tod geweiht. Heinz Degenhardt fällt noch Wochen lang aus. Die DZ-Bankzentrale habe jetzt ein ernstes Führungsproblem. Tom empfiehlt Margot scherzhaft, sie möge den „Raffeisenladen" übernehmen. Sie möchte von ihm wissen, ob und wann er wieder in Frankfurt sei? Er weiß es nicht. Jedenfalls will sie sich beim nächsten Mal mit ihm privat außerhalb der Bank treffen. Darauf freut er sich ganz besonders.
Kerstin ist neugierig. Annegret auch, Kollege Elmar ebenfalls. Wer ist Margot, wollen sie wissen? „Vorzimmer des Bankvorstands der DZ-Bank in Mainhatten", antwortet er knapp.

Nach und nach führt er weitere Telefonate. Die interessanten Rufnummern hat er klammheimlich aus dem Notizbuch von Heinz Degenhardt abgeschrieben.
Über das Ergebnis seiner Recherche zeigt er sich hocherfreut. Die Nachforschungen haben sich gelohnt: Bis auf wenige Ausnahmen handelt es sich um Durchwahlnummern zu Top-Managern in den Führungsetagen von großen Unternehmen und namhafter Banken.
Bei drei Rufnummern meldeten sich nur Damen mit ihrem an-

geblichen Vornamen. *„Jede Wette, das sind garantiert Mätressen"*, flüstert er grinsend vor sich hin.

Zwei Telefonate will er noch führen. Er ruft in der französischen Botschaft an und verlangt nach dem Pressesprecher. Der sei im Moment nicht erreichbar, er werde aber zurückrufen.

Also widmet er sich der örtlichen Polizei. Für die auf Streife befindenden Polizisten besteht bereits die dienstliche Anweisung, ein verstärktes Augenmerk auf die Gegend rund um die Redaktion zu legen. Das gelte auch für die Straße, in der Tom wohnt. *„Finde ich das jetzt gut?"*, überlegt er und wendet sich flüsternd an Kerstin: „Du kannst morgen nicht mit deinem Opel zurück nach Lahr fahren."

„Warum nicht? Außerdem möchte ich bis zum Sonntag bleiben."

„Die Legionäre kennen das Kennzeichen und wissen, wie deine Karre aussieht."

„Stimmt zwar, aber ich benötige zu Hause mein Auto."

„Wenn die Typen dich kaschen, dann verfrachten sie dich nach Frankreich, um mich zu erpressen."

„Hm, könnte stimmen. Hast du einen Plan?"

„Später."

Tom sieht förmlich, wie Elmars Ohren immer größer werden. Eindeutig, der Kollege ist auf Kerstin scharf. Er stiert ihr bei jeder ihrer Bewegungen hinterher. Sie spürt seine lüsternen Blicke auf ihrem Hintern und zwischen ihren Beinen. Jetzt wird es ihr zu bunt, sie zieht den Rock etwas höher und stellt

sich provozierend vor Elmar: „Also Herr Kollege, zeig uns mal, was du zu bieten hast. Hol ihn raus und lass ihn sehen."
Elmar ringt nach Luft und nach Worten.
„Dir macht dein Piepmatz zu schaffen? Dann folge Opas Hausrezept und klopf dir einen."
Tom ist baff. Elmar ist knallrot angelaufen. Annegret lacht unter vorgehaltener Hand. Kerstin zieht ihren Rock zurecht. Tom geht mit ihr in den Besprechungsraum: „So, wie ich ihn kenne, wird er dir das nie verzeihen."
„Wurscht egal, der muss aufhören, Frauen als reine Lustobjekte zu betrachten. Der vergewaltigt mich mit seinen Augen und malt sich aus, wie er es mit mir treibt. Was glaubt der, wer ich bin, etwa eine Pornodarstellerin in seinem versauten Kopfkino?"
„Mon Amour, vergiss den geilen Elmar. Der Kollege ist ständig auf der Suche nach einer Frau, die ihn anhimmelt und die es ihm bei jeder Gelegenheit besorgt. Unsere Konzentration gilt den Franzmännern, mit denen wir zu jeder Zeit rechnen müssen. Nochmals mein Vorschlag, du fährst morgen mit dem Zug und ich mit deinem Auto nach Lahr. Wenn ich darf, bleibe ich bis Sonntag bei dir?"
Kerstin lacht: „Mein Retter, das muss ich mir gut überlegen. Im Ernst, die wollen doch deine Uhr haben."
„Eben und deshalb glaube ich, die wollen mich einkassieren. Die Uhr funktioniert nur in Verbindung mit Pleichach oder mir, aber nicht mit dir. Die Ganoven wissen das jetzt. André ist vermutlich gestorben. Ergo komme nur ich infrage."
„Und, wenn dem nicht so ist?"

„Dann müssen wir Plan B berücksichtigen: Sie kaschen dich, um mich zu erpressen. Aber sie vermuten dich in deinem Auto und nicht mich."

„Hm, das könnte stimmen. Vielleicht sollten wir erst am Sonntag losfahren?"

„Für mich wird die Zeit etwas knapp, weil ich am Montagvormittag bei meinem Chef in Düsseldorf antreten muss."

K und K schüttelt den Kopf: „Was heißt das jetzt konkret?"

„Wir haben eine romantische Nacht bei dir in Lahr."

Wieder läutet das Telefon: Es ist der Pressechef der französischen Botschaft. Er bezeichnet die Geiselnahme auf der Autobahnraststätte bei Koblenz als peinlichen Zwischenfall. Tom bläst die Backen auf, bewahrt aber Contenance. Von André Pleichach habe man in der Botschaft noch nie gehört. Pleichach wäre gar kein französischer Name. Hélie de Saint Marc ist eine hochdekorierte militärische Persönlichkeit in Frankreich. Ob Saint Marc einen Sohn hat, weiß der Pressechef nicht.

Tom überlegt: *„Pleichach hat mir die Lebensuhr gegeben. Er könnte der Sohn der besagten militärischen Legende sein.*
Ich bin eine Herkunft ohne vorhandenen Vater. Zwar stehen in meiner Geburtsurkunde Eltern, aber erlebt habe ich nur Mutter. André Pleichach behauptete, er wäre mein Vater. Den einzig wahren Vater kennt aber nur meine Mutter und die rückt mit der Wahrheit nicht raus. Angenommen Pleichach wäre tatsächlich der Sohn von diesem Commandant de Saint Marc, dann müsste es zu dem eine Verbindung geben? Mutter muss endlich sagen, wer mein Vater ist.

Ihr stures Schweigen sorgt nur weiter für Irritationen und Spekulationen."

„Kerstin, wir müssen morgen fahren. Ich muss mir am Sonntag auf dem Rückweg nach Bonn meine Mutter vorknöpfen."
„Du Armer."
„Die Pflicht folgt auf die Lust, meine Liebe."
„Herr Philosoph, heute ist es genau andersherum", säuselt Kerstin mit dem ihr gegebenen natürlichen Sex-Appeal. Tom erwidert ihre Frohlockung mit einem kurzen Blinzeln.

9.

Samstag, 3. April 1982

Kerstin steht am Samstagmorgen um sechs Uhr splitternackt hinterm Vorhang am Fenster. Draußen ist es trübe und still, schauderhafter April.
Sie nimmt die Lebensuhr in die Hand. Tom beobachtet sie vom Bett aus. Das Armband schließt nicht. Sie zeigt der Uhr den Vogel und verschwindet im Badezimmer. Er holt die Uhr. Bei ihm schließt das Armband sofort. 20.427 leuchtet auf dem Zifferblatt auf. *„Erstaunlich"* denkt er.
Geht es nach der Uhr, dann altert er kaum, obwohl die vergangenen drei Tage mehr als lebhaft waren. Peu a peu reduziert sich sein Leben alle vierundzwanzig Stunden um einen Tag.
Kerstin kriecht wieder ins Bett und Tom geht ins Bad. Als er zurückkommt, reicht sie ihm ihre linke Hand. Die Uhr zeigt 19.705 an. Das sind sage und schreibe fünf Tage weniger als am Donnerstag und somit drei Tage Verlust. Sie streckt ihm noch einmal die linke Hand entgegen: gleiches Ergebnis.
„Mein Lieber in deiner Gegenwart altere ich schneller. Wie willst du das jemals wieder gut machen?" Sie spürt bereits seine Antwort zwischen ihren gespreizten Beinen.

Tom begleitet Kerstin zum Bahnhof. Der Intercity sollte planmäßig kurz nach elf eintreffen. Derweil hat der Zug bereits fünfzehn Minuten Verspätung. Sich in Geduld üben ist für die beiden Journalisten sinnlose Zeitverschwendung. Genervt laufen sie den Bahnsteig auf und ab. Immer noch zehn Minuten warten. Tom meint „die Bahn ist nicht mehr zu retten".

Endlich naht der Zug. Kerstin geht wie mit Tom abgesprochen in den Speisewagen. In Lahr wollen sie sich zuerst in einer Gaststätte treffen.
Zurück in seiner Wohnung holt er seine sieben Sachen und verstaut sie in Kerstins Auto. Den Opel parkte er bereits am Donnerstag bei einem Nachbarn im Hinterhof.

Vom Karneval hat er eine langhaarige, rot-blondfarbige Hippie-Perücke, die er aufzieht, bevor er losfährt. Er dreht noch eine Runde durch die Stadt, um zu sehen, ob ihm jemand folgt. Auf der Autobahn ist es ruhig. Bei der Autobahnpolizei Koblenz fährt er vor und bittet dort den ihm bekannten Kommissar um Unterstützung. Der Beamte verständigt seine Kollegen auf der gesamten Strecke bis runter nach Lahr. Als Gegenleistung soll Tom ihm die Hand reichen. Mit dem Ergebnis auf der Uhr ist der Polizist hoch zufrieden. Die Fahrt verläuft ohne Zwischenfälle. Manchmal glaubt der Journalist eine Zivilstreife neben sich erkannt zu haben. Im Autoradio ertönt schon wieder dieser „Skandal um Rosi". *„Alle dudeln immer den gleichen Kappes"*, brummt Tom vor sich hin. Er überlegt, welche Raststätte für einen kurzen Toilettenstopp am besten geeignet ist? Nach gut einer weiteren Stunde drängt es ihn endgültig. Mit der Perücke auf dem Kopf geht er in die Toilette. Ein Mann blickt ihn finster an: „Nein, ich habe mich nicht verlaufen."

Vor ihm befindet sich die Autobahnausfahrt Baden-Baden. In der mondänen Kurstadt lebt seine Mutter mit ihrem Mann, der nicht sein Vater ist. Als Schulkind hat er oft gefragt, warum er anders heißt wie seine Mutter? Umso erwachsener er wurde, desto mehr freute er sich über seinen Nachnamen. Diversität ist ihm als Journalist wichtig.
Das Gleichheitsprinzip einer Familie sieht er kritisch. Einer ist nach seiner Auffassung immer anders, während ein anderer, meistens der Vater, gleicher ist.
Tom ist ohne einen erziehungsberechtigten Mann aufgewachsen. Den Ehemann seiner Mutter konnte er als Stiefvater nicht akzeptieren. Für ihn ist er ein langweiliger, spießiger Technokrat. Eine Adoption war ohne Zustimmung seines leiblichen Vaters nicht möglich. *„Glück muss der Mensch haben"*, ruft Tom fröhlich im Auto und fügt hinzu: *„Das wäre für den auch zu viel der Ehre gewesen"*.

In Lahr muss er sich orientieren: Ein Schild weist die Richtung zum Krankenhaus. Von dort ausgehend kennt er den Weg zur Gaststätte, in der er mit K und K näher ins Gespräch kam.
Für nachmittags ist in dem Lokal erstaunlich viel Betrieb. Tom setzt sich an einen freien Tisch. Die Gäste grinsen und tuscheln über ihn. Eine schlanke Bedienung mittleren Alters kommt auf ihn zu und fragt: „Sind die Haare echt?"
„Nein, aber darauf kommt es auch nicht an."
„Wie meinen Sie das?"

„Sehen Sie, ich frage Sie ja auch nicht, ob Ihre Oberweite echt ist?" Die Dame läuft im Gesicht rot an. Tom gibt seine Bestellung auf: Ein Paar Frankfurter mit Mayonnaise und ein großes Bier vom Fass. An der Garderobe hängt die Badische Zeitung, die er sich sogleich holt. *„Erstaunlich"* denkt er, *„was im Badnerland so alles los ist?"*

Die Würstchen schmecken gut, obwohl sie für Frankfurter um ein paar Zentimeter zu kurz geraten sind. Hoppla, die Tür geht auf und Kerstin erscheint.
„Guten Tag Frau Keller", grüßen die Gäste brav. Artig grüßt Kerstin zurück. Tom geht auf sie zu und geleitet sie an seinen Tisch. Prompt wird erneut getuschelt.

„Du kannst jetzt die Perücke abnehmen."
„Ich finde sie steht mir gut. Mit den Haaren habe ich die Spießer verwirrt."
„Das glaube ich sofort. Ich schätze, wir beide werden zum Ortsgespräch: Frau Keller hat jetzt endlich einen Freund, von dem niemand weiß, woher er kommt, heißt es bald."
„Ja so wird es sein: Erzähl mal, wie war die Zugfahrt?"
„Bestens – der Tipp mit dem Speisewagen war goldrichtig. Der Kellner sehr nett. Übrigens kennt er einen Journalisten von einem Wirtschaftsmagazin, der Würstchen mit Mayonnaise isst. Die Personenbeschreibung trifft auf dich zu, mein Lieber."
„Das glaubt doch kein Mensch, der Kerl schon wieder?"
„So ist das mit dir, überall bekannt im Land. Ist mein Auto noch ganz?"

„Selbstverständlich Mademoiselle! Mit Begleitschutz der Autobahnpolizei konnte nichts passieren."

Tom erzählt ihr die Geschichte. Sie schüttelt staunend den Kopf: „Du bist doch echt mit allen Wassern gewaschen."

„Na bitte, ich war mal ein paar Monate in der schönen Stadt Mannheim vertretungsweise Polizeireporter. Husch, husch in den Busch, hieß es da. Dich hätten sie im berüchtigten Stadtteil Jungbusch gekidnappt und an ein Edelbordell verkauft."

„Einmal war ich dort mit zwei Kollegen unterwegs. Alter Schwede, das war ein Spießrutenlauf in Reinkultur."

„Tja, das Stadtviertel hatte es in sich, da saßen die Springmesser locker. Gab es verdächtige Personen im Zug?"

„Nein alles friedlich."

„Mich interessiert brennend, ob gestern der eine Geiselnehmer wirklich gestorben ist?"

„Ich könnte von der Redaktion aus einen Kollegen in Straßburg anrufen. Vielleicht weiß der etwas?"

„Gute Idee, lass uns nachher dort hingehen."

„Aber nur, wenn du die Perücke abnimmst."

Kerstin parkt ihren Wagen im Hof. Am Samstagabend ist in der Lokalredaktion selten jemand. Dafür geht es sonntags für die Montagsausgabe richtig rund. Gemeinsam suchen sie die Telefonnummer der Dernières Nouvelles d'Alsace kurz DNA genannt. Die Zeitung erscheint in Französischer und in Deutscher Ausgabe als Elsässische-Neueste-Nachrichten. Kerstin telefoniert bereits. Sie erzählt von der Geiselnahme. Tom ist neugierig. Endlich ist das Gespräch beendet.

„Bleib still, der Kollege ruft jeden Moment zurück", mahnt sie. Von wegen ruhig bleiben: Tom befummelt sie mit beiden Händen. Sie lässt ihn gewähren und rekelt sich dabei lasziv auf dem Schreibtisch. Das Telefon bimmelt. Halb entblößt nimmt sie das Gespräch entgegen. Tom treibt sein lustvolles Spiel weiter. Kaum hat sie den Hörer aufgelegt, liegt sie auch schon flach auf dem Schreibtisch. Während sie sich miteinander vereinen, säuselt sie ihm ins Ohr „der Legionär ist tot".

Tom wirkt sehr zufrieden. Seine Lebensuhr funktioniert. Für ihn zeigt sie, wie schon heute Morgen 20.427 Tage an. Auch bei Kerstin bleibt es bei 19.705 Tagen. „Sex im Büro ist also doch eine Sünde wert", stellt er beruhigt fest. Sie fahren zu ihr.

Kerstins Wohnung ist alles andere als bieder eingerichtet. Eher etwas ausgeflippt. Sie sammelt gerne Bilder mit Plakat-Motiven von Open-Air-Konzerten. In einer Ecke steht eine mit Schallplatten vollständig bestückte Musikbox. Sogleich erinnert er sich an die Jukebox im „Café Schindelpeter" in Baden-Baden. Dort sind einige verheißungsvollen jugendliche Liebeleien entstanden.

Tom überlegt, ob sie noch heute nach Straßburg fahren sollen? Die Stadt ist nur knapp fünfzig Kilometer von Lahr entfernt. „Nur, wenn dabei ein gemeinsames Abendessen in Straßburg herausspringt", meint Kerstin.
Die Sorge um eine erneute Geiselnahme ist bei dem Paar verflogen. Der eine Söldner ist gestorben und seinem Partner

droht in drei Tagen ebenfalls der Tod. „Vermutlich", so glaubt Tom, „ist der Ganove mehr mit seinem Ableben als mit irgendetwas anderem beschäftigt. Die Zeit hat ihn ergriffen und ist ihm doch enteilt. Sein Leben hat er verwirkt."

In der 1 Rue d'Ostende finden sie direkt vor der Kaserne einen Parkplatz. Das große Tor ist verschlossen. Ein Wachhabender kommt heran. Tom fragt ihn nach Pleichach. Der Soldat will keine Auskunft geben, will sich abwenden. Kerstin lächelt ihn an und sagt ihm auf Französisch, „der Commandant möchte seinen Sohn sehen". Sie deutet dabei auf Tom.
„Der Commandant ist im Universitätskrankenhaus", sagt der Soldat still. Die beiden machen sich sofort auf den Weg.

Das Zimmer befindet sich im zweiten Stock. Pleichach liegt im Bett. Er schläft. Tom nimmt Andrés linke Hand. Die Uhr zeigt eine Null an. Der Kommandant blinzelt und öffnet die Augen. Er versucht zu sprechen, was ihm nur ganz leise mehr stammelnd gelingt: „Rekrut, geh, verschwinde, die wollen dich einsperren, um dich zu benutzen".
„Wer ist mein Vater?"
„Ich bin es. Lang unter das Kissen, nimm die Mappe und hau ab." Ihm fallen die Augen zu. Tom nimmt die Mappe und geht schweigend aus dem Zimmer. Plötzlich packt er Kerstin an der Hand: „Schnell, wir müssen hinten raus, die wollen mich kaschen."
Sie folgen der Beschilderung in Richtung Notausgang. Die Tür geht zum Glück nach Außen auf. Vorsichtig umschauend ver-

lassen sie das Klinikgelände. Draußen ist es bereits dunkel. Sie machen einen Umweg, damit sie von der anderen Straßenseite Kerstins Auto im Blickfeld haben. Weit und breit ist niemand zu sehen. Zusammen gehen sie hurtig über die Straße. Sie steigen ein und Kerstin fährt los.

„Madam, das mit dem üppigen Abendessen in Straßburg wird heute nichts. Es ist besser, wenn wir zeitnah über die Grenze kommen."

Tom beobachtet im Rückspiegel, ob sie verfolgt werden. Sieht nicht so aus. Der Grenzübergang Europabrücke ist in Sicht. Kerstin fährt gelassen vor. Der französische Zöllner winkt das Fahrzeuge durch. In Kehl ist vom deutschen Zoll niemand zu sehen – freie Fahrt zurück nach Lahr.

Kerstin parkt ihr Auto in der Garage. Sie ist der Meinung Tom darf sie beim besten Italiener in Lahr für die gefährlichen Lebensumstände entschädigen. Er widerspricht ihr nicht. Sie geht ins Bad. Genug Zeit für ihn.

In Pleichachs Mappe findet er eine Heiratsurkunde und eine deutsche Geburtsurkunde aus dem Jahr 1922. Andreas war knapp zwei Jahre mit Toms Mutter in Karlsruhe verheiratet. Seit 1961 ist er französischer Staatsbürger. Aus Andreas Friedemann wurde André Pleichach. Der Lieutenant Colonel André Pleichach wurde 1966 zum Commandant mit besonderer Vollmacht ernannt. *„Warum nannte er sich ausgerechnet Pleichach?"*, überlegt Tom. Den Familiennamen kann er bisher weder Frankreich noch sonst zuordnen. Im Rücken der Mappe

ist ein mit Wachs versiegeltes rotes Briefkuvert festgeklebt. Er trennt es vorsichtig ab und bricht das Wappensiegel. Der Brief beinhaltet drei weitere Schriftstücke: Eine Adoptionsurkunde, ausgestellt von einem französischen Departement in Algerien. Der Offizier Hélie Denoix de Saint Marc aus Bordeaux adoptierte 1961 den Fremdenlegionär André Pleichach.
Das zweite Schriftstück ist handschriftlich mit Tinte geschrieben und kaum lesbar. Es geht darin um die „Horloge de la vie". Offenbar ist die Uhr des Lebens aus Indochina.
Das dritte Schriftstück beschreibt einige Regeln im Umgang mit der Uhr, die Tom mit seinem aus der Schulzeit hängen gebliebenen Französisch nicht vollständig übersetzen kann: „Mist!"

Kerstin hat sich derweil in Schale geworfen. „Madam, wie ist es um ihr französische Lesekunst bestellt?"

„Monsieur, wenn Sie lesen und schreiben meinen, dann hätte ich durchaus Bedarf an Nachhilfestunden. Italienisch ist heute Abend angesagt, Signore." Tom gibt sich geschlagen. Er kennt in Bonn einen Dolmetscher, der ihm die Schriftstücke übersetzen wird.

10.

Sonntag, 4. April 1982

Tom ist bereits aufgestanden, obwohl der italienische Abend erst spät endete. Kerstin wusste vorher nichts vom Geburtstag von Luigi. Der Ristorante-Besitzer ließ es auf typisch italienische Art im Kreis von Gästen und seiner großen Familie so richtig krachen. Es wurde gegessen, getrunken, gesungen und das so lange, bis um halb zwei die Polizei kam: Feierabend.

Laut Fahrplan soll zwanzig vor elf der Zug nach Baden-Baden abfahren. Gegen halb sechs geht es dann für Tom weiter nach Bonn. Am Montagmorgen will er mit einem Dienstwagen nach Düsseldorf zum Chefredakteur fahren.
Kerstin würde am liebsten mit ihm losziehen. Der Abschied fällt ihr nicht leicht. Tom ist bereits im Journalisten-Modus:
„K und K mit dir waren die gewissen Stunden wunderbar. Vielleicht können wir sie wo auch immer im Land wiederholen?"
„Ganz bestimmt aber Vorsicht: Ich mag dich, dennoch ist mir mein alleiniges Leben wichtiger wie die jede ganz große Liebe. Du hast beim Italiener gesehen, wo man enden kann, wenn man sich für ein Familienleben entscheidet. Die Freiheit ist dann erheblich eingeschränkt."
„Madam, ich will dich nicht binden. So wie es ist, so ist es gut. Wir werden sehen, was die Zeit bringt."

„Zeit ist das richtige Stichwort, was sagt deine Uhr?" Sie streckt ihm die linke Hand entgegen: 17.703 erscheint auf dem Zifferblatt.
„Zwei Tage weniger als gestern. Es wird Zeit, dass du gehst, denn du reduzierst meine Lebenserwartung."
„Das sieht nur so aus. Zahlen sind nur Ziffern. In Wahrheit habe ich dein Leben enorm bereichert. Was wir zusammen in den drei Tagen erlebt haben, wird dir hier auf Jahre hinaus nicht widerfahren." Sie schweigt lächelnd, er küsst sie noch einmal.

Tom läuft gut gelaunt zum Bahnhof. Wenn er alleine ist, dann fühlt er sich ganz besonders wohl. Es gefällt ihm, wenn er niemand fragen muss, gehen wir links oder rechts herum? Das Geschehen der vergangenen Tage lässt er Revue passieren. Die Ereignisse waren ganz nach seinem Geschmack. In zweiundsiebzig Stunden war von Abenteuer bis gutem Sex alles dabei. Wer sein Vater war, weiß er jetzt auch. Die eigene Herkunft ist geklärt. Sein nächstes Ziel heißt Mutter.

Die Zugfahrt für die siebzig Kilometer von Lahr nach Baden-Baden dauerte eine gute Stunde. Er steigt in ein Taxi.
Wie immer, wenn er seiner Mutter begegnet, gibt er sich reserviert. Für ihn ist sie wie eine vom wildwuchernden Efeu eingewachsene Hauswand. Niemand soll hinter ihre Fassade blicken. Schon gar nicht, wenn es um ihre Vergangenheit geht. Nach der Begrüßung beginnt ein üblicher langweiliger Austausch vom Wetter bis hin zur politischen Lage.

Beide sind bemüht, persönliche Empfindungen zu vermeiden. So dominieren im Gespräch Belanglosigkeiten. Tom hat davon genug gehört: Er zieht Pleichachs Mappe aus der Tasche und legt die Heiratsurkunde mit den Worten „ich habe meinen Vater gesprochen" auf den Tisch.

Mutter stutzt, „mich interessiert das nicht."

„Dann lese ich vor André Friedemann und Irene Anna ..."

„Sei still, ich will das nicht hören."

„Aber es ist die Wahrheit. Ich als Sohn musste meinen Vater suchen, den du bis zum heutigen Tag verleugnest.
In einer Ausfertigung einer Geburtsurkunde steht Vater unbekannt. Wie kann das stimmen, war ich etwa eine unbefleckte Geburt?
In einer anderen Geburtsurkunde steht Andreas Friedemann. Andreas wurde noch vor meiner Geburt für kurze Zeit dein Ehemann. All die Geschichten über ihn wurden von dir erfunden. Ehrlich gesagt hast du mich zweiunddreißig Jahre lang belogen. Warum? Weder er noch ich sind eine Schande, für die wir uns schämen müssten. Peinlich bist nur du, weil du nicht zu deiner Vergangenheit stehst."

„So spricht man nicht mit seiner Mutter."

„Doch! Du kannst es dir denken, dass ich als Journalist recherchieren werde."

„Bilde dir nicht so viel ein, du bist nur ein Schreiberling."

„Stimmt genau und zwar ein verdammt guter. Wäre ich sonst bei Deutschlands führendem Wirtschaftsmagazin? Übrigens, was hast du eigentlich vorzuweisen außer Ehefrau und Mutter?"

„Ist Mutter sein etwa nichts? Ich war in der Hitlerzeit in der Schule. Danach lag Deutschland in Trümmern. Ich hatte zwischen 1945 und 1950 keine Möglichkeiten."

„Bereits 1949 wurdest du mit siebzehn Jahren von Andreas schwanger. Die Möglichkeit hast du genutzt. Warum hast du ihn bei meiner Geburt verleugnet?"

„Du bist unverschämt und frech. Hätte ich dich nicht zur Welt gebracht, dann gäbe es dich nicht. Dafür solltest du dankbar sein."

„Warum soll ich für etwas dankbar sein, was ich nicht gewusst hätte, wenn es nicht geschehen wäre?"

„Ich habe dir das Leben geschenkt. Dafür achten anständige Kinder normalerweise ihre Eltern."

„Eltern sind zwei Personen, die sich aus Mann und Frau zusammensetzen. Bei dir aber nur aus dir selbst."

„Schuld daran ist dein Erzeuger, der mich einfach hat sitzen lassen, obwohl wir verheiratet waren."

„Wahrscheinlich hat er es mit dir nicht ausgehalten, was ich absolut verstehen kann. Es ist besser, wenn ich gehe. Mein Besuch war ein Irrtum. André ist in Straßburg gestorben."

Zum Abschied fordert er seine Mutter auf, ihm die linke Hand zu reichen. Seine Uhr zeigt 15.235 Tage an. Sie wird also voraussichtlich noch zweiundvierzig Jahre leben.

„Was ist das für eine teure Uhr?"

„Die ist aus Japan und zeigt an, wie viele Tage du noch zu leben hast."

„Das glaube ich nicht."

„Musst du auch nicht, sie ist ein Werbegeschenk. Du wirst etwa zweiundneunzig Jahre alt. Nutze die Zeit, denn auch du weißt nicht, ob sie dir die Gnade erweist oder ob sie zur Tortur wird". Entgeistert schaut sie ihren Sohn an. Er nimmt seine Tasche und geht, ohne sich noch einmal umzudrehen.

Zum Bahnhof fährt Tom wieder mit dem Taxi. Der Intercity nach Bonn fährt pünktlich ein. Im Speisewagen sind an diesem Sonntagnachmittag mehr Tische frei als sonst üblich.
Seine Bestellung ist sein bekanntes Gedeck. Der Kellner fragt ihn, ob er Journalist sei. Außer ihm gäbe es bei der Bundesbahn keinen Fahrgast, der Frankfurter Würstchen mit Mayonnaise, Kaffee und Vanilleeis bestellt, versichert ihm der freundliche Herr. *„Na immerhin"*, denkt Tom, *„habe ich jetzt bei der Bahn ein Erkennungsprofil."*

Seine Wohnung empfindet er ohne Kerstin als eine Oase der Ruhe. Er hat wieder freien Zutritt zum Bad. Der abgestandene Geruch ihres Parfüms steht noch im Raum. Alle Fenster auf, der teure Mief muss raus. Plötzlich läutet es. Vor der Tür steht Kollege Elmar. „Wer oder was führt dich zu mir?"
„Tom, lass mich bitte rein. Ist die Kerstin noch bei dir?"
„Nein, die ist wieder in Lahr."
„Das Weib macht mich fertig. Du schleppst mir nichts, dir nichts, so eine scharfe Rakete ab, als wäre es das Normalste auf der Welt. Ich bekomme sie nicht mehr aus meinem Kopf."
„Elmar, du musst sie vergessen. Du hast dich wie ein notgeiler Bock aufgeführt. Die Frau ist selbstbewusst, intelligent

und absolut eigenständig. Sie will mit niemand eine Beziehung."

„Das ist doch ein Frevel! Die ist mein innigster Traum von einer Frau. Wie gemalt und dazu noch gescheit: Tom, du musst mich retten."

„Mein Tipp, vergiss sie einfach, schlag sie dir komplett aus dem Kopf. Glaube mir, Kerstin ist nichts für dich. Zu dir passt eine bodenständige Frau, die vielleicht etwas weniger hübsch ist, aber dafür treu. Hinter ihr sind die Kerle wie die Wölfe hinter den Lämmern her. Das wirst du vor Eifersucht keine Woche aushalten. Komm, wir gehen einen heben."

Tom schließt die Fenster und geht mit Elmar zur „Ständigen Vertretung".

Das Lokal ist gut besucht. Die beiden Kollegen suchen sich einen Platz etwas abseits von den dicken Rauchschwaden. Sie bestellen vier Kölsch: Drei davon für den frustrierten Elmar. Tom grinst und tröstet ihn. „Sei ehrlich Tom, die Kerstin ist doch eine Granate im Bett."

„Sie weiß, was sie will und braucht. Sie ist in jeder Lebenslage selbstbestimmt. Du würdest mit ihr nicht klarkommen."

„Und du willst sie?"

„Nein, sie will frei sein und ich auch."

„Aber in der Kiste warst du mit ihr."

„Na und, das heißt doch nichts."

„Ich möchte sie einmal nackt sehen."

„Elmar, bist du etwa ein Spanner?"

„Bei ihr schon."

„Darum hast du sie mit deinen Blicken ausgezogen. Gib mir deine linke Hand. Ich will mal sehen, was meine Uhr dazu sagt: 19.724 Tage. Wie viele Tage waren es beim letzten Mal?"
„19.787 waren es vor zehn Tagen. Das sind dreiundsechzig Tage weniger? Wenn das so weitergeht, dann bin ich in zehn Jahren tot."
„Die Gedanken an Kerstin machen dich krank."
„Deine japanische Werbeuhr spinnt."
„Wer weiß, vielleicht ist sie klarer, wie wir beide?"
„Die Nächste, die hier das Lokal betritt, landet noch heute bei mir in der Kiste."
„Da bin ich aber gespannt."

Elmar ist brennend daran interessiert zu erfahren, ob Tom in Frankfurt die Redaktionsleitung übernimmt? Nein, jedwede Spekulationen verbietet er sich.
Morgen hat er beim Chefredakteur Termin. Geduld ist angesagt. Am Tisch stehen plötzlich zwei blonde Damen: Franziska und Anke. Die haben Tom gerade noch gefehlt. Er bewahrt Contenance und gibt sich freundlich. Elmar bekommt große Augen. Den beiden Frauen bietet er sogleich einen Platz am Tisch an. Anke setzt sich gegenüber von Tom.
Er stellt den Damen Kollege Elmar vor. Der staunt und flüstert, „woher kennst du die Zwei?". „Das erzähle ich dir später."
Franziska fragt nach der Uhr und reicht ihm die linke Hand: 8.426 leuchtet auf. „Das sind elf Tage weniger als bei der ersten Begegnung im Intercity." Sie ist darüber empört.
Anke will es jetzt auch wissen. Sie streckt ihm die Hand

entgegen: 10.739 und somit dreizehn Tage weniger Lebenserwartung. Zwei Tage hat sie zusätzlich verloren. Sie lacht darüber. Ihre Freundin findet das nicht lustig. „So ein blödes Werbegeschenk", mault sie verächtlich. Elmar möchte von ihr wissen, ob sie denn die Uhr des Lebens ernst nimmt?

„Halb und halb" antwortet Franziska.

„Ihrem Kollegen traue ich alles zu", sagt sie zu Elmar, „der hat etwas aufregend Teuflisches an sich. Vielleicht steht er mit Aliens in Verbindung? Wahrscheinlich zeigt die Uhr willkürlich Tage an. Sie ist halt ein billiger Werbegag." Tom denkt, *„Mann ist die doof"*. Unterm Tisch befummelt ihn Anke wieder mit ihren Fußzehen. Er ignoriert ihre Bemühungen, obwohl sie ihm damit auf den Sack geht.

Heftig flirtet Elmar mit der flachbrüstigen Franziska und sie mit ihm.

„Hier geht es zu wie einst beim Abiball", grummelt Tom. Er steht auf und geht in Richtung Toilette. Zwei Herren in grauen Flanellanzügen folgen ihm. Auf halben Weg läuft er zur Theke. Die beiden Männer bleiben stehen. Offenbar wissen sie nicht, was sie jetzt machen sollen. Tom spricht mit dem Zapfer, den er schon länger kennt. Manni reicht ihm ein Kölsch und geht in die Küche. Nach einer Minute steht er wieder am Zapfhahn. Tom schaut etwas verstohlen auf seine Kienzle. Die zwei Typen sitzen derweil an einem Tisch. Mit dem Bierglas in der Hand geht er in Richtung Ausgang.

Durch die Tür kommen drei Beamte von der Kriminalpolizei. Sie fordern die Gäste auf, während der Ausweiskontrolle sitzen zu bleiben. Die beiden Herren im grauen Flanell wollen

sich offenbar in die Toilette verziehen, was ihnen nicht gelingt. Dort stehen an der Tür zwei uniformierte Polizisten: "Stopp keinen Schritt weiter!"
Ein Kripobeamter ordnet Leibesvisitation an. Dabei stellen die Beamten zwei Pistolen sicher. Der eine Typ will ausrasten, wird aber sofort mit Handschellen fixiert. Vor der Gaststätte wartet ein grauer VW-Bus auf die beiden Männer. Tom steigt mit ein.
Der leitende Kripobeamte wedelt mit ihren Ausweisen.
Tom: „Darf ich raten, Franzosen?"
„Nur einer! Der andere Herr ist Ostberliner. Vermutlich arbeitet der Ossi für die Staatssicherheit der DDR."
Der Polizist und Tom steigen aus dem Bus. Beiden ist klar, dass die Männer nicht lang festzuhalten sind. Der Stasi-Mann und der Franzose werden bestimmt bald abgeholt.

Tom geht zurück in den Bus: „Was wollen Sie von mir?"
„Sie haben eine Uhr, die uns gehört", meint der Franzose.
„Wenn Sie die Uhr anlegen können und sich das Armband schließt, dann gehört sie Ihnen." Tom gibt ihm die Uhr. Der Franzose kann sie nicht anlegen.
„Sie wissen, was das für Sie bedeutet? Geben Sie mir die Uhr." Tom nimmt sie, legt sie an, das Armband schließt automatisch. Jetzt streckt er dem Franzosen die Hand entgegen:
„Reichen Sie mir Ihre linke Hand." Nur zögernd ängstlich kommt er der Aufforderung nach.
„Meine Uhr zeigt die Zahl Zwölf an. Ihre Zeit läuft also in wenigen Tagen ab. Sie haben alles riskiert und verloren. Hat

sich das gelohnt?"

Der Legionär schaut betroffen auf den Boden.

„Wollen Sie auch einmal meine Uhr ausprobieren?", fragt er den Ostberliner. Der verzichtet sogleich. Wissen möchte er aber schon, was die Uhr bei ihm anzeigt. Tom reicht ihm die Hand und schaut ihm dabei konzentriert in die Augen.

738 Tage Lebenszeit verbleiben für den vermeintlichen Stasi-Mann, dem die Schweißperlen auf der Stirn stehen. „Das sind nur zwei Jahre", stammelt er halblaut.

„Woher kennen Sie sich?", will Tom wissen.

„Von der Fremdenlegion", antwortet der Ostberliner kleinlaut.

„Sie sollten wissen, dass André Pleichach bei der Légion étrangère Commandant ist. Er ist mein Vater. Außer ihm kann nur ich die Uhr tragen. Jeder, der versucht, sie ohne meine Legitimation anzulegen, ist dem frühzeitigen Tod geweiht."

Der Kriminalbeamte öffnete die Tür und schickt beide weg.

„Stimmt das wirklich, was Sie sagten?"

„Ja, aber fragen Sie mich nicht, warum das so ist. Ich stehe mit meinen Recherchen erst noch am Anfang." Der Polizist reicht ihm die linke Hand: 12.459 leuchtet kurz auf, der Beamte rechnet: „Das sind über den Daumen gepeilt um die vierunddreißig Jahre. Ich bin einundfünfzig. Mann, demnach werde ich fünfundachtzig Jahre alt."

Er ist hocherfreut: „Hat der Franzose tatsächlich nur noch zwölf Tage zu leben?"

„Ja, der hat seine Zeit sinnlos weggeworfen. Die Zeit ist immer das, was bald geschieht. Wir Menschen vergeuden sie, anstatt sie zu nutzen und zu würdigen. Viele Leute sagen leichtfertig, sie hätten die Zeit totgeschlagen, ohne die Konsequenzen zu kennen. Sehen Sie sich die Zeitdiebe an. Sie stehlen, indem sie uns warten lassen."

„Sie tragen die Macht am Handgelenk. Wenn sich das mit der Uhr herumspricht, dann haben Sie keine ruhige Minute mehr."

„Darum werde ich die Uhr täuschend echt als Werbegeschenk produzieren lassen. Wenn von ihr Tausende im Umlauf sind, dann ist das ein Gag, der sich irgendwann abnutzt. Vielen Dank für Ihre schnelle Unterstützung, Herr Kommissar."

Tom geht zurück in die „Ständige Vertretung" und dort direkt an die Theke. Er bedankt sich bei Manni, dem Schankkellner für die schnelle Alarmierung der Polizei.

Kollege Elmar scheint sich prächtig mit den beiden blonden Damen zu amüsieren. Anke möchte wissen, was die Polizei von den Herren wollten. „Stasi-Typen", erklärt er knapp.
Die eher stille Franziska ist Elmar deutlich zugeneigt. Sie sitzt neben ihm und seine rechte Hand ruht auf ihrem Oberschenkel. Zwangsläufig muss sich Tom neben Anke setzen. Er spürt, hier bahnt sich ein Techtelmechtel an.
Franziska rutscht, stimuliert von Elmars Hand, hingebungsvoll hin und her. Es sieht so aus, als wäre sie zu allem bereit. Die Begierde ist Elmar ins Gesicht geschrieben. Er ist so heiß wie ein Vulkan. Sexuelle Stimmung liegt in der Luft.

Anke fummelt mit ihren Fingern an Toms Hosengürtel und fragt ihn leise: „Wollen wir gehen?" Er will noch bleiben. Sanft nimmt er ihre Hand von seinem Hosengürtel. Sie schaut ihn mit großen Augen verwundert an. Tom lächelt und meint: „Ich mag keinen öffentlichen Nahverkehr". Anke lacht los.
Franziska meint, „der ist mir zu arrogant". Elmar schüttelt den Kopf: „Du hast recht, aber der Kerl kann es sich leisten."
Tom plant insgeheim einen französischen Abgang: Heimlich gehen, ohne sich zu verabschieden. Zuvor will er aber noch etwas essen.

11.

Montag, 5. April 1982

Tom fühlt sich heute Morgen topfit. Gegen einundzwanzig Uhr ist er gestern auf leisen Sohlen aus dem Restaurant davongeschlichen. Das Gespräch mit Hans ist ihm wichtig. Pünktlich und ausgeschlafen will er im Verlag erscheinen.

Für die achtzig Kilometer nach Düsseldorf benötigte er eine gute Stunde. Im Verlag ist es kurz vor zehn. Pfeilgrad marschiert er mit einem zuversichtlichen „guten Morgen" auf den Lippen ins Vorzimmer des Chefredakteurs. Bevor die Sekretärin antworten kann, klopft er recht forsch an die Tür. „Herein" erschallt es deutlich hörbar.

„Wie wunderbar der Chef ist da", singt Tom.

„Endlich mal ein Kollege mit ausgesprochen guter Laune. Nimm Platz, Kaffee?"

„Selbstverständlich!"

„Du weißt, um was es geht?"

„Nö."

„Du bist eine Belastung für die Bonner Redaktion."

„Hans, das sehe ich auch so."

„Wie muss ich das verstehen?"

„Na ja, ich bin zu dynamisch und wenn ich meiner Nase folge, dann riecht die eine echt supergute Story. Wer kann das außer mir von sich behaupten? Und bevor ich es vergesse, ich kann dazu auch noch schreiben. Wer von den Kollegen kann das von sich behaupten?"

„Ziehst du dir morgens in Allerfrüh einen durch die Nase oder was ist mit dir los? Stell dich mal hin, damit ich sehen kann, ob du noch mit beiden Beinen auf dem Boden stehst?"

„Gerne - siehst du, ich schwebe über den Dingen."

„Komm wieder runter. Zum Thema: In Frankfurt wird die Redaktionsleitung neu besetzt, kannst du das?"

„Hans, das ist doch sonnenklar, zumal ich dazu prädestiniert bin. Die Frage lautet, will ich dorthin?"

„Hör mal mit bescheidenen zweiunddreißig Jahren sagt man devot Dankeschön und freut sich auf die verantwortungsvolle Aufgabe."

„Die Tauben vielleicht, aber nicht ein Falke. Der gluckert nicht armselig auf dem Boden herum. Der sitzt hoch oben im Turm und hält mit scharfen Augen Ausschau nach Beute."

„Als heimlicher Philosoph bist du im Haus bekannt. Von Tom, dem Vogelkundler, habe ich noch nie gehört."

„Da siehst du meine Vielseitigkeit. Von oben betrachtet, eröffnen sich mir neue Perspektiven."

„Komm mir jetzt nicht mit dem Angebot vom Lemma-Verlag in Würzburg. Der ist ein Sanierungsfall dazu noch in der journalistischen Diaspora."

„Mag sein, aber ich kann etwas aufbauen, während hier alles auf Schiene ist. Bis wann darf ich mich entscheiden?"

„Spätestens am Freitag, den dreißigsten April, geht dein Daumen nach oben. "

„Wie ist die Redaktionsleitung in Frankfurt dotiert?"

„Tausend Mark über deinem aktuellen Gehalt."

„Immerhin eine Schmerzensgeldzulage."

„Dein Humor war auch schon besser. Was ist das für ein Aufriss um deine Uhr: Polizei, Fremdenlegionäre, Geiselnahme und so weiter?"

„Hans, ich werde bedroht, verfolgt und gehasst. Legionäre wollen meine seltene Uhr stehlen, obwohl sie mit ihr nichts anfangen können. Nur ich kann das Armband schließen und nur bei mir zeigt sie die Tage an, die dir noch bleiben, bevor dich der gute Hirte, eher wohl der Sensenmann ruft."

„Tom tisch mir keine Geschichten aus der Urzeit auf. Deine Uhr tickt nicht richtig und du auch nicht. Legionäre, Geiselnehmer, Polizisten alle sind hinter deiner Uhr her, wer glaubt denn so einen Scheiß?"

„Hier nimm die Uhr und lege sie dir an."

„Das Armband lässt sich nicht schließen."

„Tja also doch keine Geschichte." Tom nimmt die Uhr und legt sie sich an. Der Chefredakteur ist erstaunt: „Und was zeigt sie an?"

„19.428 exakt zwei Tage weniger als vorgestern."

„Das ist doch nicht zu fassen! Ich will jetzt meine Tage wissen."

„Hans, bist du ins andere Geschlecht gewechselt und jetzt menstruierst du heimlich?"

„Witzbold zeig es mir."

„Noch 9.663 Tage muss die Menschheit mit dir auskommen."

„Moment ...", er holt einen Taschenrechner, „... das sind

rund sechsundzwanzig Jahre, dann werde ich mit achtundsiebzig das Zeitliche segnen."

„Für dich ein beachtliches Alter. Bedenke, deine Lebenszeit kann sich etwa durch Krankheit oder durch einen ausufernden Lebenswandel reduzieren. Wenn du mehr darüber erfahren möchtest, dann frage mal in Straßburg bei den Fremdenlegionären nach."

„Was wissen die?"

„Die wollten meine Uhr stehlen und nun sind sie gestorben."

„Wegen deiner Uhr?"

„Ja."

„So ein Quatsch. Eine Uhr lässt Leute sterben, liest du Science-Fiction Romane?"

„Nein, hier im Haus sind genug Außerirdische."

„Kompliment, du hast um die Uhr eine fantastische Story gebaut. Produkte und Dienstleistungen benötigen mehr solche Geschichten. Die Amis nennen das Storytelling."

Chefredakteur Hans schildert alle möglichen Szenarien, die sich durch eine Lebensuhr ergeben. Die Welt würde sich komplett ändern, wenn Politiker, Monarchen, Despoten, Unternehmer, Stars und wer sonst noch um ihre Lebenszeit wüssten. Hans schüttelt den Kopf: „So eine Uhr gibt es nicht. Deine zeigt willkürlich Zahlen an. Sie ist leider nur ein netter Werbegag."

Eine Stunde ist vergangen. Sein Chef hat sich für das Gespräch viel Zeit genommen. Tom weiß das zu schätzen. Hans ist sonst eher der kurz angebundene, präzise auf den Punkt kommender Vorgesetzte.

Zurück in der Bonner Redaktion. Annegret wartet schon: Sie drückt ihm einen Notizzettel mit acht Namen und Telefonnummern in die Hand. Selbstverständlich möchte sie wissen, wie es in Düsseldorf war? Tom vertröstet sie auf später. Kaum sitzt er an seinem Schreibtisch, steht Kollege Elmar davor. Der berichtet vom Ausgang des gestrigen Abends im Restaurant „Ständige Vertretung". Die scheinbar schüchterne Franziska hat er abgeschleppt. Anke ging frustriert alleine nach Hause. Auf Tom ist sie sauer, weil er sich heimlich vom Acker machte. Er will sie anrufen und sich bei ihr entschuldigen.

Die Entschuldigung ist für ihn eine gute Gelegenheit, um ein Interviewtermin mit FDP-Politiker Jürgen Möllemann zu verabreden. Elmar ist neugierig: Wechselt sein Kollege als Chef nach Frankfurt? Tom verweist ihn auf später. Zuerst muss er sich um die Telefonate kümmern.

Auf seiner Liste steht ein Commandant Morellon der Légion étrangère in Straßburg, den er sofort anruft. Der Offizier entschuldigt sich für das Vergehen seiner Soldaten. Einer der Geiselnehmer wurde bereits beerdigt. Sein Kumpan sei mit den Nerven am Ende, da er nur noch drei Tage zu leben habe. Der Vorfall von gestern ist Morellon gar nicht bekannt. In elf Tagen kann er einen weiteren Soldaten beerdigen, macht ihm Tom klar. Er möchte wissen, was mit seinem verstorbenen Vater geschah? André wurde mit allen Ehren in Straßburg beerdigt. Sein Adoptivvater Hélie de Saint Marc wäre extra zur Zeremonie angereist. Aus Gründen der Sicherheit habe man entschieden, Tom nicht zur Bestattung einzuladen. „Was ist mit Andrés Nachlass?"

„Er hat ein paar Dokumente und einen Schlüssel hinterlassen, der vermutlich zu einem Schließfach in Deutschland passt. Hier weiß niemand, wo sich das Schließfach befindet."

„Kommandant, können Sie mir freundlicherweise die Sachen zu schicken? Haben Sie für mich eine amtliche Sterbeurkunde?"

„Qui Monsieur, ich beauftrage noch heute einen Kurier, der Sie morgen Vormittag aufsucht. Haben Sie eine Adresse für mich?" Tom nennt ihm die Redaktionsadresse des Wirtschaftsmagazins.

„Wenn sich Ihre Soldaten an Ihre Befehle halten, dann dürften jetzt keine weiteren kriminellen Zwischenfälle auf mich und andere Personen stattfinden."

„Monsieur, Sie haben mein Ehrenwort."

„Haben Sie Pleichachs Uhr kennengelernt?"

„Qui, ich werde ungefähr achtundsechzig Jahre alt. Das ist für mich in Ordnung. Ich bin Soldat und ich habe mehrmals den Tod vor meinen Augen gehabt. Sein Anblick nahm mir die Furcht. Die Folter ist schlimmer als der Tod. Der Commandant ertrug die tägliche Qual seiner Krebserkrankung ohne Klage."

„Warum war André in Lahr im Krankenhaus?"

„Er glaubte dort jemand zu kennen. Und er hatte recht, denn er traf in Lahr seinen Sohn. Pleichach hatte hellseherische Fähigkeiten, die uns sehr oft geholfen haben. Commandant

Pleichach war mystisch, manchmal auch gespenstisch.
Er schlüpfte gern in verschiedene Rollen. Ich glaube er war mehr Chamäleon als Soldat. Monsieur, Sie können stolz auf Ihren Papa sein."
Tom bedankt sich für das Gespräch und verspricht, „wenn es die Zeit zulässt, werde ich das Grab meines Vaters besuchen".

Annegret steckt ihm, während er telefoniert, einen Zettel zu: Edith Degenhardt soll er dringend anrufen. Ein Bankdirektor in Würzburg möchte ihn sprechen. Dafür hat er jetzt keine Zeit. Stattdessen ruft er spontan einen jungen Abgeordneten der CSU an, den er vor paar Wochen im Speisewagen kennenlernte. Mit ihm verabredet er sich für Donnerstagabend im Presseklub.

Jetzt ist Anke dran: Sie verlangt von ihm für sein grußloses Verschwinden von gestern Abend eine Wiedergutmachung. Tom willigt ein, wenn sie ihm zeitnah ein Interviewtermin mit Jürgen Möllemann nennt. „Das geht kurzfristig am Mittwoch, elf Uhr", weiß Anke.

„Dafür lade ich dich in die Ständige Vertretung ein."

„Wehe du haust wieder ohne Verabschiedung ab", mahnt sie ihn.

Sein nächster Anruf gilt dem Grafen im Wirtschaftsministerium. Der Pressesprecher des Ministers kann ihm bis auf Weiteres kein Interviewtermin nennen. Es herrsche eine „gewisse Unruhe" in der Regierungskoalition, lautet seine Begründung. Tom sieht sich in seiner Vermutung bestärkt:

Kanzler „Schmidt-Schnauze" wackelt. Seine Partei wankt und die FDP steht bereits mit einem Bein im Schlafzimmer der Union. Fehlt nur noch ein beherzter Sprung ins frisch gemachte Bett. Bundeskanzler Helmut Schmidts Tage als Regierungschef sind gezählt.

Redaktionsleiter Robert ruft seinen jungen „Star-Kollegen" ins Büro. Tom erzählt ihm von seinem Gespräch mit dem Chef-Redakteur, ohne auf Details einzugehen.

Wiedererwartend will Robert jetzt doch seine bevorstehende Lebenszeit wissen, obwohl er die Uhr für einen Werbegag hält. 7.384 erscheint auf dem Ziffernblatt. Die Tage entsprechen rund zwanzig Jahre. Der Kollege zeigt sich vom Ergebnis enttäuscht:

„Mit dreiundsiebzig Jahren sterben, passt nicht in meine Lebensplanung", stellt er fest. Dass er täglich zwanzig Zigaretten qualmt, zieht er dabei nichts ins Kalkül. Zum Glück läutet sein Telefon. Eine gute Gelegenheit für Tom, um sich aus dem Staub zu machen.

Redaktionssekretärin Annegret passt ihn vor der Tür ab: „Ein Bankdirektor aus Würzburg nervt. Er muss ganz dringend mit Herrn Friedemann sprechen". Tom vereinbart mit ihm einen Besuchstermin für kommenden Freitag, vierzehn Uhr.

In der Frankfurter Redaktion möchte er eventuell am Samstag vorbeischauen. Spontan ruft er Margot im Vorzimmer vom Vorstand der DZ-Bank an. Sie verabreden sich für Samstagnachmittag um vier in der Lobby im Frankfurter Hof.

Tom ist beim Juwelier. Der Wert des Armbandes kann er

nicht schätzen. „Wenn es sich bei niemanden schließen lässt, ist es kaum etwas wert, weil nutzlos", sagt der Juwelier. Das Armband ist einzigartig aus Gold und Silber gefertigt. Die Uhr ist für ihn ein absolutes Rätsel. Sie tickt nicht und sie hat keine erkennbare Energiequelle, aus der sie ein Laufwerk speist. Aufziehbar ist sie auch nicht. Der Juwelier ist mit seinem Latein am Ende. Tom reicht ihm die linke Hand. „Geben Sie mir Ihre linke Hand." Die Lebensuhr zeigt 14.869 Tage an. Der Schmuckhändler ist irritiert: "Was bedeuten die Zahlen?"

Tom gibt die Ziffern in seinen Taschenrechner ein: „Erstaunlich, Sie leben noch fast einundvierzig Jahre. Wie alt sind Sie?"
„Vierundfünfzig!"
„Sie werden erst mit fünfundneunzig Jahren beerdigt."
„Wollen Sie behaupten, die Uhr errechnet meine Lebenszeit?"
„Ich behaupte nichts, sie macht es einfach. Auffällig ist, Sie sind Linkshänder und Sie leben laut meiner Uhr am längsten von allen, die mir bisher die Hand reichten."
„Waren die anderen alle Rechtshänder?"
„Genau das stimmt mich nachdenklich: Leben Linkshänder länger?"
„Warten Sie bitte einen Moment, ich hole meine Frau, die ist auch Linkshänder."
Beate reicht Tom die linke Hand: 15.741 leuchtet auf. Der Taschenrechner zeigt runde dreiundvierzig Jahre an. Die Gattin des Juweliers ist dreiundfünfzig. Vermutlich wird sie beachtliche sechsundneunzig Jahre alt. Darüber ist das Ehepaar

sehr erfreut. Der Uhr trauen sie trotzdem nicht. Wie dem auch sei, Tom verabschiedet sich. Für ihn ist klar, irgendwer muss sie geschaffen haben. Vom Himmel runter direkt in den Schoß von Pleichach ist die Uhr ganz bestimmt nicht gefallen. Die fachmännische Untersuchung erbrachte keine neuen Erkenntnisse.

Für Tom ist klar: *„Ich bin als Medium ihre Quelle. Sie zapft meine Energie an und speist sich damit. Das ist auch die Erklärung dafür, warum ich das Armband nur selten öffnen kann."*
Er überlegt: *„Warum funktioniert die Uhr nur links? Es gibt nur eine logische Erklärung, Sie folgt meinen Herzschlag: Ticktackticktack."*

Linkshänder spielen also keine Rolle. Die Uhr erkennt ihr Medium am Herzschlag. Reicht Tom jemand die linke Hand, dann stellt die Uhr eine Verbindung zur anderen Person her. Über ihr Medium errechnet sie das, was am teuersten ist, aber von vielen Menschen nicht geachtet wird - die Lebenszeit. Sie ist kostbar und wertvoll zugleich. Niemand kann sie bezahlen. Sie geht vorbei und kommt nie mehr zurück. Wir lassen uns jeden Tag von Zeitdieben bestehlen. Zu den Räubern gehören Ratgeber, die uns erklären, wie wir bei der Arbeit Stunden und Tage sinnvoll nutzen sollen. Sie nennen das Zeit-Management. Tom kommt bei den Gedanken ins Grübeln. Alles errechnet sich aus der Zeit: der Stundenlohn, die Arbeitszeit, das Gehalt, die Lohnsteuer; der Preis für eine Fahrt mit dem Boxauto auf der Kirmes.

„Sparst du in der Zeit, dann hast du in der Not", sagte Opa gerne. Oma wusste, *„mit der Zeit wird alles wieder gut"*.

Eine Stunde Joggen verbrennt so und so viel Kalorien. Männer sollen sich beim Sex mehr Zeit nehmen. Frauen kommen langsam, Männer viel zu schnell. Die Zeit eint Mann und Frau, um sie später, idealerweise durch Tod, wieder zu trennen. Sie läuft und bestimmt – ticktack- ticktack, – wer wir sind. Die Zeit selbst wird dabei niemals alt.

„Mir läuft sie davon", stellt Tom fest, als er vor der Redaktionstür steht: *„Arbeitszeit trennt Lebenszeit von der Freizeit"*. Seine Uhr zeigt ihm noch verbleibende 20.428 Tage an. Er ist zwei Tage älter geworden. Mit einem Schmunzeln sagt er leise, *„niemand hat es bemerkt"*.

12.

Mittwoch, 7. April 1982

Gestern ließ Tom die Tastatur auf der elektrischen Schreibmaschine glühen. Er war für niemand zu sprechen. Im Wirtschaftsmagazin wird seine Reportage über die verschlungenen Wege der Erdöl-Dollars vier gedruckte Seiten umfassen. Wer macht sich in der „Organisation Erdölexportierender Länder", kurz OPEC, die Taschen voll?
Vor einigen Wochen war der junge Journalist in Nigeria, Saudi-Arabien, Kuwait, in Genf und Wien unterwegs. Von Rassismus muss ihm seither niemand mehr etwas erzählen. Schon gar nicht von bitterer Armut, Elend, Hunger, Korruption und endlosem Reichtum.
Gleiche Bedingungen für alle, ob Schwarze oder Weiße, Gelbe oder Rote gibt es nirgendwo auf der Welt. Tom staunte, als er in Nigeria erfuhr, dass sich dort 514 verschiedene Sprachen und Idiome begegnen. Wohlgemerkt in einem einzigen Staat!
„Mir als kleinstaatlich geprägter Europäer fehlte jeder Durchblick", erzählte Tom seinen Kollegen.
Bei den Öl-Saudis geht es wesentlich kultivierter, organisierter und disziplinierter zu. Allahs langer Atem der Geduld forderte von Tom alles ab.
Tagelang musste er im Hotel warten, bis er endlich mit einem Manager von der „Saudi Arabian Oil Companie" sprechen durfte. Am Ende war er heilfroh, als er nach vierzehn Tagen in

Genf wieder europäischen Boden unter den Füßen hatte.

Es ist fünf vor elf: Anke serviert ihm im Vorzimmer des FDP-Abgeordneten Jürgen Möllemann einen Kaffee. Die Tür geht auf und der noch junge, sehr selbstbewusste Politiker reicht seiner Sekretärin ein paar Schriftstücke. Er begrüßt Tom und nimmt ihn mit in sein Büro. Freimütig beantwortet er im Interview alle Fragen. Ja, es sei derweil schwierig geworden mit den Sozialdemokraten, die ihrem Kanzler nicht mehr so richtig folgen wollen. Jetzt müsse man als kleiner Koalitionspartner abwarten, ob sich die Genossen noch einmal an den Händen fassen, um sich zu einen. Nach einer guten halben Stunde ist das Interview auf dem Diktiergerät gespeichert.

Möllemann fragt Tom nach seiner auffälligen Uhr. Er reicht dem Abgeordneten die linke Hand. 7.754 Tage leuchten auf. Tom zückt den Taschenrechner: „Laut der Uhr leben Sie noch einundzwanzig Jahre und etwa neunundachtzig Tage. Demnach werden Sie mit achtundfünfzig das Zeitliche segnen."

„Anke warnte mich bereits vor Ihrer japanischen Werbeuhr. Ein beeindruckender Werbegag haben Sie da am Handgelenk, das muss ich schon sagen. Warum geht der Wecker nur an der linken Hand?"

„Das weiß ich auch nicht. Vielleicht war er ursprünglich für Sozis vorgesehen?" Möllemann lacht und fragt, „können Sie mir so eine Uhr besorgen?"

„Sobald Weitere produziert sind, schicke ich Ihnen eine rüber."

„Wunderbar!" Die beiden Männer verabschieden sich. Im Vorzimmer warten bereits zwei FDP-Abgeordnete vom nordrhein-westfälischen Landtag. Anke reicht Tom bei der Verabschiedung etwas verdeckt eine Notiz und sagt artig „auf Wiedersehen Herr Friedemann."

Im Flur liest er den Zettel: „Achtzehn Uhr in der Ständigen Vertretung am gleichen Tisch und wehe, du kommst nicht".
Was sein muss, muss sein", spricht er vor sich hin.
Draußen vor dem Abgeordnetenhaus schaut er sich erst um, bevor er in Richtung „Baracke" geht. Im Ollenhauer-Haus will er bei der SPD die Stimmung abklopfen.

Zu seiner Überraschung gibt es in der Kantine Frankfurter Würstchen allerdings mit Senf. Der Kartoffelsalat ist eine mit Mayonnaise angereicherte Pampe. Tom rümpft verächtlich die Nase. Er fragt die Kassiererin, ob die Würstchen wirklich aus Frankfurt kommen? Sie weiß es nicht und außerdem wäre es völlig egal, denn Wurst wäre ihr wurscht und alles andere sei Käse. „Na, wenn das so ist, dann verstehe ich einiges."

„Bei den Sozialdemokraten war die Stimmung auch schon deutlich besser", bestätigt ihm ein Redakteur von der Partei-Zeitung „Vorwärts". Der bevorstehende Rücktritt von Familienministerin Antje Huber sei notwendig. Andererseits zeigt er, auf welch dünnem Eis sich die Regierung derzeit bewegt. „Das Thema Regierungsverantwortung wird sich bald um viele Jahre erledigt haben", glaubt der Kollege. Tom pflichtet ihm bei, zumal er vorhin von Jürgen Möllemann Ähnliches gehört hat.

Zurück in der Redaktion schreibt er sogleich das aufgenommene Interview vom Band ab. Das gesprochene Wort wird oft leichtfertig daher gesagt. Ist es aber später schwarz auf weiß gedruckt, dann gewinnt es erheblich an Bedeutung.
Der junge Politiker Möllemann ist für die FDP ein Hoffnungsträger, der sich keinen Fauxpas leisten darf. Sein Auftreten ist forsch. Er war einige Jahre bei der Bundeswehr, was nicht zu überhören ist. Kollege Elmar blickt Tom über die Schulter. Der hält das Abspielgerät an und nimmt den Kopfhörer ab:

„Elmar, ich soll dich von Anke grüßen. Franziska, hast du ja mächtig angeturnt, wann ist Hochzeit?"

„Moment mal, wer spricht denn von heiraten?"

„Keine Ahnung, aber du solltest die Braut beehren, solange sie heiß ist."

„So schnell will ich mich nicht binden. Sag mir lieber, was deine Uhr über die Lebenserwartung von Franzi sagt?"

„Wenn ich mich richtig erinnere, dann sieht es für sie nicht so rosig aus. Sie wird keine sechzig. Vielleicht verbessert sich ihre Lebenszeit durch die Partnerschaft mit dir; wer weiß das schon?"

„Bitte reiche mir die Hand, ich muss wissen, ob sich mein Zeitkontingent stabil verhält." Tom kommt der Aufforderung nach. Seine Uhr leuchtet auf: „19.724 Tage", staunt Elmar.

„Wie viele Tage hast du verloren?"

„Keinen einzigen!"

„Da hast du es: Sex macht alt, Herr Kollege."

„Wie bitte, ich dachte jung?"

„Ach Elmar, du bist stehen geblieben. Sex hält jung, macht

alt. Dein Lebensalter hat sich in den vergangenen drei Tagen nicht reduziert, kapiert?"

„Ja, na klar, jetzt verstehe ich. Vielleicht sollte Franziska dir auch die Hand reichen? Wenn sie durch mich an Tagen gewonnen hat, dann wäre das ein Indiz für unsere gemeinsame Zukunft."

„Was sage ich immer: Die Zeit ist das, was bald geschieht. Also doch Hochzeit."

„Ich, rufe Franzi gleich an. Du musst ihr heute noch die Hand reichen."

„Kollege, ich muss gar nichts und heute sowieso nicht, eventuell morgen Abend. Mehr dazu morgen Vormittag."

„Du triffst dich doch heute Abend mit Anke in der Ständigen Vertretung. Da kann ich mich doch mit Franzi dazugesellen?"

„Ob, das den Damen recht ist?"

Elmar will das klären, in dem er seine neue Flamme anruft. Tom passt es gut, wenn er nicht mit Anke alleine ist. Sie entspricht nicht seinem Niveau. In der Hauptstadt ist sie eine von vielen typischen Sekretärinnen, die außerhalb der Arbeitszeit einen Mann suchen. Dabei muss sie aufpassen, mit wem sie sich einlässt. Der Stasi setzt immer wieder charmante Männer auf einsame Mitarbeiterinnen namhafter Bundestagsabgeordneten an.

Mit dem Gongschlag achtzehn Uhr betritt Tom das Restaurant „Ständige Vertretung". Von Anke, Franziska und Elmar ist nichts zu sehen, also bestellt er an der Theke ein Kölsch. Kaum hat er das kleine dünne Glas geleert, kommt sein Kollege zur

Tür herein.

„Verspätung Herr Wirtschaftsredakteur."

„Tut mir leid, aber ich musste noch telefonieren. Übrigens, laut Annegret rief vorhin ein Franzose aus Straßburg an. Du sollst ihn zurückrufen."

„Und wo sind die Damen?"

„Franziska hängt noch im Büro fest. Anke ist ja deine Dame."

„Ganz bestimmt nicht, zumal nicht pünktlich."

„Frauen kennen weder Raum noch Zeit."

„Mag sein, aber ich weiß, wie unser aller Lebensuhr tickt."

„Eine akademische Viertelstunde muss gestattet sein."

„Sie ist aber Sekretärin beim Möllemann und nicht Frau Doktor."

Tom und Elmar unterhalten sich angeregt mit zwei Kollegen vom Magazin Stern. Mittlerweile ist eine gute halbe Stunde vergangen. Von den Damen keine Spur. Elmar wird langsam unruhig, während Tom nur müde mit den Schultern zuckt. Er überlegt, *„ob es nicht besser ist, wenn ich jetzt verschwindet?"*. Ankes Fußfummeleien blieben ihm dann erspart. Andererseits ist der Abend eh schon gebraucht.

Die Kollegen vom Stern interessieren sich für seine Uhr. *„Ein Werbegeschenk aus Japan"*, erklärt er kurz angebunden. Elmar gibt sich ausgesprochen redselig und weckt dadurch bei den Journalisten die Neugier. Also reicht Tom jedem die linke Hand. Das Ergebnis führt zu angeregten Diskussionen. Der eine Kollege freut sich über ein langes Leben bis zum neunundsiebzigsten Lebensjahr, während der andere über sein zu frühes Ableben mit vierundsechzig Jahren Witze reißt. Unterm Strich nimmt keiner die Uhr ernst. Sie ist ja nur ein Werbegeschenk, das sie auch gerne hätten. Es ist bereits nach neunzehn Uhr.

Elmar ist schon ganz nervös: „Die Damen müssten sich wenigstens mal telefonisch im Restaurant melden", meint er.

Tom antwortet „ohne Frau ist es doppelt so schön und halb so teuer".

Der Spruch kommt bei der ausschließlich von Männern besetzten Theke ausgesprochen gut an.

„Wie heißt der Abgeordnete, bei dem Franziska beschäftigt ist?"

„Philipp Jenninger CDU."

„Hoppla, der ist ein Hochkaräter im Parlament und bei dem arbeitet Franziska? Das hätte ich ihr gar nicht zugetraut."

„Unterschätzt die Frau nicht, die hat es faustdick hinter den Ohren."

„Beeindruckend – auch im Bett?"

„Der Kavalier schweigt und genießt, Herr Kollege."

„Mit deiner Herzdame wird das heute nichts mehr."

„Seltsam niemand weiß warum."

„Da stimmt etwas nicht."

Elmar und Tom setzen sich zum Essen an einen Tisch. Derweil

ist eine weitere Stunde vergangen, als plötzlich Franziska das Lokal betritt und sogleich Elmar um den Hals fällt. „Was ist los, wo ist Anke?"

„Wahrscheinlich im Büro. Dort ist der Teufel los. Angeblich wäre der Abgeordnete Möllemann Mitglied bei Scientology."
„Wer behauptet das?", fragt Tom.
„Beim Bundestagspräsidium ist ein anonymes Schreiben eingegangen, in dem ein paar Abgeordneten unterstellt wird, sie wären bei den Scientologen."
„So ein Mist, ich habe heute Möllemann interviewt. Hoffentlich nicht für die Katz?"
„Der ist aufgrund seines Auftretens für Skandale prädestiniert. Für die Presse ist er ein gefundenes Fressen", meint Elmar.
„Das stimmt, aber Scientology ist nicht sein Klub.
Franziska, warum hast du dich verspätet?"
„Mein Chef war plötzlich hektisch und ich musste länger bleiben. Er musste kurzfristig in seiner Funktion als parlamentarischer Geschäftsführer der CDU eine Besprechung ansetzen."
„Warum – steht er auch auf der Liste?"
„Nein aber zwei Kollegen der CDU-Fraktion."
„Kennst du die Namen?"
„Nein und wenn, müsste ich schweigen."
„Kommt Anke noch?"
„Auf jeden Fall."
Toms Journalistennase hat Witterung aufgenommen. Er will solange ausharren, bis Anke kommt.
Elmar turtelt mit Franziska wie ein spätpubertierender geiler Jüngling: Küsschen da, Küsschen dort die Hand zu weit am intimen Ort.

Tom findet das peinlich, überlegt kurz, wie er das Vorspiel des Kollegen beenden kann: „Wolltet ihr nicht die Lebenszeit wissen?"

8.434 für Franziska. Dreizehn Tage sind seit der Begegnung im Zug vergangen. Sie hat in der Zeit nur drei Tage verloren. Mit Elmar strahlt sie um die Wette: „Vielleicht werde ich doch älter als nur siebenundfünfzig?" Ihr Liebhaber schwärmt von seiner hohen Lebenserwartung von neunundachtzig Jahren.

Endlich kommt Anke! Sie wirkt durcheinander. Zur Beruhigung bestellt sie sich einen Rotwein. Tom will sie jetzt nicht mit Fragen löchern, obwohl er vor Neugierde fast platzt.
Franziska knutscht wieder hingebungsvoll mit Elmar. Daran stört sich jetzt ihre sonst so frivole Freundin: „Ich sehe schon, wie ihr es gleich öffentlich miteinander treibt." Elmar zieht ruckartig seine Hand zurück und Franziska richtet ihren kurzen Rock zurecht. „So ist es brav", bemerkt Anke mit einem Augenzwinkern zu Tom.

„Wie ich höre, ist Möllemann angeblich Mitglied bei der Scientology Church?"
„Es gibt ein Schreiben, in dem das behauptet wird."
„Und was sagt er dazu?"
„Keine Ahnung, er ist empört und hat sich mit einigen Parteifreunden beraten. Bei mir im Büro stand das Telefon nicht mehr still. Vorerst gibt es dazu keine offiziellen Stellungnahmen. Die FDP hat sich mit der CDU abgesprochen."
„Warum nicht mit dem Koalitionspartner SPD?"

„Mein Lieber, du weißt doch genau, was läuft oder?"
„Na gut, hat sich Möllemann noch über unser Interview geäußert?"
„Allerdings, du hast ihn beeindruckt."
„Inwiefern?"
„Ein erfrischend kompetenter Wirtschaftsjournalist, der weiß, was er fragt. Du darfst gerne wiederkommen."
„Aha, das sagt mir, er hat durch das Interview dazugelernt."
„Hör sich mal einer unseren zukünftigen Chef der Frankfurter Redaktion an", tönt Elmar.
„Wer weiß, vielleicht mache ich bald einen ganz anderen Job?"
Plötzlich herrscht Schweigen. Anke schaut Franziska an und Elmar schüttelt den Kopf: „Willst du etwa Werbeuhren vermarkten?"
„Nur nebenbei."
Anke flüstert ihm ins Ohr, „bevor du aus Bonn verschwindest, treiben wir es, bis der lange Eugen wackelt". Tom zieht nur die Augenbrauen hoch. Er spürt ihre Finger an seinem Hosenladen. „Gib mir mal deine linke Hand." Sie folgt ihm mit einem lasziven Augenzwinkern. Die Lebensuhr zeigt 10.739 an. Das sind exakt dreizehn Tage weniger als bei ihrer ersten Begegnung im Intercity auf der Fahrt nach Bonn.
Der Kellner kommt an den Tisch und bittet Herrn Friedemann ans Telefon. Tom nimmt den an der Wand hängenden Telefonhörer ab. Sein Redaktionsleiter bittet ihn, sofort ins Büro zu kommen. „Bezahlen" ruft er eilig.

Tom geht an den Tisch, um sich rasch zu verabschieden. Anke ist enttäuscht, Elmar wundert sich und Franziska leicht beschwipst, kichert.

Der Redaktionsleiter sitzt in seinem Büro: „Wo brennt es?", fragt Tom.

„Hier lies das Telefax von Hans." Robert ist ab sofort beurlaubt und sein junger Kollege soll vorübergehend die Leitung übernehmen.

„Und warum, was ist da los?"

„Es besteht der Verdacht, ich wäre Mitglied bei den Scientologen. Das muss eine Intrige sein, ich habe mit denen nichts zu tun."

„Du bist nicht der Einzige, der mit der Sekte in Verbindung gebracht wird. Auch Jürgen Möllemann und zwei Abgeordnete der CDU werden verdächtigt."

„Bitte kläre das in meinem Interesse morgen in Düsseldorf. Die wissen mal wieder nicht Bescheid. Hier unterschreib das Übergabeprotokoll. Ich gehe jetzt nach Hause und bleibe dort, bis sich der Herr Chefredakteur schriftlich bei mir entschuldigt."

Damit Redaktionssekretärin Annegret morgen früh nicht gleich aus allen Wolken fällt, schreibt ihr Tom eine Notiz. In aller Ruhe spaziert er nach Hause. *„Mir und keinem älteren Kollegen wurde die Bonner Redaktion anvertraut"*, sagt er leise voller Stolz.

13.

Donnerstag, 8. April 1982

Es ist bereits halb zehn. Tom hat verschlafen. Für ihn ist das kein Grund, um einen Gang hochzuschalten. So lang Annegret nicht anruft, um ihn zu fragen, wo er bleibt, ist alles im Lot. Er blickt aus dem Fenster. Der Schneeregenschauer trübt seine gute Laune. Die Straßen sind rutschig. Die Temperatur bleibt bei knapp drei Grad über Plus stehen: *„Schauderhaft."* Ein Grund mehr für einen heißen Kaffee.
Ausgelöst von den bedrohlichen Ereignissen durch und mit der Lebensuhr hat sich sein Gefühl für die Zeit geändert. Jeder Tag, jede Stunde und jede Minute haben für ihn an Bedeutung gewonnen. Seine Gedanken dazu hat er ins Notizbuch geschrieben:

Reich ist, wer noch Zeit zum Leben hat.
Arm dran ist, wem keine Stunde schlägt.
Richtig arm ist, wer über keine Zeit, kein Bett und über kein Geld verfügt.
Bitterarm sind diejenigen, die mit ihrer Zeit nichts anzufangen wissen.
Menschen, die herumhängen und irrtümlich glauben, mit der Zeit wird alles besser verkürzen ihr Dasein.
Wer auf das Prinzip Hoffnung setzt, versteht den Lauf der Zeit nicht.
Das Zeitkontingent, so glauben wir, reduziert sich kontinuierlich jeden Tag.

Die Glücksmomente werden weniger. An ihre Stelle treten Krankheiten, Unfälle, Kriege und sinnlose Tätigkeiten.
Der plötzliche Tod reißt Menschen aus dem Leben mitten hinein in die zeitlose Ewigkeit, aus der es kein Entrinnen gibt.
Wer betet, glaubt an das Himmelreich und vergisst die ewige Ruhe.
Reinkarnation wäre der Wiedereintritt in die Tretmühle, die wir Leben nennen: Noch einmal Eltern, Erziehung, Schule, Arbeit, Rente, Tod?

„Wer will das noch einmal durchmachen?", fragt er sich, auf dem Weg in die Redaktion.

Kaum betritt er das Büro, wird er von Sekretärin Annegret abgepasst. Sie drückt ihm wie jeden Morgen eine Liste mit Anrufern in die Hand. Ganz oben steht der Herr Chefredakteur, den er sogleich anruft.
Hans schickt ihm per Post Formulare zur Abgabe einer „Eidesstattlichen Erklärung". Alle Redaktionsmitarbeiter sollen bestätigen, dass sie nicht Mitglied bei den Scientologen sind. Wer die Erklärung nicht abgibt, ist umgehend zu beurlauben.
Tom möchte wissen, wie es mit Robert weitergeht? „Der bleibt vorerst beurlaubt." Hans will sich nicht weiter äußern. Das Telefongespräch ist beendet. In der Redaktion geht es recht laut zu. Die Kollegen sind deutlich hörbar verunsichert.
Tom bittet alle in den Besprechungsraum und erklärt ihnen die Situation. Morgen früh um zehn Uhr liegen die Vordrucke für die Abgabe der „Eidesstattlichen Erklärung" vor.
Spätestens bis Montag, ebenfalls um zehn, möchte er sie auf

seinem Schreibtisch haben. Jedwede Diskussion darüber ist ausgeschlossen. Annegret ruft Robert an. Er muss am Montagvormittag seinen Zwangsurlaub unterbrechen und erscheinen.

Kollege Elmar ist beunruhigt. In Bonn macht das Thema Scientology die Runde. Tom lassen die Gerüchte kalt. Er hat mit so einem „Sekten-Kram" nichts am Hut. Für ihn sind verdeckte Stasi-Leute das größere Problem, zumal sie hinter seiner Uhr her sind. Apropos Werbung! *„Wo ist die Nummer von Schorsch Ach?"* Der weiß, wie man Werbeartikel vertreibt. Tom ruft den Unternehmer an und erklärt ihm seine Idee von einer Uhr, die Lebenszeit in Tagen anzeigt. Schorsch Ach äußert sich begeistert und beide vereinbaren für Samstagmittag einen Termin in Frankfurt.

Laut Annegret hat Anke bereits dreimal angerufen. „Auch das noch", bemerkt er trocken. Seine Uhr zeigt 20.425 Tage an, was ihn zufrieden stimmt. Nach jeder Nacht ein Tag weniger ist normal. Ob er sich heute mit Anke treffen soll, weiß er noch nicht. Morgen fährt er um elf Uhr nach Würzburg. Trifft sich Elmar heute mit Franziska? „Selbstverständlich" hallt es ihm entgegen. Tom verdreht die Augen: „Ist das mit euch etwa Ernst oder nur Sex?"
„Das wissen wir noch nicht so genau, weil wir uns erst kurze Zeit kennen."
„Aber du kennst sie splitterfasernackt?"
„Ja, warum fragst du das?"
„Nackt sehen alle Menschen ganz anders aus wie ange-

zogen."

„Das stimmt."

„Und hält sie, was sie verspricht?"

„Du bist aber neugierig."

„Es muss einen Grund geben, warum ihr wie die Kletten aneinanderhängt."

„Dazu sage ich nichts."

„Na, dann bin ich mal gespannt, wie die Geschichte endet."

„Du bist bei Anke noch im Obligo, Herr Kollege."

„Nimm du sie, dann bin ich sie los."

„Franziska und Anke, beide wären mir zu viel."

„An geraden Tagen Anke und an ungeraden Franziska oder umgekehrt."

„Mann, du bist mir ein netter Kollege. Ideen hast du, mein lieber Scholli. Reich mir wenigstens deine linke Hand, damit ich weiß, was die Uhr geschlagen hat."

Tom folgt der Aufforderung. Seine Uhr zeigt 19.781 und somit sechs Tage weniger an als gestern. Elmar fragt, „wie kann das sein?"

„Das ist wohl dein Lebenswandel, mein Guter. Vielleicht ist Franziska doch nicht die richtige Braut für dich?"

„Seltsam! Ginge die rapide Abnahme der Tage um das Sechsfache so weiter, dann sterbe ich deutlich früher als erwartet. Bist du am Montag in der Redaktion?"

„Falls ich bis dahin nicht entführt werde, darfst du mit mir rechnen."

Tom ruft Anke an. Er möchte wissen, ob es etwas Neues in Sachen Möllemann und Scientology gibt? „Alles gut, Mölle ist sauber." Das freut ihn, kann er nun in aller Ruhe das Interview in Reinform schreiben. Anke erinnert ihn an sein Versprechen. Frühestens am Montag wäre eine Verabredung möglich. Er hofft, sie wird resignieren oder wenigstens beleidigt sein. Zu seiner Überraschung reagiert sie fröhlich, indem sie sagt, „das passt mir gut." Warum will er nicht näher wissen. Er denkt sich seinen Teil.

14.

Karfreitag, 9. April 1982

Toms morgendliches Ritual beginnt wieder mit einem Blick aus dem Fenster. Die Schneeschauer mag er nicht mehr. Triste Wetterlage und rutschige Straßenverhältnisse passen zu Karfreitag. Gut drei Stunden plant er für die rund dreihundert Kilometer lange Fahrt nach Würzburg ein.

Jetzt ist es acht Uhr. Zeit genug zum Frühstücken. Ohne was gegessen zu haben, geht er nicht aus dem Haus. Den Fehler hat er in seiner Anfangszeit als Volontär gemacht. Die Folge, er bekam bei der Tageszeitung bis über den Mittag hinaus nichts zu essen. Terminhatz im Halbstundentakt! Egal wo er war, es gab immer nur ein grauenhaftes Gebräu, das sich Kaffee nannte. Dazu überzuckerte Kekse aus der Waffelmischung. Abends war es besser, da gab es bei Veranstaltungen meistens üppig belegte Häppchen.

Die Fahrt auf der Autobahn A3 verläuft friedlich. Immer wieder prüft Tom, ob ihn jemand verfolgt. Es gibt keine Auffälligkeiten bis auf die üblichen todeswahnsinnigen Raser, die offenbar keinen Morgen kennen.

Ausgerechnet vor der Autobahnausfahrt Würzburg-Kist bildet sich ein Stau. Nur schrittweise nähert sich die Kolonne der noch ein Kilometer entfernten Ausfahrt.

Derweil ist es dreizehn Uhr. In einer Stunde ist der Termin mit dem Volksbankdirektor im Hotel Rebstock. Dort will er unbedingt pünktlich erscheinen.

Geschafft! Tom parkt auf dem Hotelparkplatz und geht zur Rezeption. Nach dem Einchecken hat er noch eine gute halbe Stunde Zeit. Er schlendert durch die Stadt. Die von Balthasar-Neumann erbaute Residenz beeindruckt ihn. Weniger begeistert ist er von den rutschigen Pflastersteinen. Die sind wohl der Grund, warum die Damen dieser Stadt mehrheitlich flache Schuhe tragen.

Zurück im Hotel wird er in einen Besprechungsraum gebeten. Es ist bereits zehn Minuten nach der vereinbarten Zeit. Tom bleibt ruhig, spürt aber, wie er beginnt, sich zu echauffieren. Das akademische Viertel ist vorbei. Er mag nicht mehr warten: „Sie oder wer immer können mich irgendwo im Hotel erreichen. Wenn nicht, dann bin ich in der Stadt unterwegs." Die Dame an der Rezeption ist irritiert und versucht Tom zum Bleiben zu überreden. Der winkt ab, deutet auf die Wanduhr: „Ich bin bei dem Sauwetter auf Wunsch des Herrn Bankdirektors ganz bestimmt nicht von Bonn aus hierhergefahren, um zu warten. Für meine Lebenszeit gibt es keine Bankzinsen. Wenn er mich sprechen will, dann wird er mich auch finden."

Er schaut sich im Hotel um: „*An den Bocksbeuteln ist hier kein Vorbeikommen*", stellt er fest. Mit dickbauchigen Weinflaschen dekorierte Vitrinen zieren die Wände. Silvaner, Scheurebe und

Müller-Thurgau sind die dominierenden Rebsorten.

In der gut besuchten Weinstube geht es am frühen Karfreitagnachmittag zünftig zu. Der Frankenwein lockert deutlich hörbar die Zungen. Auf einem Tisch steht ein Wimpel mit der Aufschrift Marketingklub Mainfranken. Tom nimmt Platz.

„Der Tisch ist für Mitglieder reserviert", teilt ihm sogleich ein aufgeregter junger Kellner mit. „Ich schätze, das geht in Ordnung", beruhigt er ihn und hält ihm seinen Presseausweis vor die Nase. Nach einiger Zeit kommt ein Mann an den Tisch und fragt: „Sind Sie Tom Friedemann?"

„Der bin ich und wer sind Sie?"

„Gut, dass ich Sie antreffe. Ich dachte schon, Sie sind abgereist. Mein Name ist Arno Zeus, ich bin Vorstand der hiesigen Volksbank."

„Da bin ich ja beruhigt. Ich war mir nicht mehr sicher, ob es Sie wirklich gibt?" Der Banker versucht die Situation mit einem Lächeln zu überspielen.

„Es tut mir leid, dass Sie warten mussten. Ich saß bereits wie auf Kohlen, aber ausgerechnet heute am Karfreitag musste ich kurzfristig einen ganz wichtigen Termin wahrnehmen."

„Für meine vergeudete Lebenszeit zahlt Ihre Bank keine Zinsen, oder Herr Zeus?"

„Es stimmt, was man mir in Frankfurt berichtete: Ihre Offenheit ist wohl Ihr Credo?"

„Wir alle sollten uns stets offen begegnen, dann gibt es weniger Probleme."

„Da könnten Sie recht haben. Mit Frau Lemma, Inhaberin des Verlags, sind wir um Viertel nach vier verabredet."

„Wie finde ich von hier aus das Haus?"

„Zu Fuß schwierig. Mit der Straßenbahn ganz einfach und mit mir ganz leicht." Tom will lieber den Fußweg quer durch die Stadt wagen, um sich einen Eindruck zu verschaffen. Herr Zeus erklärt ihm sehr genau den Weg. Dabei schielt der Banker auf die Lebensuhr. Er traut sich aber nicht zu fragen.

„Sie sind an meiner Uhr interessiert, wie mir Ihre Augen verraten?"

„Ja, ich möchte aber nicht aufdringlich sein."

„Geben Sie mir die linke Hand."

Es erscheinen 7.386 Tage. Wie alle anderen versucht sich Zeus im Kopfrechnen.

„Die Tage ergeben rund zwanzig Jahre, dann werde ich neunundsiebzig."

„Für einen Bankmenschen, ein respektables Alter oder?"

„Meinen Sie wirklich?"

„Na ja, Sie leben doch brandgefährlich. Jederzeit kann ein Kunde aufgrund einer abgelehnten Finanzierung durchdrehen und sie kaltblütig erdolchen."

„Stimmt! Nicht weit weg von hier hat ein Winzer auf einen Kollegen von einer kleinen Raiffeisenbank geschossen."

„Hat er wenigstens getroffen?"

„Zum Glück nur den rechten Oberarm – schlimm genug."

Mit dem Stadtplan in der Hand ist Tom auf dem Weg durch die holprige Innenstadt. Enge Bürgersteige, viel Kopfsteinpflaster, laute Straßenbahnen und jede Menge falschparkende Autos machen den Spaziergang zum Hindernislauf.

Alle paar Schritte kommt er an in Stein gehauenen grimmig dreinschauenden Figuren vorbei. Die Bildhauer hatten damals nicht zu lachen. Sie mussten in Würzburg an jeder Hausecke den Katholizismus des Mittelalters in Stein meißeln.
Die dumpfen Glocken des Kilians-Doms wecken selbst Gehörlose auf: bum, bum, bum statt engelgleichem Frohlocken.
Im Schaufenster einer Bäckerei steht ein Schild: „Zwei Kissinger für 60 Pfennige." Tom fragt höflich eine Passantin, „wer oder was sind Kissinger?" Die robuste Frau glaubt, „wenn's morgen einen käffst, dann wäßt Bescheid". „Aha", denkt Tom, *„die muss von hier sein."*

Um sechzehn Uhr steht er am Hintereingang des Druckereigebäudes, aus dem ein Mann herauskommt. Tom bleibt stehen und schaut ihn an. Der schon etwas in die Jahre gekommene Herr spricht ihn an: „Suchen Sie jemanden?"

„Nein, ich frage mich, was für ein Betrieb das ist? Hier ist nichts angeschrieben."

„Wir sind ein Verlag und eine Druckerei."

„Und Sie arbeiten sogar an Karfreitag?"

„Normalerweise nicht, aber heute Nacht ist mir etwas eingefallen und das musste ich noch prüfen."

„Da müssen die Geschäfte gut laufen, wenn Sie sogar am Feiertag in den Betrieb gehen."

„Das Geschäft könnte besser laufen. Wir benötigen frischen Wind, jemand, der vor allem im Verlag für neuen Schwung sorgt. Warum interessiert Sie das überhaupt?"

„Vielleicht sind wir bald Kollegen?"

„Sie sind das? Ich habe etwas in der Richtung läuten hören."

„Hier bleibt wohl nichts geheim?"

„Nein, hier wissen die Leute schon vorher Bescheid, bevor der Betroffene es selbst weiß."

„Seit wann arbeiten Sie hier?"

„Schon über vierunddreißig Jahre. In zwei Jahren gehe ich in Rente. Die Zeit werde ich noch rumbringen, ohne wechseln zu müssen."

„Das schaffen Sie bestimmt. Ich wünsche Ihnen alles Gute und halten Sie durch."

„Vielen Dank! An mir wird es nicht liegen."

Tom geht zum Haupteingang, vor dem bereits Bankdirektor Zeus wartet. Trotz Feiertag ist die Tür offen.

Am Empfang steht eine junge Dame, die sogleich Arno Zeus und Tom freundlich begrüßt. Sie geht mit den beiden Herren ins Büro ihrer Mutter, die bei der Begrüßung einen sehr nervösen und zerfahrenen Eindruck macht.

Frau Lemma ist eine gestandene, gut gekleidete angenehme Erscheinung. Ihre zierliche blonde Tochter Margret lächelt unentwegt vor sich hin. Arno Zeus ist mit beiden Damen auf du und du. Er war, so stellt sich heraus, ein Freund vom verstorbenen Markus Lemma, dem Ehemann und Vater.

Nach dem üblichen Geplänkel über Toms Fahrt von Bonn nach Würzburg lenkt Zeus das Gespräch auf den Kerninhalt des Termins. Cornelia Lemma berichtet darüber, wie es zur heutigen Ist-Situation kam. Ihre Tochter Margret ergänzt ausgesprochen sachlich mit einem nicht endendem Lächeln im Gesicht die Aussagen ihrer Mutter. Tom hört entspannt zu, sagt nichts und verzieht auch keine Mine. Dem Bankchef ist er offenbar zu passiv: „Herr Friedemann, Sie wurden mir als ausgesprochen direkt und schlagfertig beschrieben."

„Das sagten Sie bereits im Hotel. Wer sagt das noch?"

„Der Kollege Kaulbach in Frankfurt."

„Na dann Herr Bankdirektor. Bestimmt liegt Ihnen eine aktuelle Bilanz vor?"

Frau Lemma reicht sie etwas zögerlich über ihren Schreibtisch. Tom blättert sie durch, runzelt die Stirn und schmunzelt dabei.

„Wer bitteschön hat denn die Bilanz erstellt?" Die Damen schauen sich an und Zeus ist irritiert: „Wie meinen Sie das?"

„Ich schätze, der Steuerberater ist - oder nähert sich der Rente."

Margret Lemma lächelt und fragt: „Stimmt, woran erkennen Sie das?"

„Vermutlich sehen bis auf ein paar Zahlen alle Jahresabschlüsse gleich aus?"

„Hm, damit haben wir uns nie beschäftigt", gibt die junge Frau zu.

„Sie Frau Lemma erhalten Miete vom Verlag, obwohl das Gebäude der GmbH und nicht Ihnen gehört." Wieder blicken sich die Damen hilflos an. Zeus Gesicht rötet sich. Tom hält ihm die Bilanz vor Augen:

„Warum das niemand bemerkt hat, weiß ich nicht", stottert der Banker.

„Wie, dem auch sei, das Gebäude ist laut Bilanz weniger

Wert, als es tatsächlich ist. So wie es vom Stil und von der Lage her aussieht, wurde es in den Fünfzigerjahren errichtet und entsprechend bewertet. Bei der Bewertung ist es dann geblieben. Ist das Gebäude im Grundbuch belastet? Ihre Druckerei ist gut in der Gewinnzone und trägt den Verlag mit. Das sollte sich zeitnah ändern." Erstaunen in drei Gesichtern. Der junge Journalist beeindruckt durch Kompetenz:

„Lernt man das alles beim Wirtschaftsmagazin?", fragt Margret.

„Nicht nur, ich habe in Dortmund Wirtschaft studiert."

„Was würden Sie denn als Erstes tun, wenn Sie hier der Chef wären?", fragt Frau Lemma zögerlich.

„Zuerst die beiden Zeitschriften vom Titel über das Layout bis hin zum redaktionellen Inhalt modernisieren. Die gehören von Grund auf entstaubt."

„Unbedingt", wirft Margret lächelnd ein, „seit Jahren ist die Zahl der Abonnenten stark rückläufig."

„Vorausgesetzt Sie kämen zu uns: Was für Bedingungen stellen Sie sich vor?", möchte Frau Lemma wissen.

„Geschäftsführung und Chefredakteur mit alleiniger Entscheidungsvollmacht bis zu 500.000 Mark. Dazu Personalverantwortung sowohl für den Verlag, als auch für die Druckerei. Ein angemessenes Geschäftsführergehalt und eine Gewinnbeteiligung. Dienstwagen, Büro, Sekretärin. Details sind heute noch nicht ausschlaggebend.

Sie sollten einen Verwaltungsrat gründen und den Vorsitz übernehmen. Beginn meiner Tätigkeit ist voraussichtlich am ersten Juli. Sie müssen sich bis zum dreiundzwanzigsten April entscheiden. Falls nicht, unterschreibe ich einen neuen Vertrag als Redaktionsleiter in Frankfurt. Herr Zeus war das schlagfertig und präzise genug?" Margret grinst hinter vorgehaltener Hand und ihre Mutter bekommt den Mund nicht mehr zu. Zeus nickt zustimmend.

„Wenn Sie weiterhin an mir interessiert sind, so bitte ich um eine Führung durchs Haus."

„Selbstverständlich", betont Frau Lemma: „Sie sind für ihr junges Alter erstaunlich kompetent und selbstbewusst. Bevor ich es vergesse, ich möchte Sie und dich Arno zum Abendessen einladen." Der Bankchef lehnt wegen einer anderen Verpflichtung dankend ab. Tom sagt zu und Margret Lemma freut sich.

Der Verlag ist in einem musealen Zustand: uralte Schreibtische, alte Telefone, kein Fernkopierer, keine Computer. „Hier muss kräftig investiert werden", betont Tom.

„Die Druckerei fährt Gewinne ein. Kein Wunder, die Maschinen sind bezahlt und die Auftragslage ist ausgezeichnet. Dennoch muss der technische Bereich modernisiert werden. Schriftsetzer und Bleigießer haben keine Zukunft mehr. Der Fotosatz ist auf dem Vormarsch." Beim Abendessen möchte er sich mit den Damen über die Zukunft austauschen.

Tom hat im Stadtplan eine Entdeckung gemacht, die ihn umtreibt. Durch die Stadt fließt die Pleichach, die in den Main mündet. Das Stadtviertel Pleich ist nach dem Bach benannt. Dorthin ist er zu Fuß unterwegs. Bis zum Abendessen hat er

noch gut zwei Stunden Zeit. Die Pleich ist ein Dorf mitten in der Stadt: Kirche, Kirchplatz mit Bäumen und Sitzbänken. Alte Wohnhäuser stehen dicht beieinander. Die Gassen sind eng, die Keller tief. Vereinzelt soll es noch begehbare unterirdische Fluchtwege geben.
Der Volksmund erzählt gerne Geschichten über und aus der Pleich. Aber niemand weiß, warum der Bach Pleichach heißt.

Andreas Friedemann änderte bei seiner Adoption durch Hélie de Saint Marc in Bordeaux seine Namen. Wie kam der Mann auf Pleichach? Tom wälzt in einer Telefonzelle das Telefonbuch von Würzburg. Niemand heißt Pleichach. „Ach" gibt es aber kein „Pleich". Tom läuft zur Main Post. Dort zucken die Kollegen beim Namen Pleichach mit den Schultern. Einer meint, „vielleicht weiß irgendein schlauer Professor mehr über die Historie des Stadtviertels?"

Im Restaurant geleitet der Oberkellner Tom an den Tisch von Frau Lemma. Sie stellt Herrn Friedemann, ihren Lebensgefährten Willibald Wanken und ihre jüngere Tochter vor.
Marina, so wird ihm erklärt, steht kurz vor dem Abitur. Sie mimt in der Runde das „ach so scheue Rehlein".
Der Willi ist Professor für Augenheilkunde und Chefarzt an der Würzburger Universitätsklinik. Tom schätzt ihn Jenseits der sechzig Jahre. Die fröhliche Margret ist ledig und wohnt noch bei ihrer Mutter. Abwechselnd schielen alle drei Damen immer wieder auf die Lebensuhr, fragen aber nicht.
„Herr Professor, woher stammt der Name Pleichach?"

Willi Wanken zieht über dem Brillenrand die Augenbrauen hoch: „Vermutlich handelt es sich um einen Namen aus dem Althochdeutschen. Ein Freund ist Sprachwissenschaftler und ich meine, er bezog sich auf Pleich, überliefert wie weiß und ach, wie aha, dass im Althochdeutschen für Wasser stand. Bei Gelegenheit kann ich ihn fragen. Warum interessiert Sie das?"

„Ich kenne einen Franzosen, der Pleichach heißt."

„Hier heißt niemand Pleichach, wieso in Frankreich?"

„Das weiß ich nicht. Hier sagt man auch Schorle und niemand heißt so, oder?"

„Die Legende um die Weinschorle beruht auf viele weinselige Geschichten aus dem Volksmund. Der behauptet gerne, Napoleon hätte die Schorle erfunden. Wie dem auch sei ich bevorzuge jedenfalls keine Mischgetränke. Nun sagen Sie uns, was das für eine Uhr ist?"

Tom erzählt seine Geschichte von der Uhren- und Schmuckmesse in Basel. Seine Uhr ist ein harmloser Werbegag, den er testet. Am Tisch wollen alle sehen, wie die Uhr funktioniert.

Bei Cornelia Lemma zeigt sie 11.315 Tage an. Sie wird im Jahr 2013 im Alter von achtundsiebzig Jahren das Zeitliche segnen.

Margret wird vierundsiebzig und ist darüber enttäuscht. Ihre Schwester ist erst neunzehn Jahre jung und wird im einundachtzigsten Lebensjahr sterben. Bleibt noch Professor Willi Wanken: Er darf sich auf weitere dreizehn Jahre freuen. Mit sechsundsiebzig Abschied von dieser merkwürdigen Welt zu nehmen, findet er akzeptabel.

„Ihre Werbeuhr wird garantiert ein Hit, wage ich zu

behaupten", glaubt Willibald.

„Wenn Sie das als Professor sagen, dann muss es nur noch gelingen", hofft Tom.

Frau Lemma interessiert sich für sein Privatleben. Er antwortet höflich, aber reserviert. Auf die Frage, ob es ihm in Würzburg gefällt, gibt sich Tom diplomatisch. Bei der Wohnungssuche wollen ihn selbstverständlich alle unterstützen.

Der Abend klingt harmonisch aus. Tom schreitet zufrieden von dannen direkt ins Hotel. Dort geht es in der Weinstube recht trinkselig zu. Am Tisch des Marketingklubs sitzt Arno Zeus, der ihn sogleich zu sich winkt. Der vom Wein beseelte Bankchef stellt Herrn Friedemann seinen Tischnachbarn als den neuen Chef des Lemma-Verlags vor.

„Noch ist es nicht so weit", korrigiert Tom. Drei Herren sind gestandene Unternehmer, die ihre Betriebe eigenständig aufgebaut haben. „Nur der Arno lässt sich von kleinen Leuten bezahlen", spottet einer von ihnen lachend. Alle am Tisch lesen nach eigenen Angaben eifrig das Wirtschaftsmagazin. Die Lebensuhr sticht den Herren ins Auge. Tom erzählt wie gehabt seine Geschichte vom Werbegag. Dennoch will jeder seine bevorstehende Lebenszeit wissen. Alle werden über siebzig Jahre alt. Enttäuscht ist von den Herren keiner. Ein anderer noch deutlich jüngerer Mann schaut nachdenklich vor sich hin: „Ich weiß schon länger, wann meine Zeit abgelaufen ist."

An Tom gewandt fragt er, „sind Sie sicher, dass die Uhr nur ein Werbeartikel ist?" Am Tisch ist die weinselige Herrenrunde plötzlich ganz still und nachdenklich.

„Sicher bin ich mir nicht, allerdings habe ich keine andere Erklärung."

„Sehen Sie, ich heiße Marcel Mardin und bin in Frankreich geboren. Den Namen habe ich von meiner Mutter. Vor über dreißig Jahren ist sie mit mir ohne Ehemann in einem kleinen Dorf außerhalb Würzburgs hängegeblieben. Ich war damals erst zwei. In Bordeaux habe ich vor neun Jahren einen Mann aufgesucht, der laut Urkunde mein leiblicher Vater ist. Der trug auch so eine Uhr. Sie zeigte mir damals meine Lebenszeit in Tagen an."

Am Tisch ist es mucksmäuschenstill. „Wissen Sie, wie Ihr Vater heißt?", fragt Tom.

„In Frankreich André Pleichach, in Deutschland wurde er als Andreas Friedemann geboren."

„Ihr Vater ist vor einigen Tagen in Straßburg verstorben. Er starb an Krebs und wurde nur siebenundsechzig Jahre alt."

„Von mir dürfen Sie keine Anteilnahme erwarten. Ich bin Jahrgang 1949 und werde ihm, wenn die Uhr stimmt, mit dreiundsechzig Jahren folgen."

„Warum hat er nicht Ihnen die Uhr überlassen?"

„Das Armband und die Uhr funktionierten an meinem Arm nicht."

„Reichen Sie mir die linke Hand", fordert Tom. Nur zögerlich streckt Mardin ihm die Hand entgegen. Es dauert einen kurzen Moment: 13.884 leuchtet auf.

„Das sind runde achtunddreißig Jahre. Demnach werden Sie einundsiebzig - und nicht nur dreiundsechzig Jahre alt."

„Erstaunliche acht Jahre mehr als vor neun Jahren in Bordeaux. Vielleicht ist die Uhr doch nur ein Werbegag?" Tom öffnet das Armband und reicht es Mardin. Er will die Uhr nicht anlegen. Die beiden vermeintlichen Halbbrüder blicken sich für einen Moment tief in die Augen. Sie tauschen ihre Adressen und Telefonnummern aus.

Sobald Tom wieder in Würzburg ist, wollen sie sich privat treffen. Die anderen Herren vom Stammtisch des Marketingklubs finden die Uhr als Werbeartikel ausgesprochen gut gelungen. Einer wedelt mit einem Bocksbeutel und ruft „wir trinken, „Randersackerer Ewig Leben", der kennt keinen Tod: Prost!"

Tom verabschiedet sich freundlich und geht auf sein Zimmer. *„Der Halbbruder hat mir in meinem Leben noch gefehlt"*, stöhnt er vor sich hin, *„als schaffe die Uhr nicht schon genug Probleme, hinterlässt mir Pleichach einen Marcel Mardin. Ich sage gute Nacht."*

15.

Karsamstag, 10. April 1982

Es ist kurz vor neun. Tom blickt aus dem Fenster: Immerhin kein Schneeschauer, dafür regnet es etwas bei gefühlten vier Grad. Um zwölf Uhr möchte er in Frankfurt sein. Sicherheitshalber ruft er Schorsch Ach im Odenwald an. Der bestätigt „zwölf Uhr beim Volkswirt". Der Journalist freut sich auf das Treffen mit dem Unternehmer, der ein inspirierender Mensch voller Innovationsgedanken ist.

Im Frühstücksraum geht es angenehm ruhig zu. Eine Rezeptionistin überreicht Tom eine Notiz. Cornelia Lemma bittet um seinen Rückruf. Er packt seine Sachen. Bevor er das Zimmer verlässt, ruft er Frau Lemma an. Sie bedankt sich nochmals bei ihm und hofft inständig auf seine Zusage. Wie immer ist er sehr höflich, ohne verbindlich zu sein: „Ich werde mich in den kommenden Tagen entscheiden."

Die Fahrt nach Frankfurt verläuft ruhig, obwohl es im Spessart etwas schneit. Selbst in der Innenstadt, der sonst von Staus geplagten Bankenmetropole rollt der Verkehr reibungslos.
Vor der Gaststätte ist sogar ein Parkplatz frei. Im Volkswirt herrscht reger Betrieb. Tom schaut sich gern in dem großen Lokal um. Die charmant-rustikale Einrichtung gefällt ihm. Sie zeugt von einer langen Äppelwoi-Tradition. Er sieht Schorsch

am Tisch sitzen: „Hier sind Sie ja." Die beiden Männer begrüssen sich wie alte Freunde, obwohl Schorsch Ach über zwanzig Jahre älter ist als Tom.

Ohne lange Umschweife erzählt er dem Unternehmer von seiner Idee Lebensuhr, die als Werbeartikel die Tage rückwärts zählen soll. „Ist das technisch machbar?", will er wissen.

„Mit etwas Geduld ganz bestimmt", glaubt Schorsch. „Die Quarzuhren der Japaner sind Schnee von gestern. Die Zukunft gehört den Schweizer-Swatch-Uhren. Dorthin pflege ich gute Kontakte."

Tom hat bei der Uhren- und Schmuckmesse in Basel von der „Rache der Eidgenossen" gehört. 60.000 Arbeitsplätze gingen in den Siebzigerjahren verloren. Die Japaner haben mit ihren billigen Quarzuhren die Marktführerschaft übernommen. Das war für die Schweizer Uhrenhersteller ein herber Schlag ins Kontor.

„Ich bin seit einiger Zeit mit Herstellern in Kontakt. Swatch Uhren sind zukünftig als Werbeartikel prädestiniert", bestätigt Ach. Die beiden Männer wollen sich im Juni wieder verabreden. Bis dahin arbeitet Tom entweder in Frankfurt oder in Würzburg. „Wir rücken geografisch betrachtet näher zusammen", stellt Schorsch Ach freudig fest.

Punkt sechzehn Uhr betritt Tom Friedemann das Foyer im Hotel Frankfurter Hof. Zuvor machte er eine Stippvisite in der Redaktion des Wirtschaftsmagazins. Dort wurde er von den

Kollegen sehr distanziert und mit Argwohn begrüßt. So ein junger Kollege, dazu noch vom Chefredakteur hochgelobt, muss als möglicher Redaktionsleiter mit Widerstand rechnen. Tom ließ sich nicht aus der Ruhe bringen. Im Gegenteil, er gab sich kollegial und scherzte mit den Kollegen.
Ein Honigschlecken, darüber ist er sich im Klaren, wird der neue Job weder in Frankfurt noch in Würzburg sein. *„Wer Auto fährt, muss mit Gegenverkehr rechnen"*, lautet seine Erkenntnis.

Tom setzt sich in einen Sessel, von dem er den Hotel-Eingang im Blick hat. Kaum sitzt er bequem, kommt Margot herein.
Sofort geht er ihr mit offenen Armen entgegen: „Du siehst blendend aus. Die Zeit hinterlässt bei dir keine Spuren."

„Schön wäre es, aber die ein oder andere kleine Unebenheit hat sich auch bei mir eingeschlichen." Die beiden sind sogleich miteinander vertraut. Margot schwelgt von der schönen, wenn auch kurzen gemeinsamen Zeit im Jahr 1968 in Baden-Baden. Sie berichtet, wie sie von Volkswagen in Braunschweig über Wolfsburg zur DZ-Bank nach Frankfurt kam. Ihr Weg war von Männern begleitet. Die am längsten dauernde Beziehung hielt ein Jahr. Trennungsgrund war, wie so oft zuvor, Eifersucht.

Jeder ihrer Ex-Partner dachte nach einer gewissen Zeit, Margot treibt es heimlich mit ihrem Chef. Ja einige Kollegen machten ihr schlüpfrige und auch sehr obszöne Angebote. Bei Volkswagen waren gewisse Führungskräfte aufdringlich.
Hier im Vorstand der Bankzentrale wurde sie bisher noch nie blöd angemacht. Komplimente gibt es ab und zu, aber keiner tätschelt an ihr herum oder lässt sexistische Sprüche vom

Stapel. Dieter Kaulbach, so erzählt sie, ist ein hochanständiger Chef, der leider todkrank ist und vermutlich nicht mehr zurückkehrt.

„Tom, wie hast du seine Krebserkrankung erkannt?"

„Dass er Krebs hat, konnte ich nicht ahnen. Ich fühlte nur eine schwere tödliche Erkrankung."

„Der Heinz Degenhardt wurde während einer Bahnfahrt von dir gerettet, erzählte seine Frau."

„Na ja, der kam nicht mehr aus der Toilette, also dachte ich, da stimmt etwas nicht. Er befand sich in einer misslichen Lage. Liegt er eigentlich noch im Krankenhaus?"

„Nein er ist gestern nach Hause gekommen. In ein paar Tagen geht er auf Kur nach Bad Orb. Dort kann ihn seine Frau jederzeit besuchen."

„Vielleicht besuche ich ihn auch einmal."

„Der freut sich bestimmt und Edith auch."

„Die schaut mir jedes Mal tiefer in die Augen."

„Ich glaube, du hast ihr den Kopf verdreht. Sie schaut so verklärt, wenn von dir die Rede ist. Die Degenhardts, so wird manchmal gemunkelt, führen eine sehr freizügige Ehe."

„Dachte ich mir schon. Sieht so aus, als gingen sie öfters in einen Pärchenklub."

„Woher weißt du das?"

„Ich fand bei deinem obersten Banker einige diskrete Telefonnummern."

„Hinter deinem lieblichen und scheinbar harmlos wirkenden Babyface verbirgt sich in Wahrheit ein listiger Schnüffler.

Wie steht es eigentlich um dein Liebesleben?" Tom lacht über Babyface. "Margot, das ist alles nur Fassade, die ich täglich mit Nivea pflege. Irgendwie wirkt die Creme. Wie es in mir drin aussieht, will niemand wissen. Fakt ist, ich marschiere mit großen Schritten in Richtung Scheidung. Darauf bin ich nicht besonders stolz."

„Das ehrt dich, mein Lieber. Du machst gern einen sehr lockeren und überlegenen Eindruck, aber in Wahrheit nimmst du menschliche Dinge sehr, sehr ernst. Weiß deine Frau überhaupt, welchen Schatz sie aus der Hand gibt?"

„Mein unruhiges Leben als Journalist ist nichts für sie."

„Vielleicht kennt sie dich nicht richtig?"

„Wie kann sie mich richtig kennen, wenn sie sich selbst nicht kennt?"

„So schlimm? Was hat es eigentlich mit deiner Uhr auf sich?"

„Die zeigt dir deine restliche Lebenszeit an, gib mir deine linke Hand."

Seine Uhr zeigt 14.999 Tage an. Margot lebt noch einundvierzig Jahre und wird mit achtzig sterben. Mit dem Ergebnis ist sie zufrieden. Mittlerweile ist es nach achtzehn Uhr.
Tom muss zurück nach Bonn. Beide versprechen sich ewige Freundschaft, bevor sie sich verabschieden.

Während der Fahrt ist er sehr erleichtert über die Begegnung mit Margot. Sie hat sich zu einer feinen, selbstbewussten Dame entwickelt. Mit keiner Silbe sprach sie von ihren Liebeleien in

Baden-Baden.

Tom war Abiturient und die sieben Jahre ältere Margot auf der Chefsekretärinnen-Akademie. Verliebt war er nicht in sie, eher fasziniert von ihrer Lebensfreude und ihrer sexuellen Freizügigkeit. Für ihn war sie die richtige Frau zur richtigen Zeit.

Zurück in seiner Wohnung beschleicht ihn das Gefühl, es muss jemand hier drin gewesen sein. Er nimmt die Tür unter die Lupe, kann aber keinerlei Spuren erkennen. Das Schloss ist auch in Ordnung. Seine Sachen sind genauso an ihrem Platz, wie er sie hinterließ. Dennoch riecht er einen fremden Geruch. Im Bad hat jemand die Toilette benutzt. Die Handseife ist feucht. Tom läutet bei den Nachbarn einem älteren Ehepaar und fragt, ob jemand im Haus war, der nicht hier wohnt? Ein Klempner wäre gestern da gewesen, um auf der Toilette die Wasserleitung zu überprüfen. Er habe gesehen, wie der Installateur mit einem Wohnungsschlüssel bei Tom die Tür mit den Worten „alles klar, ich habe von Herrn Friedemann extra den Zweitschlüssel erhalten", aufschloss.

Im Schlafzimmer überlegt er, was der ominöse Klempner hier wollte? *„Klar, der hat die Bude verwanzt"*, schießt es ihm plötzlich in den Kopf. Damit es richtig laut ist, macht er das Radio und den Fernseher an. In der Lampenschale findet er keine Wanze. Dafür zwischen den Lamellen auf der Rückseite vom Kühlschrank. Sogar in der hölzernen Vorhangschiene im Schlafzimmer. Auch im Telefonapparat wurde eine Wanze installiert. Der angebliche Klempner war garantiert von der Staatssicherheit der DDR. „*Stellt sich noch die Frage, woher hatte er den Wohnungsschlüssel?"*

Zwei Häuser weiter wohnt der Hausverwalter. Obwohl es fast einundzwanzig Uhr ist, läutet Tom bei ihm. Er fragt ihn, ob er einen Klempner beauftragt habe? Nein!
Alle Wohnungsschlüssel wären beim Hausverwalter vollzählig unter Verschluss. „An die kommt keiner ran", schwört er. Tom hält den Zweischlüssel in seinem Schreibtisch unter Verschluss. Er läuft zur Redaktion. Dort ist es dunkel und still. Sein Schreibtisch ist verschlossen. Keine Spuren, nichts fällt ihm auf.
Der zweite Wohnungsschlüssel befindet sich zusammen mit dem Ersatzschlüssel für sein Auto in einem verschlossenen Briefkuvert. *„Wer hat eigentlich den Zweitschlüssel für meinen Schreibtisch? Vermutlich der Redaktionsleiter!"*

In Roberts Büro steht der Stahlschrank: *„Wer hat dafür den Schlüssel?"* Die Frage lässt sich heute Abend nicht mehr beantworten.

16.

Ostersonntag, 11. April 1982

Das miese Wetter dauert an. Es weiß immer noch nicht, was es will. Mal regnet es, mal schneit es. Die mickrigen vier Grad Außentemperatur verleiten Tom dazu, wieder ins warme Bett zu springen. Es ist erst acht Uhr. Gegen Mittag will er Robert anrufen und ihn nach dem Schlüssel für den Stahlschrank befragen. Im Fernsehen sieht er, wie der Papst seine Ostermesse zelebriert.

Johannes Paul erinnert in seiner Osterbotschaft an die Millionen Hungernden in der ganzen Welt und erklärt, dass das Ausmaß des Hungers zu verringern wäre, wenn die Menschen auf den wahnsinnigen Rüstungswettlauf verzichten.

„Was bist du nur für ein Amateur?", ruft Tom: *„Weniger Waffen, weniger Hungersnot? Du verstehst weder etwas von Politik noch von der Gier derer, die verantwortlich sind"*, ist er überzeugt. In Deutschland ballert die RAF und drüben hinter der Mauer schießt die Vopo auf flüchtige Volksgenossen. Bewaffneter Irrsinn findet in der gesamten Welt statt und der Papst glaubt weniger Ausgaben für Rüstung lindert die Hungersnot.

„Wer im Wolkenkuckucksheim lebt, sieht nicht die auf Beute lauernden Raubtiere", behauptet Tom. *„Den Papst muss ich um eine Audienz bitten."* Bei Gelegenheit wird er ihm einen Brief

schicken. Schon öfter hat er namhafte Persönlichkeiten angeschrieben um sie von Angesicht zu Angesicht kennenzulernen. Manchmal gelang es ihm: Willy Brandt empfing ihn. Auch Richard von Weizsäcker hat ihn tief beeindruckt.
Schon als Jugendlicher durfte er in Baden-Baden Charles de Gaulle und Konrad Adenauer die Hand reichen.
„Irgendwann", das war ihm bereits damals klar, *„werde ich Journalist"*.

Tom telefoniert mit Robert und fragt ihn nach dem Schlüssel für den Stahlschrank. Der beurlaubte Redaktionsleiter gibt sich patzig. Am Ostersonntag ihn zu belästigen wäre unverschämt. Damit kann er seinen jungen Kollegen nicht abwimmeln. Der will in einer Stunde den Schlüssel inklusive Zweitschlüssel abholen. Robert willig letztlich zähneknirschend ein. Jetzt ruft Tom Elmar an: „Hast du deine Ostereier gefunden oder liegst du noch auf Franziska?". Sein Kollege war die Tage alleine und kann sich erst morgen wieder mit seiner Geliebten vereinen. Franzi ist bei ihren Eltern im Sauerland. Das findet Tom prima. Er möchte, dass ihn Elmar als Zeuge zu Robert begleitet.

Dreißig Minuten später treffen sich die beiden beim beurlaubten Redaktionsleiter. Der ist noch immer empört. Seine Kollegen lässt er, während er die Schlüssel holt, vor der Haustür stehen. Mürrisch verlangt er von Tom eine Unterschrift als Quittung für die Übergabe der Schlüssel. Mit „noch schöne Ostertage" verabschieden sich die Herren.

Im Büro öffnet Tom den Stahlschrank. Der Zweitschlüssel für seinen Schreibtisch fehlt. Alle anderen Schlüssel sind ordnungsgemäß vorhanden. Er ruft Robert an. Der weiß nicht, wo der Zweitschlüssel ist und verweist auf die Redaktionssekretärin. Was soll Annegret damit anfangen?
Roberts Verhalten erzeugt Misstrauen. Elmar inspiziert seinen Schreibtisch. Alles wäre wie gehabt an seinem Platz.
Tom glaubt, Robert treibt ein doppeltes Spiel. Entweder liefert er an den Stasi Informationen oder er ist bei den Scientologen? Seine Zugehörigkeit bei den Organisationen wäre ein gewaltiger Schlag gegen das gute Image des Verlags. Ausgerechnet der Leiter der Hauptstadtredaktion: „Puh, das wird erhebliche Konsequenzen nach sich ziehen", sind beide überzeugt.

Sie machen sich auf den Weg in den Presseklub. Dort angekommen spekulieren und diskutieren sie über die zwielichtige Rolle ihres beurlaubten Redaktionsleiter.

Elmar will neugierig, wie er ist, von Tom wissen, wie es ihm in Frankfurt erging? Der antwortet mehr kryptisch als konkret. Geschickt verlagert er das Gespräch auf den Gag mit der Lebensuhr: „Die kommt bald als Werbeartikel auf den Markt." Davon lässt sich Elmar jedoch nicht ablenken: „Du warst doch auch in Würzburg beim Lemma-Verlag. Und reizt dich der Laden?"

„Woher weißt du, hat etwa Hans gepetzt?"
„Du kennst ihn doch, der fährt immer zweigleisig."
„Stimmt, aber wie so mit dir?"
„Wenn du nach Würzburg gehst, dann werde ich in Frankfurt Redaktionsleiter."

„Aha so läuft der Hase, und wenn ich bleibe?"

„Nehmen wir einmal an Robert muss gehen. Dann wird aus dem kommissarischen Redaktionsleiter eben der offizielle Chef der Hauptstadtredaktion."

„Hinter meinem Rücken veranstaltet Hans Planspielchen. Was sagt denn deine Franziska zu Frankfurt?"

„Die weiß davon nichts. Meine Karriere ist mir wichtiger als jede Frau. In Frankfurt haben Mütter auch wunderbare Töchter."

„Du bist mir so ein heimlicher Bursche, mein lieber Mann."

„Ich habe mich doch nicht umsonst von der Provinz bis nach Bonn hochgeschrieben, damit ich jetzt einknicke."

„Elmar, du bist ehrgeizig, das finde ich in Ordnung. Ob du Führungsqualitäten besitzt, kann ich nicht beurteilen."

„Ich bin rhetorisch nicht so begabt wie du. Dir sind eine natürliche Autorität und ein paar andere Eigenschaften in die Wiege gelegt worden."

„Wahrscheinlich hast du recht. Aber ich musste mich erst einmal aus den spießigen familiären Verhältnissen herauskämpfen. Zum Glück brauchte mich direkt nach dem Abi die Bundeswehr. Ich hatte keinen Vater, der mir die Welt erklärte. Die Lehrer waren aus der Nazi-Zeit. Von meiner überforderten, nervigen Mutter ganz zu schweigen. Bereits in jüngsten Jahren war ich Autodidakt. Ich las nachts mit der Taschenlampe heimlich im Bett. Wenn ich dabei erwischt wurde, gab es Hausarrest. Also las ich erst recht weiter. Später schrieb ich kritische Texte für die Schülerzeitung. Mein lieber Freund, da war dann richtig Dampf im Kessel."

Elmar und Tom erzählen sich Geschichten aus der Schulzeit. Es ist fast so, als wären sie zusammen in einer Klasse gewesen. Das Verhalten der Lehrer in Delmenhorst und in Baden-Baden war nahezu identisch. Nur beim Studium waren die Unterschiede deutlich größer.

Tom studierte in Dortmund Wirtschaftswissenschaften. Er traf auf den richtigen Professor, der seine Fähigkeiten erkannte und ihn förderte.

Elmar machte in Hamburg zwei Staatsexamen in Jura. Seine Studienzeit empfand er zu dröge und zu mühsam.

Gegen Nachmittag gehen die Kollegen in die Redaktion, um zu arbeiten. Denn egal ob Ostern oder Weihnachten, das Wirtschaftsmagazin erscheint Woche für Woche am Freitag.

17.

Ostermontag, 12. April 1982

„Ach wie ist es am Rhein so schön ...". Nicht in Bonn! Wolkig mit Schneeregen bei knappen vier Grad Außentemperatur. Tom sieht bei seinem Blick aus dem Fenster den Wetterbericht bestätigt: Triste Ostertage. Bei dem Sauwetter macht die Arbeit in der warmen Redaktion Spaß.

Es ist elf Uhr, als er die Kollegen zur Redaktionskonferenz bittet. Er informiert sie über die Situation. Plötzlich steht Hans im Besprechungsraum. „Robert", so berichtet er, „wird fristlos gekündigt." Die externen Ermittlungen haben ihn als informellen Mitarbeiter der Staatssicherheit der DDR entlarvt. Der Chefredakteur zeigt sich persönlich schwer getroffen, denn mit Robert habe er über zehn Jahre gut zusammengearbeitet. Auch die Kollegen sind erschüttert und menschlich enttäuscht.

„Wir alle müssen jetzt noch mehr zusammenhalten. Den Imageschaden werden wir nicht verhindern, können ihn aber eindämmen", betont Chefredakteur Hans.
Tom wird bis auf Weiteres die Redaktion führen. Die Kollegen bekräftigen mit einem stummen Nicken die Entscheidung. Er bedankt sich für die Zustimmung und geht mit Hans und Annegret ins Büro. Dort berichtet er über seine verwanzte Wohnung. Hans ist entsetzt.

„Den Zweitschlüssel habe ich in meinem Schreibtisch unter

Verschluss gehalten. Jetzt fehlt aber im Stahlschrank der Zweitschlüssel für meinen Schreibtisch."

Annegret ist aufgebracht, als Tom berichtet, dass Robert meinte, sie müsste wissen, wo sich der Schlüssel befindet.
Hans nimmt Tom auf die Seite und flüstert „morgen schicke ich dir einen Kammerjäger".

Der Chefredakteur möchte wissen, wie es in Frankfurt war und was er davon hält, wenn er hier in Bonn offiziell Redaktionsleiter wird? Dazu möchte sich Tom wie in Düsseldorf vereinbart erst bis Ende April äußern. Hans versucht vergeblich eine gewisse Tendenz aus ihm heraus zu kitzeln.

Am Abend meldet sich Franziska telefonisch bei Elmar. Sie ist wieder in Bonn und wartet auf seine „Ostergaben".
Tom arbeitet weiter. Gegen zweiundzwanzig Uhr überrascht er mit seinem Anruf Kerstin Keller. Die beiden Söldner, die sie zur Geisel nahmen, sind gestorben.

„Deine Uhr hat die Kerle bestraft. Oder warst du es mon Cherie?"

„Ich bin nicht der Herr über Leben und Tod. Wer hat dir das erzählt?"

„Ein Kollege in Straßburg. Es herrscht dort in der Kaserne der Fremdenlegion Trauer über den unerwarteten Abschied zweier Kameraden."

„Wie du siehst, kennt die Uhr unser aller Lebensende. Ob sie mit dem Sensenmann in Verbindung steht, weiß niemand. Wir werden das vermutlich zu Lebzeiten nie erfahren."

„Die Uhr ist unheimlich und auch du hast etwas Mystisches an dir."

„An was machst du das fest?"

„Du bist eine geschlossene Gesellschaft. Quasi ein Bündnis deiner Vielfalt. In dir, so scheint es, leben mehrere Geister, die dein Wesen prägen. Du bist von einem anderen Stern."

„In meiner Geburtsurkunde steht nichts vom Universum."

„Dann sieh mal genau nach."

„Das mach ich später."

„Wann sehen wir uns wieder?", fragt K und K.

„Hast du etwa Sehnsucht nach mir?"

„Ein bisschen."

„K und K übe dich in Geduld."

„Gehst du weg aus Bonn?"

„Höchstwahrscheinlich."

„Warum?"

„Die Zeit ist reif für was Neues. Mir ist klar geworden, wenn ich hier weiter in dem Tempo vorwärtsgehe, dann bringt mich das umso schneller dem Abgrund näher."

„Da ist er wieder mein Philosoph. Schaust du zu oft auf deine Uhr?"

„So alle paar Tage: Heute stehe ich bei 20.423. Nur zwei weniger, obwohl vier Tage vergangen sind. Verstehe das, wer will."

„Sei froh, du alterst eben nur langsam. Nächste Woche ruf ich wieder an. Dann sagst du mir, wohin deine Reise geht."

Er spürt, wie ihm der ganze Bonner-Zirkus zu viel wird:

Wanzen in der Wohnung. Ein Redaktionsleiter, der hintenherum für die Stasi spioniert und denunziert.

Tom sind Franziska und Anke zu auffällig frivol, beinahe peinlich. Die Damen haben eindeutig Torschlusspanik. Jede sucht für sich eine gute Partie. Mit Politikern ab und zu vögeln ist auf Dauer keine Basis. Die Parlamentarier müssen sich am Wochenende bei ihren Familien einfinden. Der Wahlkreis will ebenso gepflegt und hofiert werden. Die Ministerialbeamten sind sowieso jeden Abend im trauten Heim.
In Bonn Journalisten für den Ehestand zu gewinnen, ist schwer. Da müsste schon eine Klassefrau wie Kerstin Keller um die Ecke kommen, damit ein Kollege anbeißt.

Was wird aus Elmar? Ehrgeiz hat er, Fleiß auch. Allerdings fehlt es ihm an Instinkt und an Charisma. Er wäre sicher ein seriöser Redaktionsleiter. Aber er wird niemals ein Printmedium nach innen und nach außen nachhaltig so prägen, wie Hans es kann. Zum Chefredakteur fehlt ihm das Format.
Elmar ist keine Type, über die man nach Jahren noch spricht.

Tom beschleicht bei seiner Analyse das Gefühl, er muss sich dringend verändern. Der Lemma-Verlag wäre die Gelegenheit, um zu zeigen, was er draufhat und wie kreativ er ist.
Würzburg ist zwar tiefe katholische Provinz, aber als Standort ideal. Die Stadt ist ein Verkehrsknotenpunkt. Von dort führen Autobahnen und Bahnlinien in alle Himmelsrichtungen. Ein Kernproblem sieht Tom in der fränkischen Mentalität. Die

engen Gassen lassen keinen Weitblick zu. Der Dialekt und die Lebensart wirken auf Tom wie ein fremdes Land: *„Ja, ich gehe ins Ausland"*, bestätigt er lachend sich selbst. Feierabend für heute.

18.

Dienstag, 13. April 1982

Das Siffwetter nimmt kein Ende. Es wechselt ständig zwischen Schnee und Regen. Stabil ist nur die Temperatur. Ganze zwei Grad im Plus: Mehr geht nicht, keine Sonne in Sicht.

Im Radio stellt Rudi Carrell singend die Frage, „wann wird's mal wieder richtig Sommer?". *„Das weiß kein Mensch"*, brummt Tom, der vom Wetter enttäuscht ist. Zum Trost blickt er auf seine Uhr: wieder kein Tag weniger – sehr seltsam.

Es ist halb zehn, als es läutet. Er geht vor die Wohnungstür und begrüßt zwei Herren, die sich scherzhaft als Kammerjäger ausweisen. Nach etwa zwanzig Minuten ist seine Wohnung von den Abhörsendern befreit. Der eine Beamte reicht ihm den vermissten Zweitschlüssel seines Schreibtischs. Die Herren waren bereits im Morgengrauen bei Robert. Der ehemalige Redaktionsleiter wurde von den Beamten des Bundesnachrichtendienst verhaftet. Robert ist definitiv weg vom Fenster. Seine Karriere ist mit dreiundfünfzig Jahren beendet:
„Furchtbar", findet Tom: *„Nach ihm wird im Journalismus kein Hahn mehr krähen. Zum Glück hat er keine Familie."*

Die Kammerjäger fahren mit Tom zur Redaktion. Sie finden weitere Abhörsender: Die Telefone sind verwanzt, ebenfalls der Fernkopierer und der Besprechungsraum. Die Kollegen

fragen sich, was sich der Stasi davon verspricht? Tom bittet die beiden Beamten nochmals in den desinfizierten Besprechungsraum. „Gibt es eine denkbare Kooperation mit der Légion étrangère?"
„Denkbar wäre das. Es kann schon sein, dass sie Söldner aus der DDR in ihren Reihen haben."
„Können Sie das ermitteln?"
„Da müssen wir erst im Haus nachfragen." Die Beamten verabschieden sich.

Tom gibt Annegret den Zweitschlüssel: „Doch der Robert" ruft sie entrüstet. Er wählt Kerstin Keller an: „Madam, wir waren verwanzt!"

Der Stasi hat ihr privates Techtelmechtel in Bonn abgehört. Beide fragen sich, ob die penetranten Genossen auch in ihrer Wohnung Wanzen versteckten? Dazu an ihrem Arbeitsplatz in der Lokalredaktion Lahr? Gibt es bei der Badischen Zeitung informelle Mitarbeiter der Staatssicherheit der DDR?
K und K findet Gefallen an der Sache. Sie will sich zuerst um die Kammerjäger kümmern und morgen wieder mit Tom telefonieren. Der nimmt sich den Terminkalender von Robert vor. Ein Berthold ist als Termin auffallend oft notiert: Wer ist das? Annegret hat keine Ahnung. Elmar und alle anderen Kollegen zucken nur mit der Schulter. *„Wer ist Berthold?"*, überlegt Tom. Er ruft in der Chefredaktion in Düsseldorf an. Dort arbeitet keiner mit dem Namen. *„Vielleicht in Frankfurt?"*
Den Gedanken verwirft er sogleich. Berthold kann jeder sein.

Der Namen muss ja nicht stimmen. Was ist, wenn er ein Code ist? Pleichach sprach auch von Berthold: *„Du musst viel mehr denken"*, mahnte sein Vater. „Vielleicht stehen hinter den Buchstaben Zahlen?" In seinem Schreibtisch kramt er nach einer Tabelle, die Buchstaben in Zahlen ausweist: *„Gefunden!"* Tom zerlegt Berthold in einzelne Buchstaben und ordnet ihnen nach alphabetischer Reihenfolge Zahlen zu:

B= 2
E= 5
R= 18
T= 20
H= 8
O= 15
L= 12
D= 4

Aus dem Geheimfach seines Hosengürtels holt er den Schließfachschlüssel heraus. Den erhielt per Kurier von Commandant Morellon der Légion étrangère in Straßburg. Die Nummer des Schlüssels ergibt in Buchstaben umgewandelt Berthold.

Auf der Vorderseite des Schlüssels ist die Zahl 84 eingeprägt. Tom addiert die Zahlen 2 + 5 + 18 + 20 + 8 + 15 + 12 + 4 zusammen. Sie ergeben 84! Berthold ist also ein Code. Der von André Pleichach hinterlassene Schlüssel passt in irgendein Schließfach, das er noch finden muss. Aber wie kam Robert an das Codewort? Vielleicht suchte er im Auftrag der Stasi den

Schließfachschlüssel? Hat er deshalb die Wanzen installieren lassen? Egal wie, er muss unbedingt mit Robert sprechen.
Zuerst geht er zu einem Schlüsseldienst. Der Inhaber ist sicher, dass der Schlüssel in ein Bankschließfach passt.
Um welche Bank es sich handelt, kann er nicht verbindlich sagen: „Vermutlich eine Volks- oder Raiffeisenbank."

Tom ordnet seine Gedanken: *„André Pleichach war in Lahr im Krankenhaus. Warum ausgerechnet dort, wenn er ein paar Tage später im Hospital in Straßburg verstirbt? Lahr ist doch keine Adresse zur Behandlung von Lungenkrebs?*

Du musst viel mehr denken, hat er von mir gefordert. Die Zeit ist das, was bald geschieht, betonte der kranke Legionär. Wenn ich es mir richtig überlege und seinen Worten folge, dann sah er meine Zwischenstation in Lahr voraus.

Kam es deshalb in dem Städtchen zum Wiedersehen mit dem merkwürdigen Kauz, der sich im Nachhinein als mein Vater erwies? War er Hellseher oder der böse Geist, der die Ereignisse einfädelte?

Die Antwort hat André Pleichach mit ins Grab genommen. Wenn er jetzt ein Geist ist, dann wird er mir als solcher im Traum erscheinen. Bin ich etwa verrückt? Welcher Name verbirgt sich hinter meiner Kontonummer 6189541311414 bei der Volksbank in Bonn?"

Er zählt nach: *„Hinter den Zahlen ergeben die Buchstaben den Namen Friedemann. Zufall oder steckt ein System dahinter?"*
Darüber will er sich erst später einen Kopf machen.
Robert wurde nach Köln zum Bundesamt für Verfassungs-

schutz gebracht. Dort darf Tom noch heute mit ihm sprechen. Bevor er losfährt, informiert er Annegret.

Im Bundesamt ist alles vorbereitet. Robert ist freundlich und überraschend kooperativ. Berthold wäre ein Informant, der im Ministerium für Wirtschaft arbeite. Persönlich sei er ihm noch nie begegnet. Die anonyme Person sprach am Telefon stets von brisanten Unterlagen, die sich angeblich in einem geheimen Schließfach befinden. Laut Berthold hätte Tom den Schlüssel dazu. Also beschattete Redaktionsleiter Robert im Auftrag der Stasi seinen Kollegen.

Ein Abhörspezialist installierte die Wanzen. Robert grinst süffisant: „Deine Kerstin hat es mit dir ganz schön getrieben."

Tom hat genug gehört, er steht auf: „Da ist dir und deinen elendigen Spannern vor Geilheit der Schwanz geplatzt". Robert bittet zum Abschied um einen Händedruck.

"Ich warne dich, du wirst nicht alt. Schau her, hier ist deine Strafe - 162 Tage." Robert zittert am ganzen Körper. Im Gesicht ist er aschfahl, er schwitzt.

„Vor einer Woche hattest du eine Lebenserwartung von sechsundzwanzig Jahren. Jetzt bleiben dir keine sechs Monate mehr. Ich verspüre kein Mitleid." Tom lacht ihm ins Gesicht:

„Vor Kurzem sagtest du, die Uhr wäre nur ein Werbegag. Warum schwitzt du jetzt vor Angst? Nutze die wenigen Tage und bereue deine Gemeinheiten, dann bekommst du vielleicht noch eine Chance."

Auf der Rückfahrt nach Bonn überlegt er, was er, um ans Bankschließfach zu kommen außer dem Schlüssel noch benötigt?

"Ganz bestimmt die Sterbeurkunde seines Vaters. Banken haben Nummern. Vielleicht versteckt sich hinter dem Codenamen Berthold eine Zahlenreihe die zusätzlich eine Banknummer beinhaltet?"

In der Redaktion ruft er Margot in der DZ-Bank in Frankfurt an: „Nein, Schlüssel für Schließfächer werden von der zuständigen Tresorfirma nummeriert".

Ihm bleibt nichts anderes übrig, als sich in Lahr an Volksbanker „Ölig" Meiser zu wenden.

„Wo ist Elmar?" Redaktionssekretärin Annegret meint, er sei in Düsseldorf. *„Aha"*, denkt Tom, *„Chefredakteur Hans betreibt wieder Personalplanung. Elmar Redaktionsleiter in Frankfurt oder doch in Bonn?"* Er betrachtet seine Uhr: 20.423 Tage wie gestern. Bereits der achte Tag in Folge ohne Verlust. *„Warum ist das so? Mache ich etwa alles richtig?"* Keine Antwort, aber ein Gedanke: *„Vielleicht verringert sich meine Lebenszeit schlagartig, wenn ich mich für oder gegen Würzburg entscheide?"*

19.

Montag, 26. April 1982

Was ein herrlicher Tag, die Sonne scheint bei sagenhaften neun Grad. Es wird doch keine verfrühte Hitzewelle über Bonn hereinbrechen?
Vor zwei Jahren wurde von der Bundesregierung die Sommerzeit eingeführt und was hat es gebracht? Abends ist es länger hell und dafür morgens länger finster. Das Wetter macht trotz Sommerzeit, was es will. Die Rindviecher auf der Weide sind ebenso verwirrt wie die Abgeordneten im Bundestag. Sie wissen nicht, wie es mit der Regierung weitergeht. Der Bruch in der Koalition ist offenkundig. Der SPD-Parteitag brachte es an den Tag: Die Genossen wanken erheblich. Kanzler Helmut Schmidt ist öffentlich angezählt. Willy Brandt versucht alles, um die zerrissene Partei zu einen. Ob er helfen kann? Nach Toms Überzeugung ist der Koalitionspartner FDP bereits in Richtung CDU und CSU abgebogen.
Den Journalisten zieht es raus aus der Hauptstadt. Er will was Neues erleben und es vor allem maßgebend gestalten. Nachts im Schlaf hat er die Entscheidung geträumt: Würzburg ist nach Dortmund, Mannheim, Düsseldorf und Bonn die nächste Station.
Hier im großen Wirtschaftsmagazin ist vom Tarifvertrag über die Hierarchie bis zur Putzfrau alles durchorganisiert.
Dagegen ist für ihn der Lemma-Verlag ein kleiner Kiosk in

einer von riesigen Verlagen dominierten Medienlandschaft. Noch heute wird er Hans informieren. So wie er seinen Chef kennt, wird der ihm nahelegen, in Urlaub zu gehen, was ihm sehr recht wäre. Vermutlich wird dann Elmar in Bonn die Redaktionsleitung übernehmen.

Bestimmt wird Noch-Ehefrau Brigitte über seine Entscheidung irritiert sein. Sie will in Würzburg ihren eigenen Weg gehen. Die Stadt ist groß genug für beide. Dort gibt es keinerlei private oder berufliche Berührungspunkte. Jeder beginnt für sich bei null. Er findet das toll. Andere Gegend, keine Freunde und vor allem keine Verwandten. Noch in dieser Woche will er die Scheidung einreichen. Großes juristisches Gezerre ist nicht zu erwarten. Die Ehe ist kinderlos, Brigitte berufstätig, also beste Voraussetzungen für eine einvernehmliche Scheidung.

Jeden Tag das gleiche Szenario: Annegret reicht ihm Notizzettel mit Telefonnummern. Dick unterstrichen liest er „Hans anrufen", was er sogleich macht.

Sein Chef zeigt sich verständnisvoll und wünscht ihm alles Gute. Hans möchte eine saubere schriftliche Kündigung zum dreißigsten Juni.

„Was denkst du über Elmar?", fragt er Tom.

„Solider, seriöser, gewissenhafter und überaus ehrgeiziger Kollege."

„Das weiß ich selbst, wo fehlt es ihm?"

„An einer raschen Auffassungsgabe und an Charisma. Er braucht zu lange, bis er eins und eins zusammenbringt."

„Stimmt! Du bleibst bis Freitag Redaktionsleiter und weist ihn ein. Am Montag um elf Uhr komme ich zur Redaktionskonferenz. Anschließend veranstalten wir an Elmar eine Übergabe. Danach gehen wir drei etwas Essen: Du zahlst.

Ab Dienstag bist du offiziell in Urlaub. Wohlgemerkt nicht beurlaubt, sondern Jahres- und Resturlaub vom Vorjahr. Du hast insgesamt vierunddreißig freie Werktage.

Die fehlenden Tage bis zum dreißigsten Juni schenke ich dir - einverstanden?"

„Vielen Dank Hans!"

„Du bist ein großer Verlust für unser Wirtschaftsmagazin. Ein Zeugnis mit allen Ehrenbezeugungen schicke ich dir zu. Wir sehen uns in einer Woche."

Tom ist ergriffen. Mit so einem Lob hat er nicht gerechnet. Hans ist ein großartiger Journalist und war ohne je darüber gesprochen zu haben, sein Mentor. Er hat ihn vor vier Jahren vom Fleck weg für drei Monate in die Chefredaktion geholt, um ihn zu beobachten und zu fördern. Nach der Probezeit wurde er nach Bonn versetzt.

Hans versteht ihn. Beide sprechen die gleiche Sprache. Ein Gedankenaustausch mit ihm war großartig, dazu inspirierend und lehrreich.

Bevor sich Tom an die Arbeit macht, spricht er mit Elmar. Der Kollege ist überwältig. Für ihn geht ein Traum in Erfüllung. Immer wieder sagt er, „dafür habe ich gearbeitet und mein Privatleben hinten angestellt". Spontan lädt er Tom für heute

Abend ein: „Wir gehen in die „Ständige Vertretung".
„Aber ohne Damen."
„Selbstverständlich ohne Störfaktor Frau."
„Was dich stört Franziska?"
„Ehrlich gesagt nervt sie. Wir sollen zusammenziehen und nächstes Jahr heiraten. Sie möchte Kinder, obwohl sie schon vierunddreißig ist. Stell dir das mal vor. Das entspricht nicht im Ansatz meiner Lebensplanung."
„Dann pass auf, dass du sie nicht schwängerst."
„Unbedingt! Sie nimmt angeblich immer die Pille, aber ich benutze zusätzlich Kondome, was ihr gar nicht passt."
„Bleib standhaft Herr Kollege." Elmar schüttelt den Kopf und lacht: „Das ist wieder ein typischer Tom. Standhaft, was ein Widerspruch zur Verhütung."
Er nimmt Elmar ins Gebet: „Keine Silbe über meinen Wechsel nach Würzburg. Die Damen werden früh genug davon erfahren."
„Versprochen, Ehrensache!"

„Anke anrufen", steht auf dem Notizzettel. Dafür hat er jetzt wahrlich keine Zeit. Was sie will, ist ihm auch ohne Rückruf klar. Annegret möchte wissen, was los ist. Tom verpflichtet sie zur Verschwiegenheit und erklärt ihr die Situation.
Am liebsten würde sie mit ihm nach Würzburg gehen. Von der Idee hält er rein gar nichts, denn Elmar benötigt ihre Unterstützung und ihre liebenswerte Geduld. „Schenkst du mir zum Abschied so eine Uhr?"
„Wenn die Werbeuhren hergestellt sind, schicke ich dir

sofort eine."

„Wehe nicht, dann komme ich mit Fremdenlegionären nach Würzburg."

„Um Himmels willen Annegret, die nehmen dich als Geisel und womöglich muss ich dich auslösen."

Er umarmt sie schweigend. Sie spürt seinen Respekt: „Frau Kollegin, ich werde dich vermissen".

Redaktionssekretärin Annegret traut ihren Ohren nicht: Es ist das erste Mal, dass er sie als Kollegin anerkennt.

20.

Montag, 3. Mai 1982

Das wird nichts mehr mit dem Wetter: Bescheidene zehn Grad Außentemperatur. Dazu regnet es ohne Ende.
Morgen früh übergibt er seine möblierte Wohnung an den Hausverwalter. Anschließend fährt er nach Lahr zu Kerstin.
Am Nachmittag ist er mit dem „öligen" Direktor Meiser verabredet. In Tom steigt die Spannung: *„Ich bin gespannt, was das Schließfach für Überraschungen hervorbringt?"*

Ein Großteil seiner Klamotten hat er bereits am Samstag nach Würzburg gebracht. Frau Cornelia Lemma hat ihm buchstäblich über Nacht eine komplett leer stehende, frisch renovierte Wohnung in ruhiger Lage besorgt. Von dort aus sind es zu Fuß nur wenige Minuten zum Verlag. Am Donnerstag will er Möbel kaufen. Bis die geliefert werden, wohnt er im Hotel.
So weit ist alles für den Standortwechsel organisiert. Seine Lebensuhr zeigt nach wie vor 20.426 Tage an. *„Komisch, seit nunmehr drei Wochen altere ich nicht mehr."* Er staunt: Sein Kontingent an Lebenszeit hat sich stillschweigend erhöht. Und das ohne Sport, ohne Beachtung schlauer Ratschläge für Geist und Körper: unfassbar. Wenn sich zu seinen Gunsten die Zeit weiter kumuliert, dann wird er eines Tages als gebrechlicher Greis sterben. *„Will ich das?"* Für eine Antwort fühlt er sich zu jung. Sein Leben kann sich von heute auf morgen blitzschnell

ändern. Jeder Mensch ist zerbrechlich. Der Biss einer lächerlich kleinen Zecke genügt und er liegt krank danieder.

Tom denkt an Unfälle, Krieg und Elend: *„Die gemeinste Waffe der Menschheit heißt „Siechtum ohne Ernährung". Wir lassen jeden Tag viele Tausende Menschen verhungern und schauen noch zu, wie sie in ihrem ausgemergelten, unwürdigen Elend verrecken."*

Er schreibt seine Gedanken in ein Notizbuch:
„Wir kennen sie nicht.
Wir wollen nie wissen, wer sie sind.
Wir tun so, als gäbe es sie nur im Fernsehen.
Wir schicken sie mir nix, dir nix, ohne Hoffnung, ohne Licht weit weg in die dunkle Nacht des Todes.
Möge das Jenseits, das Himmelreich oder wer immer mit den dahinvegetierenden Verhungerten anständiger umgehen, als wir, die wir uns hochnäsig und anmaßend soziale Wesen nennen."

Still in Gedanken versunken fragt er: *„Was würde meine Uhr anzeigen, wenn ich in Afrika hungerleidenden Kindern die linke Hand reiche? Bin ich dann für sie der Fürst der Finsternis oder der erlösende Engelmacher?"* Es gruselt ihn vor sich selbst.

Er will das Armband öffnen, doch es bleibt verschlossen. Die Uhr hat ihn angekettet. *„Kann sie meine Gedanken lesen oder warum gibt sie mich nicht frei?"*

Das bimmelnde Telefon lenkt ihn ab. Der Wohlstand meldet sich mit männlicher Stimme zu Wort: Die Post schaltet noch heute seinen Anschluss ab. Tom wird im Moment bewusst, dass er die nächsten vierzehn Tage weder privat noch in der Redaktion erreichbar ist: *"Wird das für mich eine erholsame oder furchtbare Zeit?"*

Er ist schon sehr gespannt auf das, was ihn morgen in Lahr beim Volksbanker Meiser im Schließfach erwartet. Wer oder was verbirgt sich hinter Berthold?

"Robert sprach von dem Schlüssel und von einer Kontaktperson im Ministerium für Wirtschaft. Wenn die mich abhörten, um herauszufinden, wo sich das Schließfach befindet, dann observieren die mich garantiert weiter. Die wollen bestimmt an die Unterlagen. Das wäre die Erklärung dafür, warum ich glauben soll, mit der Verhaftung von Robert ist der Fall geklärt. Was ein Irrtum! Morgen muss ich auf der Hut sein. In Lahr warten nicht nur Kerstin und Ölig Meiser auf mich."

Er hat keine Ahnung, wer ihn hier in Bonn verfolgt. Nach dem gemeinsamen Essen mit Hans und Elmar will er seinem Schatten eine Falle stellen. Wie er das anstellt, weiß er noch nicht. Jetzt geht er erst einmal zur Redaktionskonferenz.

Chefredakteur Hans fasst sich wie gewohnt kurz, gibt sich aber keineswegs bescheiden. Die Zahlen stimmen, die gesetzten Ziele wurden erreicht. Das Wirtschaftsmagazin ist in seinem Segment Marktführer. Über Robert verliert er kein Wort. Fragen zur Sachlage beantwortet er nicht, so lange die Ermittlungen nicht abgeschlossen sind.

Tom erklärt den Kollegen, warum er zum Lemma-Verlag

wechselt. Wie es seiner Art entspricht, bedankt er sich mit launigen und freundlichen Worten, bei allen Kollegen. Besonders Elmar wünscht er alles Gute und viel Glück.
Mit Hans möchte er weiter in Verbindung bleiben, denn wer weiß, vielleicht kommt er eines Tages als sein Nachfolger zurück nach Düsseldorf? Der Chefredakteur schmunzelt. Annegret grinst und der ehrgeizige Elmar schaut so, als wäre doch er der legitimierte Nachfolger.

Die drei Kollegen sitzen beim Mittagessen im Presseklub. Hans möchte wissen, wie viel ihm der Lemma-Verlag bezahlt.
„Das Doppelte wie hier, Plus Erfolgsbeteiligung." Elmar runzelt die Stirn. Hans meint trocken „immerhin". Dann lenkt er das Gespräch auf die Lebensuhr: „Wie ich hörte, steigst du zusätzlich ins Werbeartikelgeschäft ein?"
„So nebenbei lässt Schorsch Ach ein paar Tausend Swatch Werbeuhren, die nur Lebenszeit anzeigen, produzieren. Bis zum Herbst kommen sie auf den Markt. Der erste Abnehmer ist selbstverständlich der Lemma-Verlag."
„Elmar, ich sage dir schon heute, Tom wird die Verlagsbranche aufmischen. Wir müssen uns wappnen."
„Absolut! Wenn er erst einmal Fahrt aufgenommen hat, dann ist er nicht mehr zu bremsen."
„Elmar, ich wünsche uns, du kannst als Redaktionsleiter Robert vergessen machen. Egal was passiert ist, er war auf dem Posten ein guter Mann." Der Kollege ist wieder einmal irritiert. Tom springt ihm zur Seite: „Keine Sorge Hans, Elmar ist besser als Robert, denn er ist integer. Er wird den Laden rocken."

Zwei Stunden sind vorüber. Hans verabschiedet sich in Richtung Wirtschaftsministerium zu einem Gespräch mit Otto Graf Lambsdorff. Elmar geht zurück in die Redaktion. Tom in die Stadt. Er fühlt sich dabei so frei wie noch nie.

In den vergangenen dreieinhalb Jahren ist er nicht ein einziges Mal durch die Innenstadt von Bonn gebummelt. Einfach keine Zeit. Jeder Tag in der Hauptstadt war von Terminen und politischen Ereignissen bestimmt. Freizeit für eigene Interessen gab es keine. Oft hat er seinen Urlaub zurückgestellt. *„Vielleicht bin ich zu den Workaholics mutiert?"* So genau weiß er das nicht.

Beim Schlendern wechselt er immer wieder die Straßenseite. In spiegelnden Schaufenstern sieht er ziemlich genau, was hinter ihm geschieht. Eine Frau, so glaubt er, beobachtet ihn. Zu ihr gesellt sich ein Mann. Die beiden verhalten sich fortan wie ein Ehepaar.
Um sicherzugehen, läuft Tom durch eine Seitenstraße direkt in ein Kaufhaus. Von der Rolltreppe aus hat er eine gute Sicht nach unten. Das vermeintliche Ehepaar schaut nach oben. *„Fahrstuhl oder Treppenhaus"*, überlegt er schnell. Sie postiert sich alleine an der Rolltreppe. *„Aber wo ist ihr Partner hin? Vermutlich ins Treppenhaus."*

Der Fahrstuhl führt bis hinunter in die Tiefgarage. Tom steigt ein und fährt nur eine Etage nach unten. Er geht raus und läuft schnell zu den Treppen. Ein Stockwerk tiefer nimmt er die Rolltreppe. Oben angekommen steigt er wieder in den

Aufzug. Das Wechselspiel gefällt ihm: *„Auf und Ab, das macht Spaß."* Nach gut zwanzig Minuten ist er in der Tiefgarage. Von dort rennt er die Ausfahrt hoch und wetzt sogleich über die Straße. Er verschwindet in einem Schuhgeschäft. Durch das Schaufenster beobachtet er, wer aus der Parkgarage kommt. Das Verfolgerpaar ist nicht in Sicht. Er wartet fünf Minuten ab, bevor er seelenruhig den Weg zu seiner Wohnung einschlägt.

Der Nachbar aus der Wohnung von der anderen Seite des Erdgeschosses steht am Briefkasten. Tom verabschiedet sich bei ihm und wünscht ihm eine gute Zeit. Im Haus pflegen die Mietparteien einen distanzierten Umgang. Jeder grüßt jeden, aber keiner interessiert sich großartig für den anderen.
Seine Wohnung wirkt auf ihn heute Abend so leergeräumt. Der Telefonanschluss ist bereits abgestellt. *„Auch das noch",* stöhnt er. Bleiben ihm am letzten Abend zur Unterhaltung nur Fernsehen und Radio übrig. *„Gute Nacht Bonn!"*

21.

Heute ist Dienstag, 4. Mai 1982

Im Bett hört er den Regen. Er linst an diesem Morgen noch einmal verstohlen aus dem Fenster. *"Was ein Sauwetter!"* In einer Stunde kommt der Hausverwalter. *"Was sagt die Uhr?"* Die bleibt eisern bei 20.426 Tagen stehen. *"Ist das ein gutes Zeichen?"* Schulterzucken.

Etwas früher wie vereinbart steht der Hausverwalter in der Tür. Die Einrichtung checkt er durch, Mängel gibt es keine. Das Sparbuch mit der verzinsten Mietkaution händigt er aus. Tom unterschreibt und gibt ihm die Schlüssel. Das war es jetzt mit Bonn: *"Auf Wiedersehen!"*

Die Autobahn in Richtung Koblenz gleicht einer Fahrt durch die Waschstraße. Der Verkehrsfunk meldet auf der anderen Seite Unfälle und Staus. Für Tom geht es bei Heidelberg nur noch langsam voran. Von der Raststätte Bruchsal aus ruft er Kerstin in der Lokalredaktion Lahr an. Sie wollen sich um fünfzehn Uhr in der Volksbank treffen. Bevor er zurück zum Parkplatz geht, schaut er sich um: *"Werde ich verfolgt?"* Sieht nicht so aus. Zufrieden fährt er weiter nach Lahr.

Direktor Meiser begrüßt Tom so, als wären sie alte Schulfreunde, was ihn wundert. Der Banker prüft Pleichachs Sterbeurkunde und vergleicht die Personendaten mit den Kontodaten. Zusammen gehen sie in das Untergeschoss.

Banker Meisers Schlüssel passt ins Schließfach Nummer 84. Tom steckt seinen Schlüssel rein und öffnet das Fach. Diskret verlässt Meiser den Tresorraum. Der Journalist entnimmt eine Mappe mit Unterlagen. Darin befinden sich drei Reisepässe, jeweils ausgestellt auf André Pleichach, die seinen Vater als Franzose, als Deutscher und als Schweizer ausweisen.

Dazu eine Kontokarte der Société Générale in Straßburg mit der Nummer 2518 20815124. In einem Umschlag steckt eine handschriftliche Notiz: Basel Credit Swiss Kennwort Berthold Nummer 251820815124. *„Hinter Berthold verbirgt sich also ein Nummernkonto"*, stellt Tom fest, *„und alle Konten haben die gleiche Zahlenfolge."*

Die Kontennummern in Namen umzuwandeln, war von Pleichach schlau gedacht. Ebenso die Auswahl der Banken im Dreiländereck: Fünfzig Kilometer sind es von Straßburg ins unscheinbare Städtchen Lahr. Rund hundertvierzig Kilometer entfernt liegt Basel. Pleichach musste sich keine lange Kontonummern merken. Nach außen tat er so, als wäre Berthold ein Deckname für einen unbekannten informellen Mitarbeiter der Staatssicherheit der DDR. Rätselhaft ist, wie André es geschafft hat, bei drei verschiedenen Banken in drei Ländern Konten mit der jeweils gleichen Nummer zu eröffnen?

Tom packt alle Unterlagen in seinen Aktenkoffer. Er drückt auf einen Klingelknopf. Bankchef Meiser kommt und sperrt den Tresorraum ab. Beide gehen nach oben, wo Kerstin Keller in der Zwischenzeit im Vorzimmer Platz genommen hat. Der Verlauf ihrer makellosen Beine zieht alle Blicke auf sich. „Ölig" Meiser starrt wie gebannt auf ihre Oberschenkel. Seine Sekretärin räuspert auffällig laut, um ihren Chef von seinen gierigen Blicken abzulenken. Kerstin grinst, steht auf und umarmt Tom. Die Sekretärin kopiert derweil Pleichachs Sterbeurkunde. Tom gibt Meiser den Schlüssel, unterschreibt und das Schließfach ist aufgelöst.

Auf dem Weg zu Kerstins Wohnung reißen beide Witze über den scharfen Banker.
„Von dem Typ bekommst du im Bett jeden Kredit."
„Ohne Sicherheiten, aber dafür mit Sex über die gesamte Laufzeit als Pfand", lacht K und K.
„So ein schmieriger Typ, der „Ölig" – furchtbar."
„Der Name passt haarklein zu ihm. Bei uns in der Redaktion nennen ihn jetzt alle Kollegen so."
„Sollte ich irgendwann mal ein Kennwort vergeben, dann lautet es „Öligmeiser". Da kommt niemand drauf."

Kerstins Wohnung war nicht verwanzt. Auch die Redaktion wurde nicht abgehört, was Tom beruhigt, denn die Lahrer Kollegen haben mit der Sache Pleichach, Berthold oder wie immer sie genannt wird, nichts zu tun.
Während K und K duscht, telefoniert er mit Margot in der DZ-Bank in Frankfurt. Sie wird sich darüber informieren, ob Tom über die Volksbank das von Pleichach hinterlassene Konto bei der Société Générale nach Würzburg transferieren kann? Bei

der Gelegenheit erkundigt er sich nach Heinz Degenhardt. Der weilt nach wie vor in Bad Orb zur Kur. Wie es um ihren Chef Dieter Kaulbach bestellt ist, weiß sie nicht, der meldet sich nicht mehr. Wäre er gestorben, so wüsste sie davon.
Wahrscheinlich ist er noch bei Professor Hackethal in Behandlung. Beide überlegen, ob sie zusammen an den Chiemsee fahren sollen, um Dieter Kaulbach zu besuchen? Margot will dann doch lieber noch abwarten.

Es ist zwanzig Uhr, als Kerstin und Tom zum Italiener gehen. Das Wiedersehen hat die beiden etwas länger ans Bett gefesselt. Im Ristorante steigt eine Familienfeier. Luigi wurde heute fünfundvierzig Jahre. Mit überschwänglicher Freude begrüßt er Kerstin: „Il più bello die schöne Signorina von der Gionarle, was für eine Ehre."
Selbstverständlich ist auch „il fortunato Tom" herzlich eingeladen. Luigi begrüßt neue Gäste. Kerstin und Tom nutzen die Gelegenheit. Sie nehmen an einem kleinen Tisch Platz.

K und K möchte wissen, warum er sich für den kleineren Lemma-Verlag in Würzburg entschieden hat? Er schildert ihr ausführlich seine Beweggründe. Sie findet die Entscheidung gut und absolut richtig: „Mir scheint, dass die Gefahr der journalistischen Verbeamtung in Bonn groß ist", meint sie.
„Für dich ist das auf Dauer keine lohnende Perspektive. Du bist wirklich einmalig. Ein ganz spezieller, exzentrischer Typ. Dazu noch blitzgescheit. Dein beherrschendes raumgreifendes Auftreten erhebt einen Führungsanspruch. Du bist so und du

erwartest Gefolgschaft. Wer so auftritt, der macht sich überall bei den Etablierten logischerweise mehr Feinde als Freunde."

Tom nickt ihr zu: „Darum muss ich den Ton angeben und die erste Geige spielen. Ich kenne das nicht anders: In der Schule war ich Klassensprecher, später Schülersprecher. Bei der Bundeswehr wählten mich die Kameraden zum Vertrauensmann. An der Uni zum Studentensprecher. Und in jeder Redaktion, in der ich bisher war, fühlten sich die älteren Kollegen von mir herausgefordert, einige sogar bedrängt. Seltsam oder? Das Problem ist, wo ich bin, ist vorne und die anderen stellen sich freiwillig hinter mir an."

Kerstin lacht herzlich: „Wer mit dir nicht klarkommt, muss Probleme haben. Für dich ist das logisch und die anderen können wegen dir nachts nicht schlafen."

22.

Mittwoch, 5. Mai 1982

Auch in Lahr regnet es. Der Wetterbericht meldet im Radio „überhitzte" acht Grad. Kerstin gelingt es ganz schnell, Tom aufzuwärmen. Nachdem beide den Siedepunkt erreicht haben, trennen sich ihre Wege: Sie muss in die Lokalredaktion und er nach Würzburg.

Karlsruhe! Ausfahrt in Richtung Stadt. Parken, aussteigen, mehrmals tief durchatmen. Das Ritual muss sein. Tom findet, *„in Badens ehemaliger Hauptstadt, liegt wie nirgendwo sonst in der Republik ein zarter Duft von Liberalismus in der Luft"*.

„Mal sehen, ob meine Uhr auch hier funktioniert?" Sie zeigt 20.426 Tage an. Scheinbar steht sie still. Das Armband bewegt sich auch nicht. Es bleibt geschlossen: *„seltsam"*. Gestern zeigte sie für Kerstin 19.675 Tage an. Ihre Lebenserwartung reduziert sich ganz normal alle vierundzwanzig Stunden. Nicht bei ihm. Er gewinnt an Lebenszeit hinzu, *„auch gut"*. Pause beendet: Weiterfahren.

Verlagschefin Cornelia Lemma reservierte in Würzburg für Tom ein Zimmer im Hotel Amberger, das er jetzt bezieht. Als er das Telefon sieht, freut er sich wie ein kleines Kind:
„Wunderbar, denn ohne Telefon fühle ich mich in meiner Freiheit

eingeschränkt." Sogleich notiert er die Rufnummer. Das Zimmer ist etwas antiquiert eingerichtet, aber ansonsten perfekt: *"Darin lässt es sich ein paar Tage aushalten".* Er fährt zu seiner neuen Wohnung, um dort zu parken und seine Sachen abzustellen. Anschließend spaziert er zum Lemma-Verlag.

Von außen betrachtet er das Unternehmen und seine hektisch laute Umgebung. Die ist von der Betriebsamkeit eins in die Jahre gekommenen Klinikums dominiert. Das Schild „Ruhe Krankenhaus" findet keine Beachtung. Die Leute sind gerne laut. In dieser Stadt ist vieles anders als im gemächlichen Bonn. Hier sind die Menschen insgesamt hektischer, getriebener und ruppiger unterwegs. Keine Spur von vornehmer Zurückhaltung. Belobigungen sind den Einheimischen fremd, eventuell sogar verdächtig. Sollte sich jemand wiedererwartend positiv ausdrücken, dann geschieht das in Kurzform etwa mit einem „bassd scho" oder „ko mer ge lass". Das war´s! Mehr Freundlichkeit darf kein Besucher von den wortkargen Einheimischen dieser Stadt erwarten. Die Straßen sind schmal, die Gassen sind eng. Die vielen grauen Mauern versperren die Aussicht. Wer nur bis zum Nachbarn blickt, der kann den Horizont nicht sehen.
Echte Würzburger begegnen Auswärtigen und Zugezogenen zunächst einmal mit gebührendem Argwohn. Frohnaturen, falls es überhaupt welche gibt, gehen vermutlich, damit sie niemand sieht, zum Lachen heimlich in den Weinkeller. Aber und darüber ist Tom verwundert, sie feiern, wenn auch eher rustikal als lustig Fasching.

Politisch wurde das Land der Franken in den Freistaat Bayern eingebettet. Strikt ist das Frankenland in Ober-, Mittel- und Unterfranken eingeteilt. Ein Franke ist kein Bayer. Ein Unterkein Oberfranke. Im Grunde ist es wie überall: Jeder bildet sich ein, er kann sich auf eine bessere Herkunft als sein Nachbar berufen. Doch es ist die Zeit, die den Geburtsort bestimmt.

Wo, wann und zu welchem Zeitpunkt eine Mutter ihr Kindlein zur Welt bringt, entscheidet ein Säugling durch sein quälendes Drängen nach Freiheit.
Dem neugeborenen Kind sind Zeit, Ort, Herkunft und Abstammung vermutlich egal. Erst die Erziehung bestimmt über seine Zugehörigkeit.
In der Phase der Pubertät beginnt dann das Nachdenken: Bin ich hier richtig? Möchte ich wo anders sein? Sind diese nervenden Erwachsende wirklich meine Eltern? Wer zweifelt, schafft Konflikte. Wer viel fragt, bekommt nur wenige ehrliche Antworten. Das große weltumfassende Tor zum Eintritt in die auf Lügen gebaute Welt der Erwachsenen steht dem Nachwuchs sperrangelweit offen. „Herzlich willkommen im Klub!"

Tom schlendert durch die Stadt und setzt sich am oberen Marktplatz in ein Café. Er denkt über seinen Vater nach. In Pleichachs deutscher Geburtsurkunde steht wie in der Heiratsurkunde Andreas Friedemann. André Pleichach heißt er in der französischen Sterbeurkunde.

Unter dem gleichen Namen weisen ihn drei verschiedene

Reisepässe als Staatsbürger Frankreichs, Deutschlands und der Schweiz aus. Wie kam er an die Dokumente?

Tom wälzte auf der Suche nach dem Familiennamen Pleichach Telefonbücher in Bonn, in Lahr, in Baden-Baden und auch in Würzburg. Nirgendwo gibt es eine Person, die Pleichach heißt. Kerstin Keller hat das Telefonbuch von Straßburg durchsucht: Fehlanzeige! Morgen will er sich in der Stadt über den Bach Pleichach informieren. *„Irgendjemand muss doch über den Namen Bescheid wissen"*, hofft er.

23.

Donnerstag, 6. Mai 1982

Das Frühstück war gut, das Wetter bleibt saumäßig. Jeden Tag Regen bringt keinen Segen. Tom wünscht sich im Urlaub Sonnenschein. Bis zum Hotelier hat es sich herumgesprochen, warum Herr Friedemann hier Gast ist. Er wird bevorzugt freundlich bedient, obwohl er auf „Herr Friedemann möchten Sie noch …" keinen gesteigerten Wert legt.

Annegret nennt ihm am Telefon einige Namen und Telefonnummern, die er sofort der Reihe nach anruft. Er merkt, nachdem er jetzt mehr Distanz zum Geschehen in Bonn hat, wie sehr er dort vernetzt ist. Gute Kontakte werden ihm auch in seinem neuen Job nützlich sein. Bevor er sich auf die Spuren von Pleichach begibt, ruft er noch schnell Edith Degenhardt an. Sie überschlägt sich vor Freude. Am Samstag will er ihren Mann in Bad Orb besuchen. Rein zufällig ist Frau Edith am Wochenende ebenfalls in dem beschaulichen Kurort: *„na klar!"*

Tom kommt vom Telefon nicht los: Margret Lemma ist am anderen Ende der Leitung. Sie fragt, ob er heute kurzfristig für sie und ihre Mutter am Nachmittag Zeit hätte? *„Gerne!"*
Die Telefonate sind abgearbeitet, er verlässt das Hotelzimmer.
Auf dem Einwohnermeldeamt fragt er nach Pleichach. Die Antwort ein Bach, den alle im Dialekt nur kurz „die Blech"

nennen. Der Familiennamen Pleichach ist in der Stadt amtlich nicht registriert. Tom zeigt dem Beamten die Sterbeurkunde von André. „Fragen Sie mal den Erich, der kennt jeden."

Wer ist Erich? Stadtrat Felgenhauer. Ein Stock höher im Fraktionsbüro seiner Partei ist er nicht. „Bestimmt ist er in der Röntgen-Gedächtnisstätte anzutreffen", heißt es. Also läuft Tom dorthin.
Erich, der Stadtrat, erweist sich als freundlicher, sachkundiger Röntgen-Fachmann. Leider kennt er niemanden, der Pleichach heißt. Dafür weiß Tom, der Journalist, nach geschlagenen zwei Stunden alles über den Nobelpreisträger Wilhelm Conrad Röntgen.

In einem Café liest Tom aufmerksam die Tageszeitung. Dabei entdeckt er den Namen eines Kollegen, den er aus der Zeit in Mannheimer kennt. Morgen möchte er ihn in der Lokalredaktion aufsuchen. Es ist Zeit, um in Richtung Lemma-Verlag zu gehen.

„Guten Tag" grüßt er mit einem freundlichen Lächeln.
„Was wollen Sie?", fragt die Dame barsch.
„Frau Lemma erwartet mich."
„Niemals, wir suchen niemand."
„Noch nicht gnädige Frau."
„Sie ganz bestimmt nicht." Tom traut seinen Ohren nicht. Die Dame verfügt über den Charme einer Drahtbürste. Er bleibt ruhig, aber er wird deutlicher: „Also noch einmal zum

Mitschreiben: Mein Name ist Friedemann und Frau Lemma erwartet mich dringend." Endlich betätigt sie, wenn auch mit grimmigen Gesichtsausdruck, die Hausruftaste: „Hier steht ein Herr Friedemann, den Sie angeblich erwarten."

Die eben noch vorlaute Empfangsdame sinkt langsam in sich zusammen. Sie legt den Hörer auf und stammelt zögerlich „Entschuldigung, das wusste ich nicht".

Margret Lemma steht plötzlich vor Tom, um ihn abzuholen. Auf dem Weg ins Büro zu ihrer Mutter erzählt er, was er am Empfang erlebt hat. „Oh ist das peinlich!"

Cornelia Lemma fragt, ob Tom bereits zum ersten Juni statt Juli anfangen könnte?
„Hm, das muss ich mir in Ruhe überlegen, denn es geht um meine Lebenszeit."
„Wie dürfen wir das verstehen?", fragt Margret.
„Gibt es für Sie beide etwas Wertvolleres als Ihre ureigene Lebenszeit?"
„Doch meine Gesundheit", antwortet Cornelia.
„Die bleibt oder geht mit der Zeit", erwidert Tom.
Beide Damen schauen nachdenklich.
„Sehen Sie jetzt im Moment ist Ihre Zeit. Sie sehen gesund aus und könnten sofort das tun, was Sie wollen, aber Sie tun es nicht. Dadurch gefährden Sie Ihre Gesundheit."
„Man soll doch der Gesundheit willen verzichten, heißt es doch", gibt Margret zu bedenken.

„Verzichten macht krank und keineswegs glücklich."

„Was ist schon Glück?", wirft Cornelia Lemma resignierend ein.

„Ihr Leben", betont er knapp. Margret ist fasziniert, Cornelia nachdenklich:

„Mein Mann ist zu früh verstorben."

„Und warum? War er krank, erlag er einem Unfall?"

„Darüber möchte ich nicht sprechen."

Margret rutscht auffällig nervös auf dem Stuhl hin und her. Der Tod ihres Vaters ist offenbar in der Familie der wunde Punkt. Tom kehrt wieder zum Anfang des Gesprächs zurück:

„Reicht es Ihnen, wenn ich am Montag Bescheid gebe?"

„Selbstverständlich, das wäre sehr nett." Cornelia hat sich wieder gefangen und Margrets Dauerlächeln ist in ihr Gesicht zurückgekehrt.

„Wie geht es mit Ihrer Lebensuhr voran?", möchte Cornelia wissen.

„Sehr gut. Schorsch Ach wird sie als Swatch-Uhr anbieten. Ich denke, sie wird das Weihnachtsgeschäft beleben."

„Darf ich sehen, wie es heute um meine Lebenszeit steht?", fragt Margret.

„Gerne." Tom reicht ihr die linke Hand. Lächelnd blickt sie auf die Uhr: „17.908 Tage, das sind seit dem neunten April exakt jeden Tag einer weniger. Das ist nicht zu glauben."

„Dann möchte ich auch mal nachsehen", fordert Cornelia: 11.288 Tage. Auch ihre Lebenszeit reduziert sich tageweise.

„Und wie lange bleiben Sie uns erhalten?", fragt Margret

recht kess.

„Bei mir schiebt sich schon länger nichts mehr. Dank der Stagnation nimmt meine zu erwartende sehr lange Lebenszeit von runden achtundachtzig Jahren noch zu."

„So alt werden Sie?", zeigt sich Cornelia beeindruckt.

„Nur, wenn nichts dazwischenkommt. Schon morgen kann sich alles ändern, denn die Zeit ist das, was bald geschieht".
Die Damen schauen sich schweigend an. Tom steht auf und verabschiedet sich von Cornelia.
Margret begleitet ihn mit den Worten, „wenn Sie Fragen haben oder etwas benötigen, so können Sie mich jederzeit anrufen" zum Ausgang. Er bedankt sich freundlich für die angebotene Unterstützung.

Auf dem Weg zum Hotel lässt er das Gespräch Revue passieren: Der wunde Punkt war der frühe Tod des Ehemanns von Cornelia Lemma. Seine Journalistennase riecht bereits den Moder einer Leiche im Keller der Familie.

Mit der Straßenbahn fährt er in die Innenstadt zum Dom. Über den Dialekt der Fahrgäste schüttelt er den Kopf. Die Leute kürzen die Worte ab, indem sie die Endungen einfach weglassen. T, P und K werden durch D, B und G ersetzt. Dadurch klingen die Worte aufgeweicht. Mit verkürzten Worten bilden Würzburger knappe Aussagen. Mit „aus Äpfel" beenden sie unliebsame Diskussionen. Wenn sie über jemanden sprechen, ohne seinen Namen nennen zu wollen, dann ist die Person nur der oder die „Ding". Für Tom klingt die Redensart wie eine

Geheimsprache.

Er geht zur Main Post. In der Redaktion fragt er nach seinem früheren Kollegen aus gemeinsamen Mannheimer Tagen. Roland ist bestimmt im „Sternbäck", heißt es. „In dem Lokal hat er seinen Stammplatz", glaubt ein Kollege zu wissen.

Schnurstracks sucht Tom die Kneipe auf. Trotz dicker Rauchschwaden sieht er Roland an der Theke stehen. Er tippt ihm von Hinten an die Schulter. Prompt folgt ein überwältigendes Hallo unter „alten" Kollegen! Die beiden erzählen sich viele ernste Erlebnisse und witzige Anekdoten. Tom möchte auch etwas über Markus Lemma erfahren.
Der war, so berichtet Roland, ein Partylöwe, der viel Geld in den Würzburger Karnevalsumzug steckte. Als Verleger investierte er in Export-Publikationen, die er frühzeitig wieder einstampfen musste.
Angeblich habe er seine Tochter Margret sexuell missbraucht. Die leide seither an Klaustrophobie und wäre schon seit Jahren in psychologischer Behandlung. Eines Tages lag Markus tot in seinem Partyraum, der sich unterm Dach des Verlags befand. Der Freund von Cornelia, ein gewisser Professor Willibald Wanken, hätte den Totenschein auf Herzversagen ausgestellt. In Wahrheit, so wird gemunkelt, begann Lemma aus Angst vor einer Anklage wegen Missbrauch seiner Tochter Suizid. Jetzt ist Tom auch klar, warum Margret immerzu lächelt: Sie nimmt Psychopharmaka ein. Die junge Frau, so Roland, kann alleine nicht aus dem Haus gehen. Sie wohnt mit ihrer Mutter

Cornelia in der Dachgeschosswohnung des Verlagsgebäudes. Die Familie Lemma wäre wegen der Tragödie noch schwer gebeutelt.
Kollege Roland erweist sich als ein besonders trinkfester und überaus redseliger Informant. Erst weit nach Mitternacht fährt Tom mit einem Taxi zum Hotel.

24.

Heute ist Samstag, 8. Mai 1982

Überraschung es regnet nicht! Getreu dem Slogan der Gesundheitsbewegung „Ein Schlauer trimmt die Ausdauer" legte Tom gestern einen Trainingstag ein. Die Folgen spürt er heute: Muskelkater macht ihm zu schaffen. *„Ich muss mehr trainieren."*

Seine Lebensuhr hat ihm heute einen Tag abgezogen. *„Ich werde angeblich achtundachtzig Jahre alt. Auf die lange Zeit gerechnet, spielt doch ein Tag mehr oder weniger keine Rolle."*

Sehr angenehm - im Frühstücksraum sind wenige Gäste. Wie jeden Morgen liest er ausführlich die Tageszeitung, um sich über das lokale Geschehen zu informieren.

Gegen Mittag startet er in Richtung Bad Orb. Heinz freue sich laut Edith ganz besonders auf seinen Besuch. „Ich mich selbstverständlich auch", fügte sie am Telefon hinzu.

Während der Fahrt blickt Tom immer wieder aufmerksam in die Rückspiegel. Die Schattenmänner lauern nämlich überall.
Seine neue Würzburger Adresse kennt in Bonn zwar niemand und offiziell befindet er sich irgendwo im Urlaub, aber man weiß ja nie.

Die Reha-Klinik ist auf den ersten Blick wohl eher nicht das richtige Haus für einfache AOK-Versicherte.

Schon beim Betreten des Foyers riecht es nach Geld. Würde die RAF hier einen Terroranschlag verüben, dann wären einige Frankfurter Finanzmanager unter den Opfern. Eine Rezeptionistin ruft Heinz Degenhardt an: Vergebens, der ist nicht auf seinem Zimmer. Tom macht das, was er am wenigsten mag: Er wartet geduldig.

Fünfzehn Minuten sind vergangen, als Edith Degenhardt ihn freudig begrüßt:

„Sie müssen entschuldigen, mein Mann ist derweil bei der Krankengymnastik. Es dauerte einige Zeit, bis man mich in der Cafeteria gefunden hat."

„Dann komme ich jetzt nicht gelegen."

„Doch sehr, ich bin ja da und Heinz wird sich auch bald zu uns gesellen." Sie bittet Tom in die Cafeteria.

„Haben Sie etwas von Herrn Kaulbach gehört?"

„Ja, Heinz telefonierte mit ihm. Dieter geht es wohl nicht besonders gut. Er zählt die Tage bis zu seinem Ende."

„Ich empfahl ihm am siebenundzwanzigsten März, er möge dringend einen Arzt aufsuchen. Meine Lebensuhr zeigte siebenundsechzig Tage an. Heute haben wir den achten Mai, also rund zweiundvierzig Tage weniger. Nur noch fünfundzwanzig Tage bleiben ihm."

„Das ist doch furchtbar", meint Edith: „Mein Mann möchte unbedingt wissen, wie lange er noch zu leben hat?"

„Warum ist jeder so erpicht darauf zu erfahren, wann er in die Gruft muss?"

„Ich glaube, wir Menschen wollen, wenn es uns betrifft, Bescheid wissen. Nichts zu wissen verunsichert uns. Was auf uns zu kommt, müssen wir wissen. Wir benötigen Klarheit, damit wir entsprechend handeln können."

„Frau Degenhardt, unsere Lebenszeit und unsere Lebensqualität können wir nur durch Handlung beeinflussen. Also müssen wir ehrlich zu uns selbst sein. Was machen aber die meisten Leute? Sie verleugnen ihre eigene Wahrheit."

„Tom, Sie sind ein sehr kluger und überaus interessanter Mensch, über den ich gerne mehr erfahren möchte."

„Meinen Sie wirklich? Ich glaube, Ihnen geht es nur um Sex."

„Sie verunsichern mich."

„Vielleicht sind Sie der Wahrheit wegen beunruhigt?"

„Dermaßen." Edith unterbricht plötzlich. Ihr Mann kommt an den Tisch. Tom steht artig auf. Heinz Degenhardt begrüßt ihn überaus herzlich.

„Ich habe schon oft überlegt, warum ausgerechnet Sie mir meinen Arsch gerettet haben?"

„Na ja, es war im Zug niemand anderes da, den ich hätte retten können."

Degenhardt lacht: „Edith, versprach ich etwa zu viel? Der Herr Friedemann ist ein schlagfertiger junger Mann und auch noch ein exzellenter Journalist, wie ich herausgefunden habe."

„Absolut, das ist er." Sie blickt ihm dabei sehnsüchtig an. Seine Augen reagieren nicht, sie verschließen ihr den Blick in seine Gedanken.

„Woher wussten Sie, wie es um Dieter Kaulbach steht?",

will Heinz wissen.

„Es gibt zwischen uns Menschen Wahrnehmungen, die niemand erklären kann. Vielleicht ist es der Siebte Sinn, ich weiß es nicht."

„Und was für ein Geheimnis verbirgt sich in Ihrer Uhr?"

„Keines, sie zeigt nur Tage an."

Degenhardt reicht Tom die linke Hand: 6.935 Tage. Der Banker rechnet neunzehn Jahre aus: „Edith mit dreiundsiebzig ist Feierabend. Du darfst dann fünfzehn Jahre lang meine Rente und alles andere genießen." Edith ist das peinlich. Tom lenkt ab: „So, wie ich das sehe, geht es Ihnen ja wieder gut."

„Ich fühle mich wie runderneuert. Zudem habe ich viel Zeit zum Nachdenken. Ergebnis: Die DZ-Bank existiert auch ohne mich. Vermutlich sogar ohne Dieter Kaulbach. Geld haben wir genug gescheffelt. Bis zur nächsten Hauptversammlung gebe ich noch den Vorsitzenden. Danach ist in unserem Haus in der Toskana dolce vita angesagt. Mein Herzinfarkt hat mir die Augen geöffnet. Und Ihre Uhr bestätigt meine Entscheidung."

„Na endlich kommst du zur Einsicht. Was sagen Sie?"

„Zum jetzigen Zeitpunkt klingt das vernünftig. Ich bin gespannt, ob Sie das wirklich durchziehen."

Heinz Degenhardt hat sich insgesamt sehr verändert. Sein dominantes Doppelkinn ist deutlich entfettet. Er gleicht nur noch einer halben Portion. Der Herzinfarkt hat beim ihm auch in der Psyche Spuren hinterlassen. Wer mit sich und seinem Körper jahrelang Raubazu betreibt, der bekommt eines Tages die Quittung präsentiert. Tom erlebte in Interviews einigeS gestresste Manager, die trotz aller Warnsignale nicht zur Einsicht gelangten. Später mussten sie dem Leistungsdruck Tribut zollen. Sie klappten zusammen, weil Körper und Geist streikten. Der Leidensdruck folgt immer der fehlenden Einsicht.

Über eine Stunde ist vorüber. Tom möchte sich verabschieden:
„Herr Degenhardt, ich habe eine Bitte bezogen auf ein von meinem Vater vererbtes Nummernkonto bei der Credit Swiss: Kann ich über Ihre Bank das Konto in der Schweiz auflösen?"
„Nein, das geht so nicht. Da müssen Sie höchst persönlich vorstellig werden."
„Und ein normales Konto bei der Société Générale in Straßburg?"
„Schwierig, aber über mich vielleicht machbar."
„Eine erneute Fahrt nach Basel bleibt mir also nicht erspart. Dennoch vielen Dank und Ihnen weiterhin alles Gute.
Ich freue mich, wenn wir weiterhin Kontakt halten."
„Auf alle Fälle, gell Edith?" Sein Grinsen signalisiert, er kennt seine Frau und ihre Begehrlichkeiten.
„Ganz bestimmt sogar! Tom, Sie sind jederzeit unser Gast."
„Vielen Dank für die freundliche Einladung."

Edith möchte ihn bis zum Parkplatz begleiten. Bevor er ablehnend reagieren kann, hat sie sich bei ihm am Arm untergehakt. An seinem Wagen umarmt sie ihn plötzlich und sie versucht ihn zu küssen. Auf sanfte Art weicht er aus.
Sie versteht das nicht: „Tom, Sie mögen mich nicht besonders,

oder?"

„Edith, Sie sind eine sehr nette, aparte Erscheinung, keine Frage. Vermutlich sind Sie es gewohnt zu nehmen, was Ihnen gefällt. Bitte lassen Sie es allein aus Respekt vor Ihrem Mann gut sein."

„Sie sind sehr charakterfest. Ich weiß nicht, ob ich das im Moment gut finde."

„Mein Charakter braucht keine Bewertung, denn er ist, wie er ist. Niemand außer mir kann ihn ändern und ich will ihn nicht ändern."

„Sie sind mir ein Rätsel."

„Das macht nichts Edith." Tom verabschiedet sich von ihr.

Während der Fahrt zurück nach Würzburg beschließt er, den Kontakt zu Degenhardts einzufrieren. Ediths Avancen nerven ihn: *„Wenn schon ein sexuelles Abenteuer, dann mit Kerstin. Und Bankvorstand Heinz ist gedanklich mit seinem beruflichen Rückzug beschäftigt. Der wird alsbald seinen Abschied nehmen und ist dann raus aus dem Business."*

Spontan beschließt er, einen Umweg über Bad Mergentheim zu machen, um bei noch Ehefrau Brigitte vorbei zu schauen. In einer Ortschaft sieht er eine Telefonzelle. Er hält vor ihr an und ruft im Hotel Amberger an, um zu erfahren, ob ihn jemand sprechen wollte. Bankdirektor Zeus und Herr Mardin fragten nach ihm. Was will Pleichachs unehelicher Sohn?
Wahrscheinlich ist er wegen der Uhr nachdenklich geworden. Und Zeus hat vermutlich die Bilanz vom Lemma-Verlag näher

unter die Lupe genommen. Bei dem Gedanken muss Tom lachen. Denn wenn über Jahre hinweg falsch bilanziert wurde, dann stimmen weder Steuererklärungen noch Unternehmensbewertungen. Das ist sowohl für den Steuerberater wie für die Bank peinlich.

Dem Steuerberater wird er, sobald er die Geschäftsführung übernommen hat, sowieso den Vertrag aufkündigen. Mit der Volksbank muss er sich erst noch näher beschäftigen.

Auf dem Parkplatz registriert Tom einen Pkw mit Würzburger Kennzeichen. *„Brigitte hat bestimmt Besuch"*, kommt es ihm in den Sinn. Er schließt leise die Wohnungstür auf. Aus der Küche hört er eine männliche Stimme. Ruckartig öffnet er die Tür. Vor Schreck lässt Brigitte ein Glas fallen und stammelt, „wieso bist du hier?".

„Guten Tag allerseits! Vielen Dank für den freundlichen Empfang. Zur Erinnerung, laut Mietvertrag ist das meine Wohnung. Ich zahle jeden Monat pünktlich die Miete. Brigitte, vielleicht stellst du mir den Herrn mal vor?"

Mit hochrotem Kopf und leiser Stimme kommt ihr „Stibeldei" über die Lippen. Der Mann ist eine geschätzte zwei Meter große, dürre Bohnenstange. Auf seiner Nase ruht eine randlose Brille, die man getrost als optischen Fehlgriff bezeichnen darf. Etwas hastig streckt der Herr Stibeldei Tom die Hand entgegen. Das mag der gar nicht. Mit einem abschätzenden Blick lässt er ihn stehen und wendet sich Brigitte zu:

„Wohnt dein Liebhaber jetzt in meiner Wohnung?"

„Nein, er besucht mich ab und zu."

„Aha, so nennt man das? Vorschlag: Du zahlst ab sofort die Miete. Ich habe die Wohnung bereits zum dreißigsten Juni gekündigt."

„Das ist auch meine Wohnung."

Tom unterbricht Brigitte: „Nein, du hast die Ehe beendet und somit bist du raus." Er wendet sich an Stibeldei: „Apropos Sie verlassen sofort meine Wohnung."

Der zuckt resignierend mit den Schultern und meint, „es ist besser so" und geht. Brigitte bringt ihn zur Tür.

„Was erlaubst du dir, du kannst doch nicht einfach so hereinplatzen."

„Kann ich, weil meine Wohnung. Entweder du zahlst die Miete oder du ziehst aus und zwar sofort."

„Ich ziehe zum ersten Juli um und keinen Tag früher."

„Nur, wenn du Miete zahlst."

„Dann zahle ich halt die blöde Miete."

„Und zwar auf mein Konto, denn wie gesagt, ich bin der Mieter. Übrigens hat mein Anwalt dir geschrieben."

„Den Brief habe ich noch nicht gelesen."

„Solltest du fristwahrend aber tun, denn jeder Tag zählt."

„Was soll die Eile?"

„Scheidung duldet keinen Aufschub. Meinen Schreibtisch hole ich zusammen mit anderen Gegenständen in den nächsten Tagen ab. Den Rest kannst du behalten."

„Wie großzügig von dir."

„So bin ich selbstlos bis zur Aufgabe. Bevor ich es vergesse: Dein Liebhaber hat Hausverbot. Wenn die Miete vollständig bei mir eingegangen ist, dann könnt ihr euch hier vergnügen, aber keinen Tag früher."

Brigitte langt sich an den Kopf. Sie weiß nicht, ob sie lachen oder heulen soll. Tom ist das völlig egal. Er ist mit ihr fertig. Ihm geht es nur noch um die formelle Abwicklung der Ehe. Seine Sachen verstaut er im Auto und fährt grußlos davon.

25.

Montag, 10. Mai 1982

„*Hört das nie auf*", fragt sich Tom, als er aus dem Fenster linst. Regen, Regen, Regen bei, so der Wetterfrosch im Radiowecker, sage und schreibe knapp neun Grad.
„*Der Mai ist gekommen, die Bäume schlagen nicht aus*" summt er enttäuscht vor sich hin. Gestern ist er im Regen durch den Residenzgarten gejoggt. Am Nachmittag war er in der Innenstadt unterwegs. Abends kehrte er in der „Marktbärbel" ein. Dort erfuhr er, wo Udo abgeblieben ist. Der Panzerfahrer, den Tom im Jahr 1968 bei der Bundeswehr kennenlernte, wäre jetzt Gastwirt im „Spetzeck" in Veitshöchheim.

„*Was ein Name Spetzeck*, denkt er, „*das Wort gibt es bestimmt nur in der hiesigen fränkischen Mundart.*" Udo will er nächste Woche besuchen.

Seine Lebensuhr zieht wieder regelmäßig einen Tag ab. Sie will zurzeit von einer Gutschrift nichts wissen. Er beschließt trotz Sauwetter zu joggen. Danach will er seinen Halbbruder Marcel anrufen, der ihn dringend sprechen möchte. Beim Laufen überlegt er, ob er bereits am ersten Juni im Lemma-Verlag anfangen soll? Noch ein Monat lang Faulenzen ist nichts für ihn. Zu Verreisen hat er auch keine Lust. Der Einzug in seine neue Wohnung ist ihm wichtiger.

Er telefoniert mit Chefredakteur Hans in Düsseldorf.
Einer vorzeitigen Beendigung des Arbeitsverhältnisses zum einunddreißigsten Mai steht nichts im Weg.
Tom verzichtet im Gegenzug auf seinen Resturlaub. Sogleich telefoniert er mit Margret. Die junge Frau Lemma zeigt sich hocherfreut. Beide vereinbaren für morgen einen Termin. Der Arbeitsvertrag bedarf noch einiger Ergänzungen.

Am anderen Ende der Leitung ist Pleichachs unehelicher Sohn Marcel Mardin. Der glaubt, sein leiblicher Vater hätte ihm etwas Bedeutendes hinterlassen. Vor ein paar Tagen lehnte er die Lebensuhr komplett ab. Jetzt will er sie plötzlich doch noch einmal an seinem Handgelenk ausprobieren.

„Der Kerl weiß auch nicht, was er will", denkt Tom: *„Vielleicht war Marcel damals in Bordeaux zu jung oder einfach nur ängstlich?"*
Egal, beide verabreden sich für heute Abend in der Weinstube im Hotel Rebstock.

Seit über einer halben Stunde wartet Tom auf den Möbelwagen. Heute wird auch sein Telefonanschluss freigeschaltet. Endlich läutet es: Die Möbelmänner sind da! Es geht los: Bett, Schlafzimmerschrank, Garderobe, Wohnzimmer und für ihn ganz wichtig, die Kücheneinrichtung.
Wie verabredet meldet sich am Telefon das Fernmeldeamt: „Ihr Telefon ist ab sofort freigeschaltet." Er ist überrascht, wie schnell heute alles vonstattengeht. Die Kontakte von Cornelia Lemma zahlen sich aus. Am frühen Nachmittag geht er zum

Hotel und teilt dort mit, dass er morgen nach dem Frühstück auszieht. Mit seinem Auto macht er sich auf den Weg zu einem Haushaltswarengeschäft. Bis auf ein paar Kleinigkeiten ist die Grundausstattung für seinen Haushalt komplett.

Um neunzehn Uhr betritt er die Weinstube im Rebstock. Ein Kellner geleitet ihn zu Marcel. Der macht bei der Begrüßung einen sehr nervösen Eindruck. Die Halbbrüder gleichen sich weder optisch noch in ihrer Persönlichkeit. Marcel ist keine besondere, eher eine biedere, mittelgroße durchschnittliche Erscheinung. *„Einige Gesichtszüge ähneln im Ansatz denen von André"*, glaubt Tom. Er fragt Marcel nach seinem Werdegang: Volksschule, Kaufmannslehre, selbstständig tätig im eigenen Großhandel. Seit acht Jahren ist er mit Isolde verheiratet. Zwei Kinder, Häuschen, geordnete Verhältnisse.

„Hat mir Pleichach etwas hinterlassen?", fragt Marcel.
„In den Unterlagen befindet sich nichts, was direkt an dich gerichtet ist."
„Das überrascht mich nicht, obwohl ich hoffte, er hinterlässt mir wenigstens einen Abschiedsbrief."
„Mir hat er die mysteriöse Lebensuhr und drei Bankkonten hinterlassen. Ich fahre am Donnerstag nach Basel zur Credit Swiss. Wenn du Lust hast, dann fahre einfach mit."
„Wirklich? Wir kennen uns kaum."
„Na, dann lernen wir uns halt kennen."
„Ich muss erst mit meiner Frau sprechen, ob ich wegkann?"
„Das wird sie bestimmt verstehen, schließlich geht es um

deine Herkunft."

„Ja, ich rufe sie gleich an. Unser Geschäft wird einen Tag ohne mich auskommen."

„Was für ein Geschäft betreibt ihr?"

„Einen Großhandel für französische Feinkost."

„Etwas für Feinschmecker."

„Die Ware ja. Unsere Kunden kommen überwiegend aus der Gastronomie. Die sind leider nicht alle Feinschmecker."

Nach ein paar Minuten kommt Marcel zurück an den Tisch:

„Also ich kann am Donnerstag mitfahren, wenn du uns morgen Abend besuchst. Meine Frau möchte gerne den Mann kennenlernen, der mich in die Schweiz entführt."

„Da hat sie recht! Wann soll ich bei euch eintreffen?"

„So zwischen achtzehn - und neunzehn Uhr wäre gut."

„Abgemacht."

Tom reicht seinem Halbbruder die Lebensuhr. Das Armband schließt bei ihm nicht. Er ist kein Medium. Die Erleichterung ist Marcel anzusehen. Er verfügt nicht über das Standing von Tom, der scheinbar jeder noch so kniffligen Situation gewachsen ist. Vor sechs Jahren in Bordeaux lehnte Pleichach Marcel als seinen leiblichen Sohn mit der knappen Begründung „du bist dafür nicht geeignet" ab.

„Manchmal träume ich davon, wie Pleichach mir die Uhr vor mein Gesicht hält und ruft „du nicht". Vielleicht hören jetzt die Träume auf?", hofft er.

26.

Donnerstag, 13. Mai 1982

Die vergangenen drei Tage hat Tom zur weiteren Eingewöhnung genutzt. Heute Morgen ist er bestens gelaunt. Seit Langem lacht die Sonne. Endlich haben sich die Regenwolken verzogen.

In seiner neuen Wohnung hat er sich schnell eingelebt. Am Dienstag war er im Lemma-Verlag. Die Tinte ist trocken, der Arbeitsvertrag unterschrieben. In vierzehn Tagen wird er mit seiner neuen Führungsaufgabe beginnen.

Cornelia und Margret haben ihm bei der Gelegenheit einige Abteilungsleiter und den Betriebsratsvorsitzenden vorgestellt. In den Gesichtern sah er sowohl Zuversicht als auch Skepsis hinsichtlich seines Alters. So ein junger Chef weckt Zweifel. Offenbar rechneten die Herren mit einigen Ansagen von ihm. Dazu sah er keinen Anlass. Aus Erfahrung weiß er um die Fehler, die bei solchen Vorstellungsrunden gemacht werden. Meistens werden vollmundig großartige Veränderungen angekündigt, die später im Betriebsalltag keine Umsetzung erfahren. Von Luftnummern will Tom nichts wissen.

Abends besuchte er die Familie von Marcel. Isolde, hat das Herz am rechten Fleck. Pierre ist der gemeinsame, wohlerzogene Sohn. Er geht bereits in die zweite Klasse. Tochter

Clarissa ist zwei Jahre jung. Im Haus hat eindeutig Isolde die Hosen an. Marcel ist zurückhaltender, stiller, eher der nachdenkliche Partner. *„Das Ehepaar ergänzt sich ausgezeichnet"*, stellte Tom fest.

Gestern lud Bankdirektor Zeus zum Mittagessen ein. Der Stachel ist Würzburgs ältestes Gasthaus. Cornelia Lemma war auch dabei. Der Banker gab sich angesichts der Peinlichkeit um die Bilanz kleinlaut. Den Fehler hätte seinem Leiter der Kreditabteilung auffallen müssen. „Die Bilanz wird bereinigt", verkündet Tom. Zeus ist über die Entscheidung erleichtert und Cornelia beruhigt.

Wie verabredet sitzen die beiden Halbbrüder am Donnerstagmorgen im Intercity von Würzburg nach Frankfurt. Dort steigen sie in Richtung Basel in einen anderen Zug um. Toms Gewohnheit folgend nehmen sie im Speisewagen Platz.
„Bitte ein Paar Frankfurter mit Mayonnaise, aber ohne Senf", bestellt er zum Erstaunen der Bedienung. Feinkosthändler Marcel hat dafür nur ein „Igitt" übrig.

„Dachte ich es mir doch." Der Kellner freut sich, als er die Würstchen serviert: „Sie wurden bei der Deutschen Bundesbahn bereits vermisst."
„Ist etwa der Umsatz an Frankfurtern eingebrochen?"
„Vermutlich", spekuliert der Kellner lachend.
Marcel ist beeindruckt: „Woher kennt der dich?"
„Von einer Fahrt. Seither sind Frankfurter mit Mayonnaise

ohne Senf zumindest beim Personal in den Speisewagen mein Markenzeichen. Fehlt nur noch das Vanilleeis. Ich schätze, er bringt es auch ohne Bestellung." Tatsächlich kommt nach ein paar Minuten der Kellner mit dem Eis.

„Unglaublich" meint Marcel.

„Tja, nur das Außergewöhnliche hinterlässt Eindruck", bemerkt Tom.

„Du bist, so scheint mir von dir sehr überzeugt."

„Da kann ich dir nicht widersprechen. Sag mal, was weißt du über die Légion étrangère?"

„Pleichach schilderte mir vor Jahren in Bordeaux sein Leben in der Fremdenlegion. Von Soldaten und Militär halte ich nichts. Ich war auch nicht bei der Bundeswehr. Die haben sich zu meinem Glück nie bei mir gemeldet. André schien meine Meinung über das Militär nicht zu gefallen. Erst bin ich kein Medium für seine Uhr und dann auch noch kein Soldat. Für ihn war ich eindeutig ein Versager."

Tom erzählt Marcel die Geschichte, wie er Pleichach 1968 im Zug nach Offenburg kennenlernte. Er zeigt ihm das wertvolle Fünfmarkstück. Sein Halbbruder wiegt es in seinen Händen und staunt:

„Glaubst du, unser Vater war vermögend?"

„Keine Ahnung, wir werden in Basel hoffentlich schlauer sein."

„Er hat dir alles anvertraut und hinterlassen. Das zeigt, wie sehr er auf dich setzt. Die Uhr allein ist Gold wert, obwohl sie für dich auch eine Belastung ist."

„Das stimmt! Legionäre wollten mich erpressen, in dem sie Kerstin zur Geisel nahmen. Und der Stasi hat mich ausspioniert und verfolgt. Vermutlich sind sie noch immer hinter mir her."

„Was, das sagst du mir erst jetzt? Hast du mich deshalb mitgenommen?"

„Nein mach dir keine Sorgen. Ich habe einen guten Draht zur Polizei. In Basel kenne ich Polizei-Hauptmann Emil. Die Herren der Bahnpolizei habe ich über unsere Fahrt informiert. Wir haben einen unauffälligen Begleitschutz."

„Du bist ja bestens vorbereitet, wie machst du das?"

„Gelernt ist gelernt, mein Lieber. Gute Kontakte sind das Salz in der Suppe eines Journalisten."

„Hoffentlich, ich möchte wieder gesund zurückkommen. Du erwähntest Kerstin: Wer ist sie?"

„Eine frühere Kollegin, die in Lahr bei der Badischen Zeitung ist."

„Und was hat die mit der Uhr und den Legionären zu tun?"

„Eigentlich nichts, aber zwei Legionäre, die jetzt tot sind, sahen das anders."

„Wie bitte - tot?"

„Ja, die Uhr kann zum Henker werden."

„Das ist furchtbar. Wie kannst du damit leben?"

„Gut, denn ich entlarve schlechte Menschen und die Uhr bestraft sie."

„Das ist unmenschlich, sogar grausam."

„Marcel, die Lebensuhr zeigt nur deine restliche Lebenszeit an, nicht mehr und nicht weniger. Ob die Ganoven mit ihrem schlechten Charakter länger oder weniger gelebt hätten, wissen sie ja nicht. Niemand weiß, wann seine allerletzte Stunde schlägt."

„Dennoch ist die Uhr unheimlich und grausam. Überlege mal, sie ist Scharfrichter und Vollstrecker in einem. Stell dir vor, sie gerät in falsche Hände?"

„Und? Ohne mich funktioniert sie nicht, sie ist für jeden anderen nutzlos."

„Also muss man dich entführen. Mir scheint dich lässt das kalt."

„Kalt nicht, aber ich habe eine gewisse Sicherheit, denn die Täter werden binnen weniger Tage sterben. Das werden sie nicht riskieren."

„Es wird sich immer ein Idiot finden, der glaubt, er wäre besonders schlau."

„Damit muss ich leben, aber angst macht mir das nicht. Im Gegenteil, die Uhr ist einmalig und ich bin ihr Medium. Mehr weiß ich nicht, aber ich werde ihre Herkunft herausfinden."

Der Zug fährt durch den Bahnhof in Lahr. Unweigerlich denkt Tom an Kerstin und an Heinz Degenhardt. Er forscht im Stillen nach irgendeiner Verbindung, ausgehend vom Bankvorstand und seinem Herzinfarkt in der Toilette bis ins Krankenhaus zum an Krebs erkrankten Pleichach. *„Dem bin ich bereits 1968 bei einer Bahnfahrt begegnet."*

„Du musst viel mehr denken", mahnte ihn sein Vater auf dem Sterbebett.

„Denken, denken, denken", sagt er sich: *„Ich denke den ganzen*

Tag, aber ich erkenne beim besten Willen keinen Zusammenhang. Degenhardt war zu Bankgeschäften in Basel, kollabiert im Zug und wird in Lahr ins Krankenhaus gebracht. Ich begleite ihn und begegne dort André Pleichach. Der gibt mir die Uhr.

Im Hotel, ebenfalls in Lahr, kommt es nach Jahren zu einem Wiedersehen mit Kollegin Kerstin. Sie ist in Lahr geboren, war ein paar Jahre in Mannheim und kehrte als Journalistin zurück: Lahr, Lahr, Lahr! Warum dort und nicht sonst wo? Seit ich an meinem Handgelenk die Uhr trage, hat sich mein Leben total geändert. War ich das oder steuert mich die Uhr?" Tom weiß es nicht.

„An wen oder was denkst du?" Marcel holt ihn aus seinen Gedanken.
„Ich frage mich, ob mich insgeheim die Uhr steuert?"
„Möglich ist alles."
„Die Zeit ist das, was bald geschieht, denn sie steht niemals still. Es gibt für uns nur eine Vergangenheit und eine Zukunft, aber keine Gegenwart."
„Doch wir sind in der Gegenwart", glaubt Marcel.
„Wir sind allerhöchstens gegenwärtig, mehr aber nicht. Gegenwart ist nur eine Bezeichnung für die entstandene Lücke zwischen vergangener Zeit und kommender Zeit. Der Volksmund spricht gerne von heute und jetzt, obwohl die Gegenwart zeitlos ist."
„Das ist mir zu hoch."
„Marcel, egal was du sagst, es ist Vergangenheit. Wir leben im Gestern. Wir, denken und sprechen immer wieder über das, was bereits war. Pleichach hat recht: Die Zeit ist das, was bald

geschieht, also Zukunft. Und meine Uhr weiß, wann unser Leben endet. Sie ist nicht böse. Die Frage lautet, warum weiß sie es?"

Fast pünktlich fährt der Intercity in Basel ein. Tom und Marcel steigen in ein Taxi und fahren zur Credit Swiss. Beim Betreten der Bank zeigen sie ihre Personalausweise.

Ein Angestellter begleitet sie in ein Büro. Dort legt Tom die Unterlagen vor und nennt das Nummernkonto 251820815124. Der Bankmann zieht die Augenbrauen hoch und verlässt den Raum. Nach etwa drei Minuten übergibt er ein Kuvert, das Tom sofort öffnet. Darin liegt der Schlüssel für das Schließfach. Zusammen mit dem Banker gehen sie in den Tresorraum. Tom öffnet das Schließfach und räumt es aus.

Pleichach, so bestätigt eine notarielle Urkunde aus dem Jahr 1976, ist bevollmächtigt, private Finanzangelegenheiten für Präsident Ferdinand Edralin Marcos in der Schweiz und Frankreich wahrzunehmen.

Irritiert schüttelt Marcel den Kopf: „Ich verstehe nur Bahnhof."

„Unser Vater war, wenn auch vermögend, durch und durch ein Söldner."

„Wer ist dieser Präsident?"

„Der schmutzige Diktator der Philippinen. Das Land wäre eigentlich wohlhabend, wenn Marcos es nicht ausplündern würde."

Tom und Marcel sichten die Unterlagen. Ihr unscheinbarer

Vater verstand es exzellent verschiedene Rollen einzunehmen. Je nachdem, wie es die Situation von ihm erforderte, war er Kommandant, Clochard oder Beauftragter eines zwielichtigen Staatspräsidenten.

„In seiner jeweiligen Rolle muss er sehr geschickt vorgegangen sein", meint Tom und hält Marcel einen Kontoauszug vor die Nase.

„Schau, er hinterlässt Goldzertifikate von mindestens drei Millionen Franken. Hier ist noch ein Kontoauszug." Marcel regt sich auf: „Das glaube ich nicht, eine halbe Million Franken in bar. Du bekommst alles und ich erbe nichts?"

„Ganz langsam bleibe ganz ruhig. Es geht nur ums Geld. Werde nicht gierig und nicht neidisch. Denke an deine Lebenszeit."

„Ich kann nicht ruhig bleiben: Erst hatte ich keinen Vater und dann hinterlässt mir der Kerl nicht einmal einen Pflichtteil."

„Unser Vater hat nicht nach deutschem Erbrecht gehandelt. Das Vermögen ist auf zweifelhafte Art und Weise zustande gekommen. Hier in der Schweiz oder in welchem Land auch immer gelten andere Gesetze. Die Gold-Zertifikate sind nur Papiere und noch längst kein bares Geld."

„Damit kenne ich mich nicht aus."

„Marcel beruhige dich. Gib mir deine linke Hand."

Marcel folgt der Aufforderung und ist erneut aufgebracht: Nur noch 1.095 Tage! Am neunten April betrug seine Lebenszeit achtunddreißig Jahre. Jetzt verliert er an einem Tag drei Jahre.

Im Gesicht ist er leichenblass. Er zittert und ihm laufen die Tränen herunter. *„Es war ein großer Fehler"*, denkt Tom, *„ihn mitzunehmen."*

Für Marcel gibt es nichts zu erben, seine Nerven liegen blank. Das harte Urteil der Lebensuhr zieht ihn noch weiter runter. Pleichach muss gewusst haben, wie schwach sein Sohn ist. Tom packt die Dokumente ein. Die Goldzertifikate legt er wieder ins Schließfach. Mit Marcel geht er zum Banker: „Was muss ich tun, wenn ich vom Nummernkonto Geld überweisen möchte?"

„Das können sie jederzeit telefonisch regeln. Vorausgesetzt Sie hinterlassen bei mir Ihre Anschrift und Telefonnummer. Sie können von uns auch Schecks haben."

Die Enttäuschung ist Marcel tief ins Gesicht geschrieben. Innerlich lehnt Tom die angespannte Stimmung ab. Er bleibt ruhig und lässt sich nichts anmerken. Die Erwartungshaltung seines Halbbruders bekam einen herben Dämpfer.

„Marcel steht unter massivem finanziellem Druck", glaubt Tom im Stillen. Der nette Abend von gestern erscheint heute in einem anderen Licht. Schweigend verlassen beide die Bank.

Mit dem Taxi fahren die beiden zum Polizeirevier. Hauptmann Emil begrüßt den „Zeugen Tom Friedemann" besonders herzlich. Auf seinem Schreibtisch liegt das Wirtschaftsmagazin. „Ja, da staunen Sie, Herr Redaktor. Ich habe Ihre Story über das Erdölgeschäft gelesen. Großartig und furchtbar zugleich. Wer Heizöl kauft, fördert indirekt die Korruption. Ich heize mit ehrlichem Schweizer Holz."

„Wie steht es im Kampf gegen Schmuggler und andere Kriminelle?"

„Herr Redaktor, wenn wir zusammen mit dem Zoll drei Ganoven schnappen, dann tauchen wo anders fünf weitere Tagdiebe auf."

„Was wurde aus ihrem Säuniggel?"

„Der Holländer hockt im Loch. Fünf Jahre wird er absitzen müssen, der dumme Kerl."

Tom muss immer wieder über Emils dialektale Ausdrucksweise lachen, während Marcel stumm wie ein Goldfisch mit sich hadert. Zwanzig Minuten sind vergangen, als sich die beiden Halbbrüder vom Polizei-Hauptmann verabschieden.

Zurück im Intercity nach Frankfurt wird Marcel plötzlich wieder gesprächiger: „Du hast recht, ich sollte ehrlich zu dir sein. Im Moment sind wir mit unserem Geschäft in einer etwas misslichen Lage. Wir sind bei der Bank am Limit. Mit 50.000 Mark wären wir aus dem Gröbsten raus."

„Hast du eine Bilanz?"

„Ja klar."

„Darf ich mal einen Blick reinwerfen?"

„Wann?"

„Wenn wir wieder in Würzburg sind."

„Heute noch?"

„Ich dachte es brennt?"

„Eigentlich schon, aber meine Frau weiß doch nichts über

unser Gespräch."

„Du hast eine patente Partnerin, was machst du dir Gedanken?"

„Na ja, das kommt jetzt überraschend."

„Die Zeit birgt Überraschungen in sich, wenn ich meine Uhr betrachte."

„Ja das stimmt!"

Der Zugführer fragt nach den Fahrkarten und erinnert sich dabei an Tom:

„Hoffentlich haben wir heute nicht wieder einen Notfall? Ist alles gut verlaufen? Wie geht es ihrem Bekannten?"

„Er ist noch auf Kur, um sich vom Herzinfarkt zu erholen."

„Dann wünschen Sie ihm im Namen der Bundesbahn alles Gute."

„Das richte ich ihm aus vielen Dank."

Marcel staunt: „Du kennst wirklich jeden."

„Das sieht nur so aus."

„Was war das für ein Notfall?"

„Ein Fahrgast saß bei mir mit am Tisch. Später kam er nicht mehr von der Toilette zurück. Ein Herzinfarkt hinderte ihn daran."

„Mit dir erlebt man einiges."

Die Rückfahrt nach Frankfurt verlief reibungslos und planmäßig. Allerdings wird sich die Abfahrt des Intercitys nach Würzburg um fünfzehn Minuten verzögern. Dafür haben die

Fahrgäste nur ein resignatives Schulterzucken übrig.

Seit einigen Minuten beobachtet Tom auf dem Bahnsteig zwei Herren. Ihr Verhalten erscheint ihm auffällig. Der Intercity fährt ein: Aussteigen lassen, um einsteigen zu können. Marcel und er finden auf Anhieb Platz. Eine Sitzreihe hinter ihnen sitzen die beiden seltsamen Typen. Der eine mittelgroße Kerl trägt einen hässlichen oliv-braunen Anzug, der sich garantiert in keinem Schaufenster Westdeutschlands im Angebot befindet. *„Die Klamotten wurden garantiert im kommunistischen Nordvietnam gefertigt"*, ist Tom überzeugt.

Der andere Kerl ist tief braun gebrannt, etwas größer und für die eher kühle Witterung zu leicht angezogen. So wie der ausschaut, kommt er direkt aus Afrika. Marcel merkt, wie sehr sich sein Halbbruder mit den beiden Männern beschäftigt.

„Was ist los?", fragt er flüsternd.

„Komm mit, wir steigen aus, ich glaube, wir sind im falschen Zug."

Marcel geht wortlos mit. Auf dem Bahnsteig verwickelt Tom den Zugführer in ein Gespräch. Dabei sieht er, wie der eine Mann vom offenen Fenster aus das Geschehen beobachtet. In zwei Minuten ist Abfahrt. Die Halbbrüder gehen zum Speisewagen und steigen ein. Am letzten hinteren Tisch ist noch Platz für zwei Personen.

„Was sind das für Gestalten?", will Marcel wissen.

„Das weiß ich noch nicht. Wenn sie uns in den Speisewagen folgen, dann sind sie hinter uns her."

„Muss ich mir Sorgen machen?"

„Nein, hier im Zug passiert nichts. Die Typen wissen nicht, dass später zusätzlich zur Fahrkartenkontrolle eine Ausweiskontrolle durchgeführt wird."

„Aber du weißt davon?"

„Logisch! Es läuft eine groß angelegte Fahndung nach der RAF im Rhein-Main-Gebiet. Die Banken-Hauptstadt Frankfurt ist Hochsicherheitsgebiet."

„Zum Glück leben wir in der Provinz. Bei uns gibt es keine RAF, kein Stasi und keine Fremdenlegionäre."

„Es ist besser, du wachst auf. Stell den Wecker. Sogenannte informelle Mitarbeiter der DDR gibt es überall auch in der Provinz Würzburg. Denunzieren wird Kindern im Elternhaus anerzogen. Erinnerst du dich an die Schulzeit? Herr Lehrer, ich weiß was, im Keller brennt Licht."

„Allerdings!"

„Petzen ist die infantile Einstiegsstufe zum Denunzieren."

Die zwei Gestalten kommen in den Speisewagen. Der Kellner weißt sie ab: Keine Chance. Der braun gebrannte Typ blickt direkt zu Tom. Sein Kumpan greift ihn an den Arm. Es sieht so aus, als wollen sie das Restaurant verlassen. Stopp!

Der Schaffner kommt mit einem Bahnpolizisten und mit zwei zivilen Polizeibeamten zur Tür herein: „Fahrkarten und Personalausweise bereithalten", ruft der Bahnpolizist. Zuerst überprüfen sie die beiden Typen nebst ihrem Gepäck. Keine Beanstandungen, die Kerle dürfen den Speisewagen verlassen.

Die Kontrolleure stehen vor dem Tisch. Tom zückt seinen Presseausweis. Leise sagt ein Beamter „beide sind Angehörige der angolanischen Botschaft in Ostberlin und angeblich auf dem Weg nach München".

„Was hat der Beamte zu dir gesagt?", fragt Marcel.

„Die Typen gehören zur angolanischen Botschaft in Ostberlin."

„Und was suchen die hier?"

„Die fahren angeblich nach München."

„Na, dann sind wir sie ja bald los."

„Abwarten und hellwach bleiben."

„Warum?"

„Jede Wette, die folgen uns nach Würzburg."

Marcel ist beunruhigt und sichtlich nervös, während Tom gespannt darauf ist, ob die Kerle ihm nach Würzburg folgen. In seinem Aktenkoffer befindet sich ein Prototyp der Werbeuhr. Optisch gleicht sie bis aufs Haar der Lebensuhr. Die echte Lebensuhr ist deutlich schwerer, aber das weiß ja niemand.

„Ich frage mich, woher die beiden Herren wussten, wann wir in Frankfurt in den Zug steigen?"

„Marcel, es muss uns bereits auf der Hinfahrt jemand gefolgt sein."

„Meinst du? Woher soll jemand gewusst haben, wann wir in den Zug steigen?"

„Ich habe mit niemand darüber gesprochen, und du?"

„Nur mit meiner Frau."

„Wer weiß, mit wem Isolde so spricht. Freundinnen, Bekannte, Kunden?"

„Ja schon, aber von denen schnüffelt doch niemand hinter mir her."

„Das glaubst nur du." Tom staunt über die Naivität seines Halbbruders.

„Vielleicht werdet ihr Ahnungslose abgehört?"

„Wer soll denn daran Interesse haben?"

„Marcel, du bist doch auch Pleichachs Sohn. Vielleicht will man über dich an sein Vermögen kommen?"

„Ich habe doch nichts geerbt, bei mir ist nichts zu holen."

„Das weiß doch außer mir niemand, es sei denn, du hast es, als du von Basel aus Isolde angerufen hast, ihr erzählt."

„Ja habe ich."

„Und wahrscheinlich auch, wann wir wieder in Würzburg sind?"

„Na klar, Isolde muss doch Bescheid wissen."

„Jede Wette, ihr werdet abgehört."

Marcel ist jetzt komplett mit den Nerven runter. Tom beruhigt ihn, steht auf, läuft los, und sucht die Beamten. Dabei kommt er auch am Abteil der beiden Verfolger vorbei. Zwei Wagen weiter sieht er die Beamte. Den beiden Polizisten erklärt er kurz die Situation. Zusammen mit dem Bahnpolizisten geht er zum Telefonapparat des Zugführers. Nach etwa drei Minuten beendet er das Gespräch. Er geht zurück in den Speisewagen.

„Wo warst du?"

„Ich habe die Kammerjäger bestellt."
„Wie bitte?"
„Bis wir in Würzburg sind, seid ihr vom Ungeziefer befreit."
„Wer sind die Kammerjäger?"
„Spezialisten."
„Aber die Isolde weiß doch nicht Bescheid."
„Bleib ganz ruhig, die Polizei, ruft sie vorher an."
„Mit dir habe ich mich auf etwas eingelassen."
„Sei froh, so erlebst du wenigstens etwas."

Marcel war nicht bei der Bundeswehr und wurde auch sonst im Leben nicht auf ernste, geschweige bedrohliche Auseinandersetzungen vorbereitet. Für Tom ist er ein Weichei: nett, aber harmlos.

Noch ein paar Minuten bis Würzburg. Die beiden Halbbrüder packen ihre Sachen zusammen und verlassen den Speisewagen. Der Zug hält. Auf dem Bahnsteig herrscht reger Betrieb. Tom schaut nach den beiden Typen. Er ahnt ihre Nähe, sieht sie aber nicht. Auch in der Bahnhofshalle keine Spur von ihnen. Zusammen mit Marcel steigt er in ein Taxi.

Isolde macht bei der Begrüßung einen entspannten Eindruck. Sie ist kein bisschen aufgeregt. Ein gewisser Herr Baier hat sich nach Ware erkundigt, die er heute noch abholen will. Die Polizei habe sich bis jetzt nicht gemeldet. Tom lächelt und fragt nach der Bilanz. Isolde ist überrascht: „Habt ihr unterwegs über unsere finanzielle Situation gesprochen?"

„Ja" antwortet Marcel kleinlaut.

„Na endlich hast du dich mal getraut", freut sich Isolde. Sie holt die Bilanz aus dem Schrank.

Tom blättert sie durch und findet, was er darin liest, witzig:

„Die Bank arbeitet nach dem Prinzip der Raubritter: erst ausbeuten, bis nichts mehr da ist, dann am Galgen aufhängen. Also ihr Lieben, ihr zahlt viel zu hohe Bankzinsen oder besser gesagt, ihr malocht für die Bank. Mein Vorschlag, ich gebe euch 50.000 Mark und wir lösen das Darlehen sofort ab. Zusätzlich bekommt ihr noch 10.000 Mark, um den Kontokorrentkredit zu tilgen. Marcel, du machst mit Zeus einen Termin aus. Sage, aber nichts von mir. Ich möchte ihn überraschen, zumal er mir noch einen Gefallen schuldet."

„Warum machst du das?", fragt Marcel.

„Unser Vater hat nur mich bedacht. Das war nicht fair von ihm. Ganz ohne Eigennutzen mache ich das auch nicht. Ich möchte in eurer Firma Gesellschafter werden und mithelfen, sie weiterzuentwickeln. Natürlich nur, wenn ihr das wollt?"

„Das ist eine gute Idee Tom", findet Isolde.

„Danke halber Bruder. Ehrlich gesagt habe ich das von dir nicht erwartet."

„So und warum nicht?"

„Weil du ein messerscharf denkender Mensch bist. Angst ist dir scheinbar fremd. Leute, die sich fürchten, sind nichts für dich."

„Angst ist lediglich der Gedanke an eigene Schwächen.

Menschen fürchten sich vor der Zukunft, die sie gar nicht kennen. Was passiert? Es kommt alles anders, als man denkt. Ergo ist Angst haben überflüssig."

Es läutet an der Tür. Der vermeintliche Kunde Herr Baier steht mit einem Kollegen im Flur. Sofort macht er sich am Telefon zu schaffen. Schnell entdeckt er eine Wanze.
Zwei weitere Apparate befreit er vom Ungeziefer. Isolde ist fassungslos: „Wer macht denn sowas?". Marcel ist wie immer entsetzt. Die beiden Beamten suchen im Büro und in der sich oberhalb befindenden Wohnung nach weiterem Ungeziefer.
„Alle Abhörsender entfernt", meldet Herr Baier. Die Beamten wollen noch ein paar leckere französische Spezialitäten einkaufen. Marcel berät sie entsprechend.

„Wer um Gottes willen, horcht ausgerechnet unsere Telefongespräche ab? Fremde haben sich in unserer Wohnung zu schaffen gemacht – warum?" Isolde ist enttäuscht.
„Warum ist klar", weiß Tom: „Ihr holt regelmäßig Ware in Straßburg. In der Légion étrangère wissen einige Kameraden von Pleichachs Sohn Marcel und von mir. Sie sind in erster Linie hinterm Geld her und vermuten, Berthold hat es."
„Wer ist denn Berthold?", ruft Isolde dazwischen.
„Niemand nur ein Name, hinter dem sich Bankkonten verbergen. Das ist aber noch nicht alles, wie wir in Basel erfahren haben: Präsident Marcos hat Vater Pleichach beauftragt, in der Schweiz Gold anzulegen. Für Berthold interessiert sich der Stasi quasi in enger Kooperation mit dem ein oder anderen

Legionär."

„Was ist mit deiner Lebensuhr?"

„Da sind die Schergen nach dem Tod ihrer Kameraden vorsichtiger geworden. Die Frage ist, wer hat Zugang zu euren Telefonen?", möchte Tom wissen.

„Im Büro unsere Mitarbeiter und privat fällt mir niemand ein."

„Dann überlege mal, wer in eure Wohnung kann?"

„Außer meinen Eltern niemand. Tagsüber ist bei uns offen. Die Wohnungstür ist nicht abgeschlossen. Warum auch, außer uns geht niemand nach oben."

„Vielleicht eine Putzfrau?"

„Klar, die habe ich vergessen. Aber die hat damit nichts zu tun. Die Frieda ist eine treue Seele."

„Freundin, Verwandte, Nachbarn?"

„Hm, neugierig sind, von denen einige."

„Können Sie uns eine Namensliste zusammenstellen? Wir prüfen die Liste nach etwaigen Auffälligkeiten durch", bietet Herr Baier an.

„Das darf aber niemand erfahren. Wenn sich das herumspricht, dann können wir einpacken", betont Isolde.
Marcel will von den Bedenken nichts wissen: „Verschwiegenheit setze ich bei der Polizei voraus. Es wäre schon hilfreich, wenn wir wüssten, wer uns ausspioniert."

„Da hast du recht! Auch ich möchte wissen, wer so hinterfotzig ist, oder Isolde?" Sie nickt zustimmend. Ganz davon überzeugt ist sie aber nicht. Mit der Schreibmaschine erstellt sie eine Namensliste mit Adressen.

„Wer immer euch abhörte, er wird bald merken, dass er aufgeflogen ist", stellt Tom fest.

„Hoffentlich bekommen wir keinen Ärger."

„Ach was! Marcel, denk positiv und lass dich nicht einschüchtern. Bestell mir bitte ein Taxi und denke an den Termin in der Bank."

Mittlerweile ist es dunkel. Tom steigt in das Taxi und mustert dabei den Fahrer. Der Typ ist ihm nicht geheuer. Er steigt mit den Worten „ich habe etwas vergessen" aus, geht zurück ins Haus und ruft die Taxizentrale an. Ein Taxi mit der genannten Autonummer ist dort nicht bekannt. Wahrscheinlich hören die Ganoven den Taxifunk ab. Tom eilt aus dem Haus, aber der Fahrer ist abgehauen. Er muss warten, bis ein echtes Taxi vorfährt. Marcel ist wieder besorgt und Isolde meint nur „was es alles gibt?".

Endlich nach gut dreißig Minuten steigt Tom ein. Der Fahrer ist, so erzählt er, ein ewiger Student der Sozialpädagogik. Über fünf Jahre fährt Ulli schon Taxi, was ihm mehr Spaß macht als studieren.

„Der Typ passt mit seinen langen Haaren und seinen abgelatschten Turnschuhen genau ins Klischee", findet Tom.

„Die schmale Straße durch den Rottenbauerer -Grund nach Würzburg runter ist so finster und einsam wie ein Kohlenkeller", bemerkt Ulli zutreffend. In Sichtweise leuchtet eine Warnblinkanlage auf.

„Da ist einer besoffen in den Graben gefahren", glaubt Ulli. Tom hat eine andere Ahnung: „Nein, da will uns jemand überfallen. Fahr einfach weiter."

Auf der Fahrbahn stehen zwei Mann. Ulli ist gezwungen zu halten. Tom sieht sofort, wer die beiden Typen sind.
Er öffnet sanft die Tür, während Ulli das Fenster runter kurbelt und fragt, „was ist passiert?".
„Nichts, wir wollen nur Ihren Fahrgast mitnehmen."
„Gerne", sagt Tom und drückt Ulli mit dem rechten Auge Richtung Funkgerät blinzelnd zehn Mark in die Hand. Er steigt aus. Das Taxi fährt davon. Tom steht am Straßenrand:
„Was wollen Sie?"
„Wo ist Ihr Aktenkoffer?", fragt der Typ mit dem selten hässlichen oliv-braunen Anzug.
„Den hat in Würzburg der Bundes-Nachrichten-Dienst übernommen." Irritiert schaut der Kerl auf seinen Kumpanen, der mit den Schultern zuckt.
„Sie lügen", brüllt der angolanische Botschaftsangehörige.
„Sind Sie blind, wo ist hier ein Aktenkoffer? Erinnern Sie sich noch an den BND? Sie wurden doch im Zug überprüft. Ich nehme an, die Kameraden sind Ihnen gefolgt. Jede Wette, dass Ihre billige Inszenierung in wenigen Minuten beendet ist." Die beiden Männer werden nervös.
„Steigen Sie ein, Sie fahren mit uns."
„Warum?"
„Sie bleiben bei uns, bis wir den Aktenkoffer haben."
„Wenn Sie mich als Geisel nehmen, dann sind Sie aller-

spätestens in drei Tagen tot."

„Uns können Sie mit dem Firlefanz nicht einschüchtern. Ihre Uhr ist nur ein Bluff."

„Gut, dann nehmen Sie mich mit. Mal sehen, wie weit Sie kommen?"

Tom steigt seelenruhig ins Auto ein. Die beiden Ganoven sind offenbar verunsichert. Der mit dem hässlichen Anzug setzt sich auf dem Rücksitz neben ihn.

„Sie glauben meiner Uhr nicht?", fragt Tom.

„Nein, ich höre nicht auf Märchen."

„Dann können Sie mir ja bedenkenlos Ihre linke Hand reichen."

„Bitte, wenn es Ihnen hilft."

Tom packt die Hand. Das schwarze Ziffernblatt leuchtet hell auf und es erscheint für ein paar Sekunden eine Zwei.

„Das ist gar keine Uhr. Was soll die Zwei bedeuten?"

„Ganz einfach: Sie werden spätestens in zwei Tagen sterben."

„So ein Quatsch! Geben Sie mir die Uhr." Tom öffnet das Armband und reicht sie ihm. Er kann die Uhr nicht anlegen. Das Armband schließt nicht.

„Sehen Sie die Uhr bestraft Sie. Sagen Sie nicht, ich hätte Sie nicht gewarnt."

Tom reißt ihm die Uhr aus der Hand und fordert „reichen Sie mir noch einmal die linke Hand". Der vorlaute Typ wirkt nicht mehr ganz so sicher. Tom schaut ihm tief in die Augen, als er seine Hand nimmt. Wieder leuchtet das Ziffernblatt auf und es erscheint eine Null.

„Sie Geiselnehmer sind in wenigen Minuten am Ende."

„Blödsinn, ich bin in bester Verfassung."

„Sind Sie nicht. Sie können in jeder Minute sterben. Die Zeit nimmt Sie aus dieser Welt. Und wissen Sie warum? Sie sind für diese Welt wertlos. Und Sie haben sich mit mir, dem Medium der überirdischen Lebensuhr angelegt."

„Ich glaube Sie sind verrückt. Wo ist der Aktenkoffer?", brüllt er.

„Immer noch beim BND."

Der Ganove schwitzt. Ihm läuft der Schweiß über das Gesicht. Er wird blass und zittert. Sein hässlicher Anzug wird von innen heraus nass. Es sieht so aus, als lege eine fremde Kraft seinen Körper trocken. Er sinkt in sich zusammen.

Sein Kumpan rast nach rechts in einen Seitenweg und legt eine Vollbremsung hin. Schnell steigt er aus. Eilig geht er zum Kofferraum, entnimmt eine Tasche und rennt über das freie Feld davon.

Tom schüttelt den völlig ausgezehrten Dahindarbenden: Der reagiert nicht mehr. Jede Erste Hilfe ist sinnlos. Seine Klamotten sind vom Schweiß durchtränkt. Er stinkt ekelhaft. Der Geiselnehmer ist innerhalb weniger Minuten vollständig ausgetrocknet.

In aller Ruhe durchsucht Tom das Fahrzeug. Im Kofferraum liegt ein Aktenkoffer. Er öffnet ihn: *Schau an eine russische*

Pistole und ein Diplomatenpass der Republik Angola. Carlos Frieder nennt sich der Kerl", flüstert Tom staunend. *"Und noch ein Pass für Charles Frieder von der Sozialistischen Republik Vietnam. Wer hätte das gedacht? Die DDR darf natürlich nicht fehlen: Karl Frieder heißt der tote Stasi-Kerl. Vermutlich ist das sein richtiger Name."*

Die drei Länder Angola, Vietnam und DDR kooperieren als Verbündete im Geiste des Sozialismus.
Ein französisches Dokument bescheinigt Charles Frieder eine zwanzig Jahre dauernde Dienstzeit in der Légion étrangère.

Tom sieht seine Vermutung bestätigt: Es gibt also doch eine enge Verbindung zwischen der Stasi und der Fremdenlegion. Wer aber ist der geflüchtete zweite Kerl?
Im Fahrzeug findet er keine weiteren personenbezogenen Hinweise über den losgerannten Ganoven.
Ein Beleg der Autovermietung am Bahnhof bestätigt Carlos Frieder eine Anzahlung für den Leihwagen.

Tom stellt die Warnblinkanlage ein. Vom Tal nähert sich ein Fahrzeug mit Blaulicht. Dahinter fährt ein Taxi. Ulli hat ihn offenbar verstanden und die Polizei verständigt. Tom lotst die beiden Pkws in den Seitenweg. Zwei uniformierte Polizisten und ein Zivilbeamter steigen aus. Auch Taxifahrer Ulli kommt auf Tom zu:

„Was bin ich froh, Sie zu sehen, meine Herren. Auf der Rückbank sitzt ein Toter."

„Wie bitte?", antwortet der Zivilbeamte.

„Ja ohne Fremdeinwirkung einfach so. Schauen Sie selbst."
Der Polizist öffnet eine hintere Wagentür und untersucht den toten Karl Frieder.
„Eine Fremdeinwirkung kann ich nicht erkennen. Der Mann ist klatschnass, wie kommt das?"
„Der fing plötzlich stark an zu schwitzen, redete wirr und sank in sich zusammen."
„Vielleicht Herzinfarkt? Herr Kollege, verständigen Sie bitte die Zentrale, den Notarzt und die Herren in Schwarz."
„Wo ist der zweite Mann?"
„In diese Richtung abgehauen."
„Der Taxifahrer sprach von einer Geiselnahme."
„Da hat er recht. Die Pistole und einige Papiere liegen im Fahrzeug."
„Und ihr Ausweis?" Tom holt seine Brieftasche heraus und reicht dem Beamten seinen Personalausweis.
„Von Ihnen habe ich schon gehört. Moment, ich muss die Kollegen verständigen."

Ulli nutzt die Gelegenheit, um mit Tom zu sprechen. Sie gehen zum Taxi. Er zieht unterm Beifahrersitz seinen Aktenkoffer hervor: „Vielen Dank Herr Taxifahrer, vor allem für die wortlose Verständigung."
„Das habe ich gerne gemacht. Einen Fahrgast, der gekidnappt wird, hatte ich noch nie."
„Für mich war das auch neu."
„Dass Sie so ruhig geblieben sind?"
„Ich habe frühzeitig gelernt, in extremen Situationen Ruhe

zu bewahren. Das klingt einfacher, als es ist. Meine Gelassenheit und meine mentale Stärke haben mir heute geholfen."

„Warum ist der andere Kidnapper abgehauen?"

„Der bekam Angst, als er sein Kumpan plötzlich sterben sah."

„Mann, was hatten Sie für ein Glück – unglaublich. Stirbt der Kerl während der Entführung. "

„Ulli, wo und wie kann ich Sie erreichen?"

„Am besten über die Taxizentrale oder an meinem Standplatz am Grafeneckart. Als alter Student wohne ich in einer Wohngemeinschaft. Wir haben allerdings kein Telefon."

Der Kripobeamte beendet sein Funkgespräch. In ein paar Minuten, so kündigt er an, kommen weitere Polizisten. Die sollen dann mit Hunden nach dem geflüchteten zweiten Mann suchen. Der Gerichtsmediziner wird auch bald eintreffen. Vorläufig ist der Pkw ein Tatort. Der Notarzt fährt vor. Er untersucht den toten Geiselnehmer und schüttelt dabei mehrmals den Kopf: „Sehr merkwürdiger Todesfall. Keine Fremdeinwirkung, kein Gift, nichts. Der Mann ist klatschnass und stinkt widerlich. Hier ist weder ein Bach noch ein See. Geregnet hat es auch nicht. Niemand verliert auf einen Schlag seine Körperflüssigkeit. Dennoch ist er ausgetrocknet. So wie der Tote aussieht, starb er an multiplem Organversagen. Ich bin gespannt, was der Gerichtsmediziner sagt."

Der Kriminalbeamte schaut fragend Tom an: Er zuckt mit den Schultern: „Was soll ich sagen? Ich bin kein Mediziner."

„Soll ich etwa in so einer Situation meine Lebensuhr zeigen, damit

ich am Ende für verrückt erklärt werde? Nein!", sagt er zu sich.:
"Die Obduktion wird und nur darauf kommt es an, ein amtliches Ergebnis liefern."

Der Rechtsmediziner ist eingetroffen. Er unterhält sich kurz mit dem Notarzt. Weitere Fahrzeuge der Polizei fahren vor. Spürhunde nehmen die Fährte vom flüchtigen zweiten Geiselnehmer auf.
Der Gerichtsmediziner ist mit seiner Untersuchung schnell fertig. Auch er plädiert vorläufig für multiples Organversagen als Todesursache. Der Leichnam wird von zwei Bestattern eingesargt und zur Gerichtsmedizin gefahren.
Tom reicht es jetzt. Er möchte nach Hause. Daraus wird aber nichts, Ulli und er müssen mit zum Präsidium.

Der Kripobeamte kann nicht verstehen, warum so ein austrainierter Mann mit vierundvierzig Jahren plötzlich verstirbt?
„Vielleicht die Aufregung oder der Druck, was weiß ich", antwortet Tom schlecht gelaunt: „Die Papiere von dem Kerl sagen doch einiges aus, oder nicht?", brummt er.
„Ja schon, aber seltsam finde ich das schon."
„Ich nicht. Die Gangster wollten mich beklauen. Bereits in Bonn wurde ich verfolgt. Zudem ist das nicht die erste Geiselnahme mit der ich zu tun habe. Die Verbindung von Stasi-Schnüfflern und Fremdenlegionären besteht engmaschiger als vermutet."
„Aber doch nicht hier bei uns in der Provinz", entgegnet der Polizist.

„Die sind überall."

Die Tür geht auf und zwei Mitarbeiter des BND kommen herein.
„Guten Tag Herr Friedemann."
„Sie kennen sich?", wundert sich der Kripobeamte.
„Ein guter Journalist kennt viele wichtige Leute."

Tom erzählt den beiden Herrn vom Bundes-Nachrichten-Dienst die ganze Geschichte seiner Entführung. Die Kidnapper sind für die Beamten keine unbeschriebenen Blätter. Sie waren schon häufig auffällig: „Leider können wir angolanische Botschaftsangehörige nicht einfach dingfest machen. Die geniessen Immunität und nutzen sie aus."

„Der Drahtzieher hinter allem scheint nach wie vor ein gewisser Berthold zu sein", glauben die BND-Mitarbeiter.

„Berthold existiert nur als Code und nicht als Person", stellt Tom klar. „Die Idioten wissen das nicht. Sie sind dumm und gierig. Tatsache ist, in der Schweiz hat Präsident Marcos illegal Gold im Gegenwert von zig Millionen Franken gebunkert. In Wahrheit geht es um die Kohle. Die DDR benötigt Devisen und zu deren Beschaffung ist denen jedes Mittel recht.
Mein in Frankreich verstorbener Vater war von Marcos bevollmächtigt, sein illegales Gold in der Schweiz anzulegen. Jetzt glauben irgendwelche Typen, sie kämen über mich an das Edelmetall ran. Das Gold gehört den Philippinen und sonst niemand. Der korrupte Präsident Marcos bestiehlt das eigene Volk."

„Warum hat sich ihr Vater von Marcos benutzen lassen?"

„Das weiß ich nicht. Davon habe ich erst heute in Basel erfahren."

„Hat er nie darüber gesprochen?"

„Bis vor ein paar Wochen kannte ich den Mann noch gar nicht."

„Die Geschichte ist mehr als seltsam", meint der Beamte.

„Wem, sagen Sie das, schließlich bin ich der Leidtragende."

„Tja, Sie haben als Journalist sehr weit Ihre Nase reingesteckt. Ich schätze, wir werden uns bald noch öfters sprechen", meint der BND-Beamte.

„Das befürchte ich auch. Haben Sie im Fall meines ehemaligen Kollegen Robert neue Erkenntnisse?"

„Wenige, er ist nicht sehr gesprächig."

„Er ist ein sehr guter und gewiefter Journalist, der weiß, wie er sich verhalten muss. Was kommt auf ihn zu?"

„Schwierig zu sagen. Entscheidend wird sein, was man ihm tatsächlich nachweisen kann. Wenn es nicht mehr wird, dann könnte er mit einer Vorstrafe davon kommen."

Tom liest sorgfältig das Protokoll durch und korrigiert dabei inhaltliche Fehler. Kurz vor Mitternacht darf er endlich das Polizeipräsidium verlassen. Ausgelaugt und müde legt er sich ins Bett. Morgen will er einen Ruhetag einlegen.

27.

Montag, 31. Mai 1982

Das Wetter ist an diesem Frühlingstag einfach wunderbar. Tom weiß nicht so recht was ihn mehr erfreut: Das Ende seines langen Urlaubs oder der morgen beginnende verantwortliche neue Job als Chef? Egal, er hat heute noch einiges vor. Seine Uhr zeigt 20.405 Tage an. Die Ereignisse haben an ihm gezehrt. Dennoch ist sein Zeitkontingent in der Balance.

Nach dem Frühstück fährt er zu Marcel und holt seine französischen Spezialitäten ab. Ab morgen erster Juni ist er offiziell als Gesellschafter am Unternehmen beteiligt.
Die Finanzspritze von 50.000 Mark haben die Firma bei der Bank deutlich entlastet. Seither ist sein Halbbruder wieder besser in der Spur und Ehefrau Isolde ist beruhigt. Beide sind insgesamt vorsichtiger geworden. Sie schließen jetzt immer ihre Wohnung zu. Die Schlösser wurden ausgewechselt. Wer die Wanzen angebracht hat, ist ihnen weiterhin ein Rätsel.
Von der Lebensuhr wollen beide nichts mehr wissen. „Es kommt, wie es kommt", glaubt Isolde. Mit Tom pflegen sie ein freundschaftliches, aber distanziertes Verhältnis. So ist es ihm am liebsten.

Wie vereinbart trifft der Journalist pünktlich um elf Uhr im Polizeipräsidium ein. Keine Spur vom zweiten Geiselnehmer.

Der Kidnapper war als Fremdenlegionär viele Jahre in verschiedenen Ländern im Einsatz. Von Tarnen und Täuschen versteht der bestimmt einiges.

Die Obduktion vom plötzlich verstorbenen Kidnapper Karl Frieder ergab ein multiples Organversagen. Sein Körper muss binnen weniger Minuten alle Funktionen abgeschaltet haben.

„Ihm wurde buchstäblich der Stecker gezogen", schrieb der Rechtsmediziner in den Obduktionsbericht. Warum und was der Auslöser war, kann er nicht erklären. Der plötzliche Verlust an Körperflüssigkeit bleibt ein Rätsel. Wie dem auch sei, es gab keine Fremdeinwirkung.

Der ermittelnde Hauptkommissar wendet sich an Tom: „Herr Friedemann, entweder haben Sie magische Kräfte oder einfach nur sehr viel Glück. Wäre der Geiselnehmer noch am Leben, dann würden wir jetzt vermutlich nach Ihnen und nicht nach seinem flüchtigen Kollegen suchen."

„Kann sein, obwohl ich das nicht glaube. Die Ganoven wären mit mir nicht weit gekommen."

„Woher nehmen Sie die Zuversicht?"

„Ganz einfach: Der BND passt auf mich auf. Die Stasi-Leute wollen über mich an Marcos Gold in der Schweiz ran. Also krümmen die mir kein einziges Haar. Ihre Kollegen von der Autobahnpolizei werfen gerne ein Auge auf mich und in Basel ist Polizei-Hauptmann Emil hellwach."

„Ich staune über Ihre Verbindungen. Sie sind kein gewöhnlicher Journalist, oder?"

„Sagen wir mal so, ich habe einen anderen Werdegang

eingeschlagen."

„Ihre Armbanduhr ist sehr auffällig."

„Stimmt! Sie ist eine Werbeuhr und Werbung soll ja auffallen."

„Herr Friedemann, Sie sind seit einigen Tagen in Würzburg polizeilich gemeldet. Darf ich fragen, wer Sie in unsere schöne Stadt gelockt hat?"

„Der Lemma-Verlag, morgen beginnt mein erster Arbeitstag."

„Und als was?"

„Zusammen mit der Belegschaft werden wir den Verlag weiterentwickeln. Davon wird auch die Druckerei profitieren. Und Würzburg übrigens auch."

„Dann laufen wir uns bestimmt mal über den Weg."

„Garantiert, denn bei den engen Straßen ist ein Ausweichen auf die andere Straße sinnlos", glaubt Tom und lacht. Der Kripobeamte schmunzelt.

„Sind Sie Würzburger, Herr Kommissar?"

„Geboren ja, aufgewachsen bin ich allerdings im Weinort Randersacker. Wissen Sie, wo das ist?"

„Dann trinken Sie auch Ewig Leben?"

„Ab und zu, man weiß ja nie."

„Herr Hauptkommissar, kennen Sie jemand, der Pleichach heißt?"

„Ich kenne nur die Pleichach und der ist ein Bach."

„Familiennamen Pleichach?"

„Habe ich noch nie gehört."

„Und Friedemann?"

„Sie heißen doch so."

„Ja, aber mein verstorbener Vater hieß früher Friedemann. Gestorben ist er als André Pleichach. Ich frage mich, wie er auf den Namen Pleichach gekommen ist?"

„Warten Sie, Herr Journalist, ich schau mal nach, ob die Würzburger Polizei Ihnen weiterhelfen kann?"

Tom blickt sich um. Er schlendert den Flur entlang und wundert sich über offen stehende Büros. Niemand ist darin zu sehen. Hier hängt ein Jackett über dem Stuhl, dort liegt ein Schlüsselbund und ein Geldbeutel auf dem Schreibtisch.

Dieben bietet sich bei der Polizei ein verlockendes kleines Eldorado.

Der Hauptkommissar kommt zurück: „Herr Journalist, die Polizei hat keinen Pleichach registriert. Unter Friedemann gibt es einige Personen."

„Nirgendwo im Land taucht Pleichach als Familiennamen auf. Selbst in Frankreich nicht. Der Name scheint einmalig. Er hat keinen Ursprung, weder einen Vater noch eine Mutter. Fallen Namen einfach vom Himmel Herr Hauptkommissar?"

„Eigentlich nicht, aber wer weiß das schon? Auf der Welt hat es ein paar Milliarden Menschen und alle haben einen Namen. Vielleicht gibt es Pleichach in einer anderen Sprache und er wurde ins Deutsche übersetzt?".

Tom hat plötzlich einen neuen Gedanken, der ihn zur Eile treibt: „Dennoch vielen Dank. Mal sehen, ob weitere Recherchen in Frankreich neue Erkenntnisse bringen?"

Zurück in seiner Wohnung schreibt Tom Pleichach in Zahlen

auf: *"Ist die Nummer 16125938138 ähnlich wie Berthold ein Code, aus dessen Zahlen André einen Namen bildete, der nur zufällig so wie der Bach Pleichach heißt?"*

Laut seinem Vater gibt es keine Zufälle, alles sei vorherbestimmt. Wenn dem so ist, dann wäre Frau Mardin mit ihrem Sohn Marcel im Gepäck vor dreißig Jahren keineswegs zufällig in dem kleinen Dorf nahe Würzburg gelandet.

"Es muss eine Verbindung geben", ist Tom überzeugt.
"Drei Namen ergeben einen Code: Hinter Berthold steht ein Nummernkonto in Basel. Friedemann ist die Kontonummer bei der Volksbank in Bonn.
Die Kontonummer bei der Société Général lautet 251820815124, also Berthold und nicht Pleichach. Aber in der Quersumme ergibt Pleichach 52.
Vielleicht befindet sich unter der Nummer 52 ein weiteres Schließfach in Straßburg?"

Tom überlegt: *"Ist für mich ein Abstecher ins Elsass immer noch zu riskant? Muss noch mehr Gras über die Ereignisse wachsen? Für die Légion étrangère war die Entführung von Kerstin Keller ein Skandal, der auf höchster Ebene Konsequenzen nach sich zog."*

Der Tod von Commandant Pleichach ist ein großer Verlust. André war ein treuer Gefolgsmann. Er war als Medium der Lebensuhr unantastbar. Pleichach erledigte im Verborgenen die ganz besonderen inoffiziellen militärischen Aufträge. Für ihn war kein Nachfolger in Sicht. Alle Versuche, ein Medium zu finden, scheiterten kläglich.

Vor neun Jahren war die Hoffnung groß, als Marcel auf der Suche nach seinem Vater in Bordeaux erschien. André lehnte Marcel ab. Er wusste, dass nur Tom ihn als Medium beerben kann. Die Fremdenlegion verlor Pleichach - und mit ihm auch die Macht der Lebensuhr. Sie wechselte zu ihrem Medium. Ausgerechnet ans Handgelenk eines deutschen Journalisten.

„Die Erpressungsversuche", ist Tom überzeugt, *„sind für die Légion étrangère eine Schande. Die Täter sind tot. In Straßburg ist die Stimmung garantiert geladen."*
Aus Gründen der Sicherheit, so hieß es offiziell, ist Herr Friedemann bei der Beerdigung seines Vaters nicht erwünscht. „Das sagt alles!"

Soll er seine Neugier noch ein paar Wochen zurückhalten? Das widerstrebt ihm. Andererseits erfordert jede erfolgreiche Tat ein gut geplanter Zeitpunkt. Intelligente Strategen wissen, das kopfloses, übereiltes Handeln schnell im Elend endet.
Vielleicht soll er sich, wenn er nach Straßburg fährt, wieder als Frau verkleiden? Seine blond-rote Hippie-Perücke steht ihm gut. Glatt rasiert ist er auch immer. Tom weiß, er muss auf der Hut sein, denn so schnell wird er die kriminellen Subjekte nicht los. Seine Gedanken wenden sich hin zur Lebensuhr, sie ist der Schlüssel zu allem. Er sucht nach Antworten und fragt:
„Warum bin ausgerechnet ich dein Medium?"
„Woher kommst du?"

"Wer vor Pleichach war dein Medium?"
"Wer hat dich erschaffen?"
"Was wird mit dir aus mir?"
"Bin ich zeitlebens dein Vollstrecker?"
"Ich kann mich dir nicht verweigern, andererseits beschützt du mich."
"Ohne mich funktionierst du nicht."

Tom versucht das Armband zu öffnen: nichts zu machen, die Uhr gibt ihn wieder einmal nicht frei. Vielleicht ist das die Antwort auf seine Gedanken? Er spürt einerseits den Skrupel und andererseits erkennt er die Chancen. *"Muss ich skrupellos sein, um Macht auszuüben?"* Wenn er der Mächtige ist, dann wären die anderen seine Sklaven. *"Will das die Zeit?"*, fragt er.

Pleichach sagte, die Zeit, ist das, was bald geschieht. Sie eilt uns voraus und wir laufen ihr ein Leben lang hinterher, weil wir aus der Vergangenheit kommen.
Es stimmt, der Mensch denkt überwiegend rückwärtsgewandt. Er pflegt seine Gewohnheiten und folgt seiner Langeweile. Ältere Menschen drohen gerne mit schlechten Zeiten. Sie glauben, früher war alles besser, sogar die Zukunft.
Die Negaholiker unter uns wissen wenigstens, wie schlimm alles ist. Ihr negatives Denken macht sie süchtig nach katastrophalen Ereignissen, vor denen sie jeden Tag warnen. Finden sie statt, dann sagen sie „ich habe es euch gesagt". Für die krankhaften Bedenkenträger ist klar, selbst das Ende der Welt wird schiefgehen. Über das, was alles passieren kann, möchte

Tom nicht länger nachdenken. Am Freitagvormittag wird er nach Straßburg fahren: *"Kann kommen, was will, ich muss ans Schließfach."*
Soll er Kerstin in Lahr einweihen? Nein, er möchte sie raushalten. Vielleicht überrascht er sie kurzfristig, wenn bei der Société Générale alles gut gegangen ist.

Der Postbote läutet: Ein Päckchen von Schorsch Ach. Es beinhaltet weitere Prototypen der Swatch-Uhren.
Der Werbegag mit der Lebensuhr wurde im Vergleich zum ersten Modell noch verfeinert.
Die Uhren zeigen jeweils ein unterschiedliches Kontingent vermeintlicher Lebenszeit in Tagen an. Keine Uhrzeit, kein Datum, nichts. Einfach nur jeden Tag einen weniger. Tom reibt sich lachend die Hände. Im September kommen Tausende Swatch-Werbeuhren auf den Markt.
Es sieht so aus, als ginge sein Plan auf. Die täuschend echt aussehenden Uhren werden für Verwirrung sorgen.

Dieter Kaulbach ist verstorben, berichtet Margot via Telefon. Die Behandlung durch Dr. Julius Hackethal in Bernau am Chiemsee hat nichts bewirkt. Das Gerücht von der Sterbehilfe, für die sich Hackethal starkmacht, dreht in der Bank die Runde.

Heinz Degenhardt kehrt morgen als Vorstandsvorsitzender an seinen Schreibtisch zurück. „Na, dann ist ja bei euch wieder mehr Bewegung", meint Tom. Margot macht sich Sorgen um ihren Arbeitsplatz. Sie weiß nicht, wer Kaulbach im Vorstand beerben wird. „Der ja blöd, wenn er dich nicht behält. Ich melde mich, sobald ich etwas von den Kollegen in Frankfurt über die Personalie höre."

In Bonn beim Wirtschaftsmagazin versucht sich Kollege Elmar als Redaktionsleiter zu beweisen, berichtet Annegret leicht stöhnend. Von Franziska will er nichts mehr wissen. Die sei ihm bei seinem Karrierestreben im Weg.
„Das war absehbar", meint Tom.
„Ein, etwas verwirrter Professor aus Mainz, fragte nach dir", erzählt Annegret.
„Du hast ihm aber nicht meine Telefonnummer gegeben?"
„Nein, ich habe ihm nur gesagt, dass du im Urlaub bist."
„Was bist du doch für eine kluge Frau."
„Du Schmeichler."
„Frau Kollegin, ich meine das ernst."
„Denke daran, du hast mir eine Werbeuhr versprochen."
„Ich gehe noch heute zur Post."
„Echt?"
„Ja ich habe sie hier auf dem Tisch liegen."
„Toll, da freue ich mich aber."

Interessiert schaut er sich in seiner neuen -, fast komplett eingerichteten Wohnung um. So weit ist alles gut. Die Nachbarschaft ist freundlich und die Umgebung ruhig: *„passt auch."* Die Auseinandersetzung mit Brigitte um die Wohnung in Bad Mergentheim hat sich entspannt. Für Mai und Juni sind die

Mieten auf seinem Konto eingegangen. Ihr Anwalt plädiert für eine einvernehmliche Scheidung. *„Na also, es geht doch"*, freut sich Tom.

Auf seinem Schreibtisch liegen der Arbeitsvertrag und eine notariell beglaubigte Generalvollmacht mit Beginn erster Juni 1982. Seine Kompetenzen sind weitreichend ausgestattet.

Das wird einige Kontroversen, vielleicht sogar Kraftproben hervorrufen. Ältere Abteilungsleiter werden sich schwertun, den neuen jungen Chef zu akzeptieren.

„Die sind mir nicht gewachsen", ist Tom überzeugt. *„Ich spiele in einer ganz anderen Liga."* Im Urlaub hat er sich auf seine Führungsaufgabe vorbereitet: *„Morgen beginnt im Lemma-Verlag eine neue Zeitrechnung."*

28.

Freitag, 4. Juni 1982

Auch an diesem Morgen blickt er aus dem Fenster. *„Hoppla, was ist denn jetzt los - blauer Himmel und Sonnenschein?"*
Tom macht sich gut gelaunt für die Fahrt nach Straßburg startklar. Er glaubt fest daran, im Tresor der Société Générale weitere Dokumente seines Vaters zu finden. Den Bankbesuch hat er von Heinz Degenhardt arrangieren lassen. Vitamin B hilft in allen Lebenslagen. Wer weiß das besser als ein ausgeschlafener Journalist?

20.401 Tage zeigt seine Lebensuhr an. Alles im Lot, keine Auffälligkeiten. Er nimmt seine Reisetasche mitsamt der rotblonden Hippie-Perücke, geht zum Auto und fährt los. Um Grenzkontrollen zu vermeiden, hat er eine andere Fahrstrecke geplant. Tom möchte auf „leisen Sohlen" nach Straßburg schleichen.

Unterwegs denkt er über seine ersten Arbeitstage im Lemma-Verlag nach. Getreu der alten Weisheit „neue Besen kehren gut, aber die alten kennen die Ecken" hat er von den Beschäftigten viele Informationen erhalten.
Zusammen mit seiner Sekretärin ist er in leer stehende Büroräume umgezogen. Das neue Vorzimmer ist deutlich geräumiger. Sein Chefzimmer ist dagegen kleiner. Dafür ist es jetzt

wesentlich freundlicher eingerichtet. Der Umzug kam im Verlag gut an. Die Leute spüren, der neue Chef sorgt für frischen Wind. Cornelia Lemma will sich aus dem operativen Geschäft verabschieden. Tochter Margret meinte, das wird dauern.

Tom fährt nach der Autobahnausfahrt Baden-Baden nach Iffezheim und dort über die Rheinbrücke ins Elsass.
Die Grenzbeamte haben ihn freundlich durchgewunken. Auf der Landstraße ist es bis nach Straßburg nicht mehr weit.
Punkt elf Uhr biegt er auf dem Parkplatz der Société Générale ein. Der Direktor begrüßt ihn höchstpersönlich. *„Vitamin B hilft überall"*, denkt sich Tom. Er legt den Personalausweis und alle Dokumente vor: alles korrekt. Ab in den Keller zum Tresor.

Schlüsselnummer 52 passt. Der Direktor geht. Tom öffnet das Schließfach, entnimmt eine dicke Mappe. Darin befinden sich fünfzigtausend Deutsche Mark, die er sofort einsteckt.
Auf einem Kontoauszug sind achtzigtausend Francs verbucht. Er packt alles zusammen und geht zum Direktor. Der rechnet die Francs in D-Mark um.
Rund 18.000 Deutsche Mark überweist er auf sein Konto nach Würzburg. Für die reibungslose Abwicklung bekommt der Banker eine Werbeuhr geschenkt. Knapp dreißig Minuten sind vergangen, als Tom sich freundlich verabschiedet.

Auf dem Parkplatz schaut er sich um: nichts Auffälliges. Seinen Pkw betrachtet er von hinten: Niemand sitzt in seinem

Wagen. Aufschließen, zurückfahren. Unterwegs ist nichts los; irgendwie gemütlich.

Die Grenzbeamte winken ihn wieder durch. Tom wundert sich: *„Keine Zwischenfälle, nichts mehr los mit den Franzosen?"* Er steuert zufrieden auf Baden-Baden zu. Von einer Telefonzelle aus ruft er Kerstin an. Sie wäre in Zürich, erklärt ein Kollege. *„Hm, was macht K und K in Zürich?"*
Seine Vorstellung von einem gemeinsamen Wochenende in B und B ist so eben wie eine Seifenblase zerplatzt. *„Blöd"* murrt er enttäuscht, *„dann fahre ich halt zurück nach Würzburg"*.

Vor Karlsruhe verlässt er wegen einer vor ihm befindende Staubildung die Autobahn. Das schöne Wetter lockt ihn in den Biergarten zum „Kühlen Krug". Kein Tisch frei. Das stört ihn nicht weiter. Hier ist er geboren und hier im Stadtviertel kennt er sich aus. Also fragt er ein paar ältere Herrn, ob er sich dazusetzen darf: „Wenn Sie kein Schwabe sind, dann allemal."
Tom sorgt für Gesprächsstoff, als er den Senioren erklärt, in welcher Straße er als Bube gewohnt hat. Ist doch immer wieder erstaunlich, wer wen kennt und wie klein die Welt ist. Kurzer Hand beschließt er, in Karlsruhe zu übernachten.

Nachts im Hotelzimmer blättert er in den von Pleichach hinterlassenen Unterlagen. Sein Vater, der Commandant war für die Légion étrangère als geheimer Sonderbeauftragter unterwegs. Sein Privileg war die Lebensuhr. Mit ihr am Armgelenk war er in mehreren Ländern ein gern gesehener Gast mit freiem

Zutritt auf allerhöchster Ebene. Zwielichtige Staatschefs in Indochina und in Afrika wollten regelmäßig ihre verbleibende Lebenszeit wissen. Pleichach ließ sich die Dienstleistung in Gold bezahlen. Zweidrittel davon übergab er der Fremdenlegion. Ein Drittel gehörte ihm.

„Ich fasse es nicht", ruft Tom, als er aus der Mappe sechsundzwanzig Goldzertifikate im Gesamtwert von über hundert Millionen Schweizer Franken rausholt.
Dubiose Machenschaften von Finanzhaien sind ihm als Wirtschaftsjournalist durchaus bekannt. Aber wie sich Machthaber nach Gutdünken im großen Stil am Volksvermögen bedienen, übertrifft alles, was er je gesehen und gehört hat.

Pleichach diente ohne Skrupel und ohne Fragen zu stellen. Die Uhr machte ihn reich, aber er wusste als Soldat mit dem Reichtum nichts anzufangen. Sie bestrafte andere, aber nicht ihn als ihr Medium. Seine Heimat und sein ganzes Leben war einzig die Légion étrangère.
Stets war er auf der Suche nach einem Nachfolger. In seinen Aufzeichnungen steht geschrieben „die Uhr navigierte mich, schob mich an, zog mich an den Ort, wo sich mein einzig wahrer Sohn befand". Und weiter: „Sie lotste mich in einen Personenzug. Ich gab ihm das Fünfmarkstück. Er nahm es und gab es nicht mehr aus der Hand. Von nun an wusste ich, er wird, wenn ich nicht mehr kann, mein Nachfolger". In keiner Aufzeichnung geht Pleichach auf den Ursprung der Uhr ein.
Tom fährt nach Würzburg zurück. Im Briefkasten befindet sich

ein Schreiben vom Hauptkommissar mit der Aufforderung, im Polizeipräsidium zu erscheinen. *„Auch samstags ist die Polizei dein Freund und Helfer."* Er geht direkt dorthin.

Der geflohene Kidnapper wurde auf einem Acker in der Nähe von Rottenbauer tot aufgefunden. Identifizierung ist durch den Zeugen Friedemann erforderlich. „Ja, das ist der Mann", bestätigt Tom.
Todesursache plötzliches multiples Organversagen. Beide Entführer erlagen, wenn auch zeitversetzt, den Folgen ihrer Missetat. Die Polizei steht erneut vor einem Rätsel. Zwei sportliche trainierte gesunde Männer im mittleren Alter sterben einfach ohne Fremdeinwirkung weg? Tom kann nur mit der Schulter zucken: „Was weiß ich: Himmlische Kräfte, böse Geister, vielleicht der Leibhaftige? Keine Ahnung. Das Leben bahnt sich seinen Weg. Der Tod ganz sicher auch. Nur die Zeit weiß, was bald geschieht."

Die Polizisten wirken nachdenklich. Beide starren auf seine Lebensuhr. Einer fragt, „wo gibt es so eine Uhr?"
„Nur bei mir. Sie ist eine Werbeuhr, ein harmloser Gag. Hier, ich schenke Ihnen eine." Aus der Jackentasche zieht er eine Swatch-Uhr heraus. Der Hauptkommissar bedankt sich.

Der Zeuge Friedemann wünscht ihnen eine gute Zeit und geht. Draußen auf der Straße fragt er seine Uhr, *„was hast du getan?"*

Sie leuchtet und zeigt 20.412 an. Das ist eine Gutschrift von elf Tagen. Belohnt die Zeit etwa sein Handeln? Er wollte immer ein spannendes Leben als Journalist.

Sein Grundsatz lautet: *„Über Menschen berichten, ohne zu richten. Und in welcher Situation befinde ich mich jetzt?"*

Die verstorbenen Legionäre und Stasi-Agenten wussten ganz genau, was ihnen im Ernstfall blühen kann. Dennoch war ihre Gier größer als die Angst vor dem Tod. Sie folgten ihrem dummen Ganoven-Leitsatz von „wer nichts riskiert, kommt auch nie ins Zuchthaus".

In Tom mehren sich Bedenken: *„Im vergangenen Vierteljahr sind in Verbindung mit der Uhr mehrere Menschen ohne Fremdeinwirkung gestorben. Sie wurden sofort bestraft. Ohne Gericht und ohne Chance auf Verteidigung. Die Todesursache wurde jeweils amtlich bestätigt. Es liegt kein Grund für weitere polizeiliche Ermittlungen vor. Von Amtswegen ist das richtig, aber es entspricht nicht meinen moralischen Werten. Mit der Uhr am Handgelenk stehe ich über allen und allem. Das gefällt mir einerseits, aber andererseits kann ich damit nicht ewig leben."*

Tom versucht das Armband zu öffnen - keine Chance. Die Uhr kennt seine Gedanken. Sie hält ihn gefangen. Die Zeit lässt sich nicht abschütteln. *„Gibt es für mich jemals einen Ausweg?"*

Er will nach einem Medium suchen. Vielleicht ist eines Tages dafür ein Kind von Marcel vorgesehen? Die Zeit führte ihn nach Würzburg. Ausgerechnet in die Stadt, in der er nie leben wollte, lernte Tom seinen Halbbruder Marcel kennen. Warum?

Wieder meldet sich in seinen ruhelosen Gedanken Vater Pleichach zu Wort: *„Du musst viel mehr denken. Die Zeit trennt nicht nur, sie eint auch."*

Danke

Jede Geschichte birgt Wahrheiten in sich. Aber auch Fiktionen und Figuren. Einige zeichnen sich dadurch aus, dass sie der Wahrscheinlichkeit näherkommen als der Wahrheit.

Vielleicht bin ich jemanden zu nahegetreten? Dann war es kein Versehen. Vielleicht ähneln einzelne Romanfiguren lebenden Personen? Verzeihung, aber das konnte ich beim besten Willen nicht vermeiden.

Von 1982 bis heute hat sich viel ereignet: Die DDR hat sich abgeschafft. Bonn ist nicht mehr Hauptstadt. Würzburg ist zu einer der schönsten Städte Deutschlands emporgestiegen.

Allen Menschen, denen ich begegnet bin, gebührt mein aufrichtiger Dank. Sie waren und sind durch ihre jeweilige Persönlichkeit Impulsgeber für den Stoff, aus dem sagenhafte Geschichten entstehen.

„Vielen Dank, liebe Silke! Du bist meine ganz große Liebe, mein Feiertag an jedem Tag. Die Lösung, wenn es mal bei mir hakt. Und so wunderbar, dass ich nie auf Dich verzichten mag."

Würzburg im Sommer 2022
Rudolf F. Thomas (R. F. T.)

Addendum

Wie kam es zu diesem Roman? Ich hatte Zeit. Die Zeit ist eines meiner liebsten Themen. Sie wird uns geklaut. Leider können wir die Zeitdiebe weder anzeigen noch verklagen. Überall lauern professionelle Zeitdiebe. Das sind Menschen, die vorgeben, keine Zeit zu haben, aber sie rücksichtslos anderen stehlen.

Was wäre mit uns los, wenn wir um unsere noch verbleibende Lebenszeit wüssten? Wenn etwa ein schmucker Fitnesstracker, wie in meinem Roman beschrieben, eine Lebensuhr beinhaltet?

Wären wir dann pünktlicher? Würden wir sinnvoller Leben und besser mit uns und anderen Menschen umgehen? Machen wir dann wahr, was wir ständig vor uns herschieben? Oder schieben wir Tag für Tag Panik? Vielleicht werden unter uns Neid und Missgunst noch größer? Die Zeit ist das, was bald geschieht.

Mit der Zeit vergeht die Zeit. Im Alter vergeht sie angeblich noch schneller. Das ist nur ein Gefühl des Älterwerdens. Das Lebensende ist in Sichtweis. Es wird zum Greifen nah. Nur noch wenige Jahre bleiben bis zum Ziel. Zeitverschwendung kann sich auch in jungen Jahren niemand leisten. Nutzen Sie Ihre ganz persönliche Zeit, denn sie ist das, was Sie erleben.

Würzburg, 13. Juli 2022
Rudolf F. Thomas
   (R. F. T.)

Der Roman vor der Geschichte um
André Pleichach und Tom Friedemann

Rudolf F. Thomas

Morgenlatten

Gefährten der Maturität

Roman

... erhalten Sie überall im Buchhandel in Deutschland, Österreich und der Schweiz.

ISBN 978-3-7482-2699-4

www.tredition.de
www.pleichach.de
www.rudolf-thomas.de

Die Roman-Sensation aus 2019

"Der Roman "Morgenlatten - Gefährten der Maturität" müsste für den Schulunterricht verordnet werden. Er ist nämlich vielmehr als nur ein Ausflug in die Vergangenheit: Er ist das Neue Testament aus dem wahren Leben."
(Professor a. D. Dr. Joachim H. Bürger)

"Dieser Roman ist sagenhaft wahrhaftig. Eine Geschichte, die uns das Klischee von der 68-er-Romantik nimmt und uns dabei in die Realität der Angst einer wehrpflichtigen Generation führt."
(Presseschau)